# 编辑工作思考

朱象清 著

中国建筑工业出版社

**图书在版编目（CIP）数据**

编辑工作思考 / 朱象清著 .—北京：中国建筑工业出版社，2012.8

ISBN 978-7-112-14514-0

Ⅰ.①编… Ⅱ.①朱… Ⅲ.①编辑工作—研究 Ⅳ.①G232

中国版本图书馆CIP数据核字（2012）第161828号

责任编辑：吴　佳　李成成
责任设计：董建平
责任校对：肖　剑　刘　钰

**编辑工作思考**

朱象清　著

*

中国建筑工业出版社出版、发行（北京西郊百万庄）
各地新华书店、建筑书店经销
北京京点设计公司制版
北京云浩印刷有限责任公司印刷

*

开本：787×960 毫米　1/16　印张：12½　字数：210 千字
2012 年 10 月第一版　2012 年 10 月第一次印刷
定价：**39.00** 元

ISBN 978-7-112-14514-0
(22586)

# 前·言

Preface

编辑工作思考

1957年1月我从学校分配来建筑工程出版社当编辑，一干就是56年。回首往事，酸甜苦辣，同龄人大都经历过，总算苦尽甜来，给力了，尽责了，值得！看着那一本一本、一套一套的图书、教材，一版二版三版……1次10次20次……印刷，无不从内心由衷地喜悦；过年过节收到全国各地许多作者朋友的问候与祝福，怎能不欣喜若狂。这是一种精神力量，鼓舞着我在这个岗位上坚守、奉献、前进。我不想写回忆录，无心追记过去那些人、那些事，但回头看看，特别是走上编辑管理工作岗位后，更多的还是在退休后，看了，想了，更深层次思考了一些问题，也写了几篇东西，整理了一下，还是有点用的，特别是最近十年来，咱们出版社人员结构大变，进来了近200名新人。事业的发展、社会的进步，一幕幕都展现在眼前，我想这是个好机会，至少可以提供一点点素材，供他（她）们进一步去思考，去实践。

我把几十年来思考最多、实践最广的几点感受梳理了一下：要作一个好编辑必须敬业、勤学、交友、创新，用当今的话说，就是践行编辑的核心价值观。

敬业为首。许多人都有这样一个过程：爱业—敬业—立业。我1954年末中专毕业考试刚结束，当时为了迎接国家建设高潮，有一批苏联专家将来华工作，急需俄文翻译，组织上决定在全国选派一批中专建筑工程专业毕业生去大学俄文专修科学习俄文再出来担当翻译，我有幸被选派为其中一员。1956年末毕业时，中苏关系开始恶化，此事未果，组织上把我分配到建筑工程出版社当编辑，我应该说算是幸运儿，学过工，学过文，当编辑应该是很合适的。服从组织分配，这是当时唯一的最响亮的口号。一进出版社门跟着编辑组长石坤林和老编辑黎钟边干边学，从看俄文书稿开始，一本接着一本。当时政治运动不断，反右派、反右倾，大批编辑下放到建筑工程部的各地企业。我刚到出版社，坚信一条：听党的话，于是我平安地过来了。1961 年出版社又大合并，我被留在中国工业出版社的建工部图书编辑部当编辑，遇上了编辑部的好领导和好同事：楚云、杨永生、周谊、臧凤翔、欧阳星耀、蒋协炳、臧景良等。印象最深刻的也是从事编辑工作收获最大的是，他们亲自带领我们深入建设行业的教学、设计、施工基层调查研究，策划专业教材与图书，当时就开始了“走基层”。1961 年在臧凤翔同志带领下同印务、校对人员一起进驻上海，承担同济大学等华东地区高校建筑行业专业教材的编辑出版工作；后于 1972 年在中国建筑工业出版社组建初期在杨永生同志带领下同谭璟、王伯扬同志深入西南地区，还有许多同志深入西北、华南、东北等地区。“走基层”为编辑打下了一个好基础，现在许多精品图书和教材就是“走基层”的硕果。我看到了丰收的成果，无限喜悦，从而产生了爱，从内心热爱编辑工作。从此也悟出了一些道理，由爱便上升到追求，有责任感更懂得了敬业。后来我总是跟年轻编辑讲，干编辑这一行，一定要积极追求，这个职业虽然是“为人作嫁”，做无名英雄，但也是一个显山露水的行业，它的社会效益、经济效益明摆着，可比性有数据支撑，并能体现强烈的责任感，一定要努力工作，出成果。所以在敬业的基础上要上升到立业。立业应该是更高的追求，这不是追求名利，而是事业的责任，做出成绩更是奉献！几十年来我担任责任编辑的许多图书获得全国性或省部级奖励，一些图书印次达到 30 多次，印册超过 30 多万册，怎能不由自主喜悦！还有我们这个集体——中国建筑工业出版社，在历任领导的得力领导下，几代建工出版人给力工作，真正创立了业绩，无论获奖图书的质量、数量，还是出版码洋、利润，在全国科技出版社中都名列前茅。集体荣誉时刻激励着员工敬业工作，努力奋献。一定要把自己的工作当做国家的事业，一定要敬业、尽责！

勤学习是做好编辑工作的首要条件和基础。“聪明在于学习，天才在于积累”，这是至理名言。我当编辑自感先天不足，专业知识，文化沉淀都有较大差距，缩小距离的唯一路径只有勤奋学习，没有捷径可走。参加工作后趁年轻，我在中央电视大学中文系坚持了五年学习，学习了五年之后，又去中国人民大学选修了逻辑学课程，收获更大的是 1986~1987 年去中央党校培训部脱产学习一年，系统地选修了马列主义课程，并养成了读刊看报（并收集资料）的好习惯。应该说这对做好编辑工作打下了良好的基础。补上了我的不足，效果是显著的。有的虽不能起到立竿见影的成效，但是，知识的沉淀、经验的积累犹如集腋成裘，积水成河，它是做好工作的根本，它能给人以启示，给工作以指导。这也是大家都熟知的道理。特别是编辑这个职业，要胜任工作，要求你是某一方面的科技专家，这很难；还要求你是杂家，这应该做得到。因为你接触的作者，各类专家都有，审读的稿件也很专又杂，你不可能样样精通，但要求你了解、熟悉，你触及的面如此宽广，就要求你兴趣广泛，广学博览，你不学习、不更新知识，怎能深入稿件之中。其实，审稿、加工不仅是把关、优化的过程，也是学习的机会，我们要善于向作者学习；此外，我社出版了许多优秀著作，给我们提供了很好的作品与范例，我们要善于相互学习。学习的机会与条件已经具备，我们就应该多看、多想、多记，时时刻刻积累，知识就自然丰满了。我想作为编辑，有的知识是基础的、根本的，如马列主义基本知识、中国文化基本知识，当然还有科技专业知识。基础坚实了，高楼大厦就牢固了。社会在发展，科技在进步，学习无止境，贵在坚持，持之以恒，一定要勤奋，身体力行，这样才会不断进步。

广交朋友是做好编辑工作的资源保障。出版业早就流行作者是“衣食父母”的观点，这是从源头而讲的道理。编辑工作是一种实践性很强的工作，接触的面很广，接触的人很多。编辑的源头是信息，信息是人发出的、传播的、接收的，经过研究实践后再发出，从而周而复始地前进。作为编辑首先要发现、抓住信息，不仅是信息本身的内涵，更重要的是创造信息的主体——人。可能是个人，可能是群体。编辑就要在第一时间内了解他、熟悉他、深入到信息和创造信息的主体中去，这便有一个沟通的问题。编辑要善于沟通，要广交朋友。从源头讲是“衣食父母”，从关系讲是朋友、挚友。只有信息如潮，朋友如林，你的工作才能得心应手、运用自如。几十年来我利用我编辑工作之便，同建筑行业教学、勘察、设计、施工等许多专业和技术、管理人员交上了朋友，我利用我的各种工作身份参加各种学术活动，了解信息，广交朋友，还经常深入建设系统各学校、企业调查研究，自然就形成了信息网，强大的作者群。不仅要广交朋友，更重要的是要为作者服务。正如美国名著《编辑人的世界》谈及的：“编辑其实是一群热情地献身于工作、富于爱心的专业人士，他们关怀作者，愿意全力以赴，协助作者找到最有效的方式来表达他们想表达的内容，以及尽可能触及最广大的读者。”我社许多编辑经过几年兢兢业业的工作，广交作者朋友，展现了编辑的责任与魅力，因而他（她）们掌握的信息源源不断，策划的精品一套一套，稿源滚滚。还是那本书说的："编辑人的许多特质是无法被取代，例如个人的品位、辨别能力、情绪反应、做事的条理，决断力、投入的热情以及温柔的关爱。”只有掌握了丰富的资源，有了广大作者朋友的支持，天高任鸟飞，你的才能不怕没有用武之地。信息、资源是客观存在，是公共财产，为大众所用，关键在于谁先掌握它，它就为谁服务。特别在今天竞争如此激烈的对峙，作好编辑就一定要勤于学习，深入实际，广交朋友。坐享其成，夸夸其谈，广种薄收，是一事无成的。只有深入实际之中，精心培育好环境，深耕细做，定能丰收。

创新是作好编辑工作的高标准。“创新是一个民族进步的灵魂，是一个国家兴旺发达的不竭动力。”这是对创新的极高评价。各行各业都在追求创新，编辑工作更应如此。科学家杨振宁先生作了精辟的论述。有一段话太给人以启示了："今天国内讨论创新，往往倾向于仅指科技领域中的发现跟发明，可是科技领域以外的创新，也是非常重要的。”他举了几个例子说明这段话："第二个重大的创新的例子是邓小平讲的一句话，‘让一部分人先富起来’。这一句话，改写了中华民族的历史。”举的另一个例子是："1962 年中国跟印度打了一仗，那时西方媒体一面倒地攻击中国。我那时在美国，对这个现象知道得很清楚。这个现象是怎样改变了的呢？是英国的一个新闻记者 Maxwell 写了一本书叫做《INDIA' S CHIHA WAR》。这个名字就很有意思，是说印度先挑起了战争，跟西方的媒体说法完全不一样。这本书改变了西方对中印战争的看法，是十分及时的创新。”杨先生这个演讲对创新作了全面而深刻的诠释，给我们以极大的启示。有一个时期编辑工作对创新有些盲然，不知从何入手。杨先生的一席话拨开了迷雾，编辑把科学技术的创新，把新理论、新概念、新技术、新工艺、新材料，把管理上的新理念、实事求是的史实、例证，把马列主义中国化的新典范，用我们手中的传播工具，传播和普及到工程技术上来，或者改变人们的认识，不也是我们出版业的创新吗！传播工具和形式可以有多种，传播的对象也有许多，出版界创新的舞台同样是很广阔的。20 年前，房地产业的兴起必然带动着室内设计、装饰装修行业，我们及时抓住了这个信息，看到这个信息会带来产业上的巨大效益，集中策划了多套装饰装修专业各个层次的培训教材，有工人的、有工长的、有高级技术人员（大学）的三套图书，当时就一炮打响，有的修订到现今，已有近40次印刷了，在业界影响之大传播之广堪称典范。我社20世纪70年代开始策划的建设行业各个专业的资料集和手册类工具书，现在都是精品了，这都应该算得上是创新，也是我社的传统。我们应该珍惜，传承呀！要记住创新是核心竞争力的支撑，是品牌建设的基础，也是开拓市场的利器，在出版竞争中，当今实质上是创新的竞争。谁勇于创新、立足创新，将永立潮头。

随着出版业体制的转换，带来了一系列颠覆性的变化：事业→企业，身份的转换；传统编辑→编辑创新，思维的转换；纸质出版→数字出版，业态的转换；文字编辑→策划编辑（从选题到营销全过程），意识的转换。从体制到技术层面对编辑提出了严峻的挑战，编辑“功能”多元化促进编辑观念的创新、知识的更新、方法的革新。我们一定要与时俱进、更新理念、转变角色，迎接挑战，但切记：内容为王！编辑工作永远是内容产业。

编辑工作任重道远。我的这些话，包括下面那些文章，没有什么创新之处，但这是从实践、学习之中提炼出来的肺腑之言。我原本只想作个纪实，记录一下我的思考，让后来人看看20世纪末21世纪初建筑工业出版社一个角落的声音。不妥之处，欢迎讨论、赐教。

# 目·录

# 选题策划是编辑的基本职责 *

策划在当今社会使用频率极高，特别是在文化企业项目策划实绩凸显。策划，首先起源于军事领域，后来应用到政治、外交、经济、文化等各个领域，真可谓“运筹帷幄之中，决胜于千里之外。”

## 一、选题策划是编辑责任意识的体现

早在 1997 年新闻出版署颁布的《图书质量保障体系》第二章“编辑出版责任机制”中第六条“加强选题策划工作”中规定：

（一）图书质量的提高，首先取决于选题的优化，优化的第一步要搞好选题的策划工作。

（二）策划是出版工作的重要环节，出版社的全体编辑人员应认真履行编辑职责，积极参与选题的策划工作。

（三）出版社编辑人员在策划选题时，要注意广泛收集、积累、研究与本社出书范围有关的信息，注意加强与有关学术、科研、教学、创作等部门和专家、学者的联系，倾听他们的意见，提高策划水平。

这里明确指出：选题策划是全体编辑人员的重要职责。即使在新形势下，出版竞争白热化，市场的功能在加强，科学技术在飞速发展，出版改革与转制在不断深化，形势千变万化，但编辑的选题策划职能永远不会变。只是由于过去受制于传统编辑观念与传统的编辑方法，对策划有所忽视，今天确实应该大声呼唤编辑策划功能，让它发挥本来就应有的重要作用。当然，有了新的选题创意，有了好的选题策划，下一步就是要抓好书稿的审读（也就是审稿与加工）。许多专家把策划与审读比喻一鸟之两翼、一车之两轮。一定要把审读作好、作精，否则，尽管你策划得多么周密，忽视了审读，也将全功尽弃。

---

* 本文为 2006 年 10 月在中国编辑学会科技编辑专业委员会召开的 “论新形势下编辑工作特点与创新” 研讨会上的大会发言（湖北武汉）. 全文刊载于：论新形势下编辑工作特点与创新 . 北京：人民军医出版社， 2007.

选题是出版社的投资方向，它是根据出版社的发展战略而决定的；选题是出版社工作的纲，反映了出版社的方向、方针、品位、特色、价值取向；选题是加强出版工作的目的性、计划性管理的依据，是优化选题结构、提高质量、增加效益的基础，因此选题事关全局，是具有战略性的头等工作。

选题的执行者，理所当然是编辑。新闻出版署制定的《出版专业人员职务试行条例》中明确规定：编辑的主要职责，其中有："提出选题设想"；副编审的主要职责，其中有："制定选题规划"；编审的主要职责，其中有："制定选题计划和组稿计划"。本文开始就指出了《图书质量保障体系》的明确规定：选题策划是出版社全体编辑人员应履行的编辑职责。

选题本来就是编辑工作题中应有之义，并且还是重点工作、首要任务，是其他编辑工作的依据、编辑效益的基础。特别是在市场经济条件下，一个出版社的生存和发展，很大程度上取决于它对选题资源的开发与创新，只有通过策划，才会占有优势。

当今市场已经进入买方市场，这就意味着图书的过剩，许多统计数据表明，书店和出版社的库存在增加，许多出版社面临退货的现象在加剧，这已是严峻的现实。这就要求编辑尽快转变观念，开动脑筋，迈开双腿，到市场中去。固守着坐等来稿，捧着"文责自负"的护身符是不行了，要争取主动权，去开发选题，应该清醒地认识到，不策划、不创新，决无出路。

新形势下的编辑已经被推到了市场，并担任着导演的角色，这已是不可推卸的责任。作为主体，第一，要掌握资源，面向作者，围绕着调查研究、创意的设计去选择、组织书稿，并要把编辑的思路拿去与作者研究讨论，使其共鸣、合拍，主动去适应市场。第二，要正确引导市场，做读者的向导，就要求编辑主动地参与宣传、营销策划，编辑对书的内容质量最为了解，要把图书的特色、作用、卖点、适用性向市场推荐。编辑不仅是市场的追随者，更应成为市场的开拓者。第三，要跟踪市场，作为一名好编辑，不是选题一批准就完事了，一定要时刻注意这个选题领域的发展方向、变化，要与该方向领军人物保持密切联系，并参与其学术等活动。这对于选题的落实、书稿质量的提高、选题的再开发、整合定会有极大的帮助。

这里更要指出总编辑（或社长）的主要职责、第一要务，首要的应该是选题策划。一个出版社要形成自己的特色、优化图书结构、建立自己的品牌、凸显自身的优势，首先取决于总编辑的编辑理念与要求。当前的出版工作是要检验它的整体实力，包括对编辑队伍的调动与指挥，对出版资源的开发与整合，对图书质量的保障与提高，对出版时机的把握与选择等等，都要取决于总编辑的责任心与能力。当然不能要求总编辑样样都通，他只能侧重全局、宏观选题，他要盯住重点资源、重点市场，他要有敏锐的目光，抓住那些具有发展潜力、影响大的选题。抓好重点，带动一般，这是领导工作的普遍规律。

## 二、选题策划是编辑主体意识的体现

长期以来，出版界的传统是把作者当作“衣食父母”，把读者当作“上帝”，编辑自然就处于从属的次要位置，过去一直是这样对编辑进行教育的。在某种意义上说，这种说法也有一定的道理。但今天看来是不够准确的，更是不全面的。作者（作品）是资源，读者是市场，而编辑是桥梁。只有经过编辑的选择、策划、审稿、加工这样的创造性劳动，才能将资源变成商品，才能送到市场，才能创造出效益；只有通过编辑这座桥梁才能把作者、读者联结起来，使它变成生产力。因此编辑决不是从属的、被动的，他是出版物市场真正的主体。

选题策划使编辑工作发生了巨大的变化，它把过去被动式的对选题的选择改变为主动的调研、判断、整合、延伸及营销一系列的策划；变被动的适应为主动的供给；变以作者意识、读者意识来定向的编辑工作方法为以社会导向意识、编辑导向意识为主体的编辑工作方法。正像有的专家指出的，编辑工作可以延伸到文化事业的上游，编辑的作用也可像孵化剂、催生婆。他们决不仅仅是传统意义上的“为人作嫁”，而应该强调是“传播人”，融入更多的编辑主体意识。把编辑掌握的有关方针政策、动向、读者需要、市场等信息，融汇到选题中，再组织合适的作者，严格把关，选择时机推向市场。这里起着重要作用的是编辑的能动作用、主体意识，只有把“为人作嫁”、“把关人”、“传播人”三种意识结合起来，才算得上是一个合格的好编辑。

德国出版界有句名言：出版社的艺术就在于将合适的作者的合适书稿在合适的时候带到合适的市场。这就是编辑艺术，是使图书达到市场营销目标而进行的策划全过程。只有编辑长期对工作的主观能动性和主体意识的发挥和积累，才能得心应手地找到这四个“合适”。

图书市场随着建设的发展、科学技术水平的提高，人们的需求、欲望总在不断变化，但市场是客观存在；出版资源在本质上讲具有再生性，是不可穷尽的，它将为人类源源不断提供智力源泉，这也是客观存在的。编辑就是要主动掌握这两个客观存在。要成为市场的主体，要成为出版资源的拥有者，就要发挥编辑的主体意识，善于选择时机，善于优化和整合出版资源，使其发挥最大效用。不然就会造成“跟风”、低水平重复、零敲碎打这种破坏资源的现象。

还应该指出，一个总编辑更应发挥他的职位优势、资源优势、人力优势、智力优势和主体意识，全心投入整体策划。总编辑还具有宏观调控、微观整合、超前预测的优势。他掌握着整体资源（读者、作者、编辑），抓住重点选题，组织社内外力量，开展多种活动，筹划资金的投入，在整个出版过程中实行着全面调控，特别是对编辑活动，掌控着调查研究、信息的交流、选题的优化、作者的选择、质量的把关以及社会效益与经济效益的实现等等，不断地实现着整合与延伸，使之优势互补，充分发挥 1+1>2 的整体效应。

## 三、选题策划的原则与要求

### （一）创新

选题工作创新的重要性已众所周知，还是那句话：选题创新是出版创新的基础。首先，要求编辑转变观念，变被动创新为主动创新，传统的编辑工作多为被动式，接受作者投稿、审稿、加工，整天为这些事务忙得不可开交。“为人作嫁”、“把关”都是编辑的基本职责，分内的工作，现今还要坚持，不可轻视，但仅仅满足这一点肯定是不行了，一定要把选题置于出版领域的主体地位。第二,要求编辑改变工作方法。当今,在出版改革、转型深化的时期，一个好编辑的工作方法必须变被动为主动，把主动创新意识落实到选题创新之中，要走出办公室跟踪社会热点和学术研究的前沿，变接受来稿为主动策划组稿。第三，要求编辑善于学习，要变“杂家”为“专家”，要成为某一学科的管理专家，要同各方面的专家交朋友。只有这样，有了创新的基础，才会出创新的点子，才会有创新的选题。第四，要处理好创新与继承的关系，一个成熟的出版社已经形成了自己的优势与特色，构建了自己的作者群与读者群，出版了一批品牌书，在此就更要注意在继承的基础上不断创新。科学技术在发展，读者的需求在变化，只有不断创新，才能保持自身的优势，不断前进。

选题的创新主要是指内容的创新，图书应该是各个时期人类在物质生产和精神生产领域内取得的有独创性的文化和科技成果，可以转化为知识的储备、精神的力量、科技的能力、物质的财富。科学技术是第一生产力，科技图书就应该紧紧围绕着第一生产力的各要素，起传播、积累的作用，以推动社会的进步，这些都是靠图书的内容起作用。据联合国教科文组织的一个规定，一本书具有 16% 以上的新鲜的信息含量，才算作有价值。这就给我们在内容创新方面提供了一个定量的概念。

内容的创新是首位的，但图书面对着众多读者的要求不同，读者的层次不同，图书的类别不同，一个新的内容完全可扩展、延伸、深化、整合成多种类型的图书，以满足不同读者的需求，这也是形式的创新。至于装帧设计与开本的变化、插图的配置，都应该追求创新。

**（二）品牌**

品牌日益受到消费者的公认与追求，已成为市场决胜的关键。美国著名出版家小赫伯特· S· 贝利在《图书出版的艺术和科学》一书中说："出版社并不因它经营管理的才能而出名，而是因为它所出版的书出名。"可见出版社一定要出好书，质量好、市场占有率高、发行量大，慢慢被读者公认，逐渐形成为品牌。应该说重印书、修订版书是检验品牌的重要标准。一旦产生了品牌效应，读者在选购该类书时，首先就会想到该出版社；而作者要写书时，也会优先考虑富有品牌的出版社，这又为出版社获取出版资源赢得了优势。良性循环，影响越来越大，效益越来越好。像这样的例子是很多的，买辞书就会想到商务，买实用科普书就会想到金盾，买专业基础课教材就会想到高教，买土建类工具书、土建类教材就会想到建工等等。在市场选择下具有强大生命力的图书，在众多图书中具有独树一帜品牌效应的图书，便变成了出版社的无形资产，是一个出版社立足之本。

品牌并不是一味追求标新立异，最终是要经得起读者的选择与认可，市场的检验与常销，应该是双效益的高度统一。品牌图书也决不是一成不变的，也要不断创新，以应变市场的需要，只有永恒的追求才能保持住永久的品牌。

一个出版社的总编辑要懂得：品牌是出版社的形象，吸引着读者群与作者群，反过来又丰富了出版社的信息资源和选题资源，为出版社的发展提供了不竭的动力。所以一定要以品牌为中心，向横向辐射和普及，向纵向深化和开拓。建工出版社从 20 世纪 50 年代开始 50 多年来几代人都始终抓住这个品牌中心，把建筑领域的资料集及手册类工具书如建筑设计、城市规划等资料集、手册，建筑结构设计、建筑施工、建筑管理类手册，给水排水、暖通空调等市政工程类手册，室内设计、装饰装修资料集及手册等等。策划得井井有条，横向涉及了各主要专业，纵向按照梯次层层覆盖，逐渐形成了品牌网，这种求变求发展的品牌战略，使这类品牌书常销不衰，在行业中有了较高的声誉，在读者中有了较好的影响，真正发挥了示范、工具书作用。

在品牌战略中的总编辑，应站得更高，看得更远，抓得更紧。品牌一经确认，就要千方百计地维护好，培育好，要作为长远发展战略去支持它，完善它，不断修订，提高质量，永葆它的生命力。

总编辑不仅要身体力行抓品牌，更要在整个编辑队伍中强化品牌意识，要培养一支敬业精神强、专业水准高、具有创新出版理念、保持忧患意识的优秀编辑队伍，真正认识人才是第一资源。只有这样，品牌才能在有限的市场空间里无限整合、延伸。

**（三）长远与规模**

出版工作的功能是传播与积累。传播不仅要针对当前，解决现实中的问题，更要关注未来以求发展。图书出版，因为书的内容自身的稳定性与长远的影响力，就迫使编辑一定要注意质量与发展。前面讲的创新就是要求用发展的观点来策划选题，来对待品牌。只有不断创新，才会有长期效应与规模。当然长远与规模还一定要建立在质量的基础上。图书出版的核心竞争力一是出版资源的开发与整合，二是内容质量。一些出版社一贯把资源与质量有机地结合，因而赢得了读者，占领了市场，它的规模越做越大，这就是长期效应。

我们要以发展的观点看未来。许多出版社都制订长远选题规划，规划决不是各专业选题的相加，而是对未来选题的策划，是对常销书的策划。畅销书当然很重要，它可能是短平快的书，时间短，见效快，能立竿见影，我们一定要利用畅销书的基础，或者从畅销书中得到启发，要考虑在畅销期一过，对其内容进行延伸与整合（一般指的是科技书），使其得到新生，如考试类书就可以延伸为培训教材等等，这里也体现出选题的再度开发与资源的整合。特别作为总编辑，更应该考虑资源的配置与深度利用，使有限的资源发挥最大的效用。

此外我们的选题规划或选题策划一定要放在所服务的这个大产业的可持续发展中去策划，以产业的发展作我们的指导思想和依据，这样就能形成合力，选题才会有生命力。

着眼于长远，坚持可持续发展，还需要有一定的规模。现在都在讲规模效应，没有规模影响力就小，最终也就没有效益。要想做大做强，更要求要有规模。当然规模不能盲目追求大，更不能不顾自己的实力去追赶，有的出版社某个专业盲目求大，不顾质量与市场追码洋，其结果不就是自食其果直至倒闭，所说的滞胀现象不也是这样造成的吗？规模要大到适度，所谓适度我理解是各专业出版社本专业分工内的主要图书的市场占有率占优，当然垄断是不可能的了。这样就要求每个编辑策划选题时盯潜力、跟行业、看发展、重市场，目标要长远，规模要做大，实力要做强。

**（四）优势与市场**

检验选题策划成败的是市场，策划的过程源于读者，立足于市场，所以编辑一定要根据市场的需求进行选题策划。

“知己知彼，百战不殆。”一个好的选题策划也是遵循了这条规律。特别是总编辑更应如此，他首先要掌握好已有的资源，包括社内资源，要如数家珍、了如指掌、运用自如，这是出版社固有的优势。社会上的资源，不为你所有，但你可以发现它、利用它，譬如作者资源，政府的资源，学术团体的资源，生产、设计、科研、企业等单位的资源，学校、媒体、书店的资源等等，这些都是图书出版不可缺少的重要资源，谁都可以利用，资源不一定为我所有，但一定要求为我所用。出版社完全可以把这些丰富的资源纳入自己的策划中，转化为出版社的有效资源。在资源整合中形成多方受益共赢的格局，把它变成自己在出版市场中的优势。这就真正做到了“知己知彼”。

“知彼”，是策划之初编辑一定要掌握的信息，重要的是读者的需求、竞争的对象。读者需求首先是内容的需求，编辑是否在读者急需寻求知识的时候把知识送到他手中，读者购书的动机一般目的性也很明确，编辑就应该捕捉到这些信息，抓住这种机会。对竞争对手，更应该了解分析其动态，一定要在内容、作者、形式、定价、时机等方面发挥自己的优势，把内容做深做透，胜它一筹。

优势与市场是共生的、互补的。选题策划的出发点和归宿是读者，不了解市场，策划只能是无本之木、无源之水。内容为王，内容产业的属性决定它必须更重视读者，时时以读者为中心，处处为读者着想。坚持下去，形象一旦在读者中建立，这就是优势，这就是无形资产，出版社的市场会越做越大，实力会越来越强。

以品种、码洋换取利润，强占市场，这是很危险的，这是败社之道。前车之鉴应吸取！特别是以争码洋过几个亿为名，做那些无专业编辑、不熟悉市场的图书，码洋是过了几个亿，但库存也膨胀了，貌似繁荣，实为“虚胖”，劳民伤财，恶性循环。我们一定要把实力建立在自身的优势上，做透做深做细，既打造了市场，也有了事半功倍的效果。

## 四、策划的流程实例

（略。见“策划出精品”一文）

# 策划出精品 *

## 以《室内设计与建筑装饰专业教学丛书暨高级培训教材》为例

策划，近几年编辑工作中议论最多的一个话题。事实充分说明：图书的双效益、精品、品牌离不开策划。正像《中国新闻出版报》2005 年 11 月报道的，“策划编辑制——大势所趋的编辑创新模式”。

早在十年前新闻出版署就明确指出：“图书质量的提高，首先取决于选题的优化，优化的第一步要搞好选题策划工作”。选题策划本来就是编辑工作中的应有之义，只是因为在传统编辑模式的影响下，“策划”被淡化了，今天不仅是要恢复它的功能，而且应该强化，这已是人心所思、大势所趋。

现以中国建筑工业出版社 1996 年初版、2004 年第二版的《室内设计与建筑装饰专业教学丛书暨高级培训教材》为例，介绍一下它的策划构思与流程。该系列教材（丛书）策划于 1995 年，是当时教材编辑室经过深入调查研究、反复酝酿讨论、精心策划而组成的，并遵照现代策划的流程，即目标预测、信息处理、信息评估、生产创意、制定策划方案、答辩与动态修正、策划方案实施、效果评估与反馈而展开工作。

### 一、问题的提出（目标预测）

建筑装饰行业在 20 世纪 90 年代开始飞速发展，特别是房地产业与旅游业的兴起，直接带动了室内设计与建筑装饰行业，而人们物质与精神生活品质的不断提升，则是该行业持续、健康、快速发展的根本源泉。行业的发展，造成了人才的紧缺与技术水平的亟待提高；建筑院校室内设计方向的招生也开始多起来了，装饰行业的培训正酝酿向高层次发展。这就是信号，编辑就要抓住这个时机。

---

* 本文原为上文“选题策划是编辑的基本职责”的第四部分 . 后被《科技与出版》杂志 2007 第 3 期收集到 “特别策划· 好书是如何策划的” 专栏发表。

这个时期出版业面临着转型，出版行业领导部门明确提出“由以规模数量增长为主要特征的粗放型经营向以优质高效为主要特征的集约型经营转变”。这就是政策，这就是导向。我们要利用我们的行业优势、出版社的专业品牌效应，把所掌握的信息变成现实，整体推向市场，其目的是使我社的品牌效应越做越大。

在此前，我社教材编辑室已分别组织出版建筑装饰工长培训教材，市场看好，但缺乏高层次的系列读物和教材，于是便启动了这套丛书的策划。根据已出版的装饰工长培训教材来看，为装饰培训类教材打好了基础，抢占了市场，而高级培训教材，只要作者权威、质量高、时机准，市场是会认可的，这就是目标。

## 二、收集信息（信息处理与评估）

根据了解的情况，我们认为信息要细化，要准确，经过收集、处理、评估，选择为我所用的信息，以此为据来指导方案的制订。

建筑装饰行业是建筑大行业中的新兴行业，它的从业人员 1993 年已达 250 万人，其中技术和管理人员为 50 万人，分别比 1990 年增长 2.5 倍和 3.3 倍。它的产值 1991 年 ~ 1993 年三年共计 800 多亿元，而 1994 年一年就达 600 亿元，好惊人的数字！在一个相当长的时期内还要有所增长。再根据城乡住宅面积来看，1994 年城乡住宅竣工面积已超过 2 亿平方米，但按照“安居工程”的要求与“小康住宅”的水平相比，差距甚远，每年至少要新建 1.5 亿 ~ 1.8 亿平方米住宅，而住宅的装修潜力更大。这是准确的信息。

这些仅是数量上的信息，还需要进一步分析从业人员的专业素质状况。据权威部门的资料统计：我国建筑装饰行业的从业人员中 95% 是来自非装饰专业的其他行业（当然是建筑业中的其他专业），95% 的专业技术人员是自学成才和来自美术界。他们迫切需要室内设计专业技术的学习。而当时市场上又缺乏建筑室内设计专业系统的高级读物与教材。

面对这样一个新兴的、具有巨大潜力的市场，据当时的业内人士分析：“以中国建筑工业出版社为代表的一大批分属不同行业的出版社，装饰类书籍已成为热门选题，近几年各地出版的已达百余种”。据当时统计，我社 1994 年已出版该专业图书 20 多种，培训教材 6 种，但距离读者的希望还有很大的差距。当时还了解到同济大学、重庆建筑大学等几所大学在 80

年代后期开办的室内设计专业课程还比较单一，这都是信息，也都是机会。

这些信息，加强了我们策划的决心，也加深了我们对策划效果的信心。

## 三、选题方案的提出（生产创意、制订策划方案）

做好这套丛书，我们思想上很明确，一定要强调策划的整体性。第一要求策划人集体参与，即要求它的整体性，总编、主任、编辑充分酝酿，总编要多出主意，用好点子，调动积极性，在工作中培养干部；主任要善于指挥；编辑要积极主动投入，这样就能形成合力。第二，要求策划的客体也应是整体，即整套丛书一起推出，构成强大的实力。这就是当时的整体构思。

于是，教材编辑室主任同几个骨干编辑多次商议，一定要抓住这个当时还是一个空白的市场，一定要策划出一套高质量市场认可的培训教材，这就是商机。当时对这套教材的定位是既可作为大学室内设计专业的教材，更可成为装饰装修行业人才培训、继续教育的培训教材。内容要实用、系统、新颖，图文并茂，数据齐全。当时我们深入同济大学、重庆建筑大学等地进行调查研究，并初步确定主编人选，多次同他们接触、讨论，这样，编辑与各书的主编对丛书的要求和认识在思想上进行了统一，这更有利于下步工作的顺利展开。最后决定组成编委会，第一批组织出版 8 种。大概半年的时间，策划方案基本形成。

## 四、组稿（答辩与动态修正、策划方案实施）

接着召开编委会会议，通报了信息，讲清了形势，经过反复讨论，统一了认识，明确了该丛书的特点：概念新、技术新、实用性强、数据全、图文并茂，还确定了编写要求、内容深浅、版式规格（包括彩图及插图）、字数控制、进度安排等。期中我们还不断了解编写情况，解答作者提出的问题，修正了某些局部内容，并对有关共性问题作了及时交流。

这套丛书从组稿、编写、出版，基本上用了一年的时间。

## 五、效果（效果评估与反馈）

丛书出版后，正如预期的那样，在学校和行业内反响很好，对提高教学质量和开展培训，发挥了重要作用。就以《室内设计原理》为例，至今出版10年，上册已印刷29次，发行量超过17万册，下册已印刷22次，发行量达15万多册，其他分册大多数都很畅销。

我们一直在跟踪该套丛书的运行与行业的发展，根据观念的变化、技术的进步、读者提出了更高更新的要求，该套丛书已于2004年开始修订出版第二版，同时，教材均配有光盘，更丰富了它的内容。

我们期待着该丛书作为建工出版社的品牌书，永葆它的先进性、实用性、系统性，不断修订下去，真正成为该行业的经典图书。

# 编辑过程中的图书项目质量管理*

项目管理，已是一项公认的先进管理制度，早在国防工业、建筑业中取得了明显的效果。20 世纪 90 年代，随着信息时代和高新技术产业的飞速发展，实践证明项目管理在运作方式上最大限度地利用了内外资源，从根本上改变了中层管理人员的工作效率。逐步发展成为独立的学科体系，成为现代管理学重要分支，它是特别适用于那些责任重大、关系复杂、时间紧迫、资源有限的一次性任务的管理方法，它的应用范围已扩大到电子、通信、制造业、金融、办公及文化事业等部门。

出版业作为一种文化产业，它的产品作为一种特殊商品，项目管理的原理、方法也同样能应用，目前就有不少出版社在探索中，不少出版人在思索中。据有关信息报导：中国认证机构国家认可委员会（CNAB）在进行的 ISO 9000 族标准质量体系认证中，到 2002 年底全国只要 7 家出版组织通过认证，至 2006 年年底，全国有 26 个出版组织持有 ISO 9000 认证证书，有 9 家出版组织持有 ISO 14000（环境管理）认证证书（其中有的是地方志撰写单位，还不是真正意义上的出版社），出版机构仍然是全国适用该认证的 39 个行业中取得认证数量最少的一个行业（可喜的是电子工业出版社、中国财政经济出版社均取得了认证证书）。

出版业中的质量事故时有发生，许多业内人士痛感管理落后是其要害，成功的先进理论在出版业仍处于探索中，出版规范仍在讨论中，许多标准和制度仍待落实中，希望“图书质量管理年”真正有所作为。现就项目管理中的图书质量管理谈谈多年来思考的几点意见。

图书项目质量管理是指为保证图书质量而进行的一系列管理工作，是指出版社以《图书质量管理规定》为依据，以质量为中心，以全员参与为基础，目标在于满足市场需求，让读者满意及社会受益。它的目的是以按

---

* 本文为 2007 年 10 月在中国编辑学会科技编辑专业委员会召开的“新形势下如何保证和提高出版物质量”研讨会上的大会发言（广西桂林）. 全文刊载于：新形势下如何保证和提高出版物质量 . 北京：中国建筑工业出版社，2008.

预计的成本，计划的周期完成一定数量且达到质量标准的图书产品。为此，图书质量管理也必须引进并推行全面质量管理，以实行全面、全员、全过程的管理。

## 一、图书项目质量管理八原则

国家标准化组织（ISO）质量管理与质量保证技术委员会（TC176）于1987年制订和颁布了ISO 9000系列质量管理和管理保证标准，2000年修订为第三版，是适用于各行各业现代质量管理体系的标准。标准中增加了8项质量管理原则，这是在质量管理理论研究和实践的基础上提出来的，是做好质量管理工作必须遵循的准则，出版业亦应按此原则组织图书质量管理。

**1. 以顾客为关注焦点："组织依存于顾客。因此，组织应当理解顾客当前和未来的需求，满足顾客要求并争取超越顾客期望"。**

在出版工作中，顾客就是读者。"读者至上"、"读者是上帝"已是至理名言。我们的出版物首先应该是读者所需求的，这样才有生命力，才有市场。编辑主体作用的体现就是要了解读者的需求，主动去适用，去满足，去引导。编辑搞调查研究、掌握信息，其目的之一是据此策划选题，编辑出精品图书去满足读者的期望；另一个目的还要主动引导读者，创造市场热点，用品牌图书去培育读者群，所以说读者是编辑工作的出发点与归宿，读者始终是出版社关注的焦点。

**2. 领导作用："领导者确立组织统一的宗旨及方向。他们应当创造并保持使员工能充分参与实现组织目标的内部环境"。**

出版社领导是出版社工作与生产的组织者、决策人、第一责任人，关系到出版社领导班子的能力与团结、全体员工的素质与凝聚力、出版物的质量与品牌、营销能力与市场开拓。他的全部工作理所当然都应围绕着"质量第一"去组织，去监管，去验收。

**3. 全员参与："各级人员是组织之本，只有它们的充分参与，才能使他们的才干为组织带来收益"。**

质量管理是一个系统工程，关系到每一个岗位和每一个参与者，稍为忽略了某一个环节或某一个员工，都将可能铸成大错，只有全员参与质量管理才能把责任落实到岗位、落到实处，也才能调动全体员工的主动性和创新精神，这对提高质量管理体系的有效性极其重要。

**4. 过程方法："将活动或过程作为过程加以管理，可以更高效地得到期望的结果"。**

"出版无小事"这已成为出版人的警句。出版工作必须严肃认真、层层把关就是这个道理。出版过程的概念反映了从输入到输出具有完整的质量概念，每一个子过程都要把质量放到首位，过程管理还强调活动与资源结合，受成本、周期等的控制，具有投入产出的观念。过程概念体现了用 PDCA（计划→实施→检查→处理）循环改进质量活动的思想。质量管理活动的全过程就是反复按照 PDCA 循环不停地、周而复始地运转，每一个环节，解决一定质量问题，质量水平就提高一步，实际上就是认识→实践→再认识→再实践的过程。就编辑工作而言，其实选题、审稿、加工都要完成多个循环，在每个分项过程中又有分项子过程，如三审中的每一级审稿也应视为一个过程，这样管理循环不停地按规定运转，质量就更有保证。

**5. 过程的系统方法："将相互关联的过程作为系统加以识别、理解和管理，有助于组织提供实现目标的有效性和效率"。**

系统方法包括系统分析、系统工程和系统管理三大环节。系统分析是运用数据、资料和客观事实，确定要达到的目标。我们的选题策划就是应利用系统分析的方法提出选题的定位、内容、读者对象、市场分析、效益等目标设想；然后通过系统工程，设计出为达到目标而采取的步骤和措施，以及进行资源配置，作出最佳选择，为此我们就要为实现既定目标落实图书项目组织或责任编辑、责任设计、责任校对，从而分步实施组稿、审稿、加工、装帧设计、印制、校对及发行等项工作及具体措施，其具体措施中一定要突出质量、成本、周期三大要素；最后在各个过程的实施中通过系统管理而取得高质量和高效率。

**6. 持续改进："持续改进总体业绩应当是组织的一个永恒目标"。**

当前出版界竞争异常激烈，要在竞争中取胜，保持强社大社的地位，保持高质量、高效益的品牌，就必须坚持一个永恒的目标：改革，持续发展。

**7. 基于事实的决策方法："有效的决策是建立在数据和信息分析的基础上"。**

选题策划、市场营销决策等都要明确规定收集信息的种类、渠道和职责，保证资料准确，能够为使用者得到、应用，通过对事实分析、判断，结合出版社的实际做出决策。信息种类有许多、渠道也有多种，作为编辑首先要有很强的职业敏感，能从作者和读者的交谈中，从对政府科技部门，科研、教学、生产、学术团等部门的拜访中，从政府文件、书报刊中都能了解许多信息。信息是客观存在，谁都可以利用，只是有一个敏感与迟钝之分。我们要适时把信息当作自己的资源、纳入到工作的策划中，转化为出版社的有效资源，从而使出版工作不断创新。

**8. 与供方的互利关系：“组织与供方是相互依存的，互利的关系增强双方创造价值的能力。”**

对出版社来说，供方就是作者，他是出版资源的生产和供给者，读者就是市场，编辑是孵化器、催生婆，只有经过编辑的选择、策划、审稿、加工以及出版人员的设计、校对、印制这些创造性劳动，才能将资源变成商品，才能创造出效益。作者与编辑的关系是一种相互依存的共生关系，是为了一个共同的目标而结合。为此,一定要善待作者,要在质量上把好关，在权利上保障他们的权益，还要为作者做好服务工作，建立起一种和谐的朋友式的互动合作关系。

上述八原则是相互联系和相互影响的。其中以顾客（读者）为关注焦点是主要的，满足读者要求是核心。为了以顾客为关注焦点，必须持续改进，才能不断地满足读者不断提高的要求，而持续改进又要依靠领导作用、全员参与和互利的供方（作者）关系来实现。能采用的方法是过程方法（控制论）、管理的系统方法（系统论）和基于事实的决策方法（信息论）。质量管理八原则体现了现代管理理论和实践发展的结果，都能适用于出版业的质量管理。

## 二、影响图书项目质量五因素

《图书质量管理规定》明确指出：“图书质量包括内容、编校、设计、印制四项”，它是从编辑选题策划开始，组稿、审稿、加工、发稿、装帧设计、发排、录制排版、校对、选纸、印刷、装订到出书这一全过程，因而，便决定了图书质量的特点：第一，影响因素多，每一个环节的不规范操作，都影响质量，特别是编辑工作，牵涉到内容质量，关系重大；第二，质量波动大，尤以编辑工作为甚，图书内容因其具有复杂性、单一性，不像一般工业产品的生产那样，有固定的生产流水线，内容的多变性使其质量波动性也大；第三，影响深远，出版物是精神产品，特别是思想、理论出版物，它能影响人的行为。其具体影响质量的因素可归纳为五项。

**1. 人的因素**

人是直接参与图书项目的决策者、组织者与操作者。人的素质，包括政治素质（政治与政策水平、事业心、责任心）、业务素质（能力与水平、积累、敏感）、身体素质等。这是影响质量的首要因素。

人的素质根植于教育、培养、实践。作为领导人一定要重视对员工的质量教育与业务培训，要使全员牢固树立“把社会效益放到首位”、“质量第一”、“为读者服务”的思想；要经常组织质量管理理论与知识的学习，使员工熟悉图书质量管理规定及各项规章制度与质量标准，质检部门要严格把关。当前开展的继续教育培训是针对性很强的好办法，是提高员工业务素质的好途径，必须高度重视。

新闻出版署着手推行的“构建以‘四大准入’制度为基础的行业管理体系”,实际上是按规章制度管人的制度,实行企业（法人）准入、市场准入、职业准入、岗位准入。社长、总编辑、责任编辑、责任校对等，都规定了相应的资格要求，进入须具备一定的资格条件，每个岗位都应有资质要求，做到持证上岗，再加上进入岗位以后的注册制度实施。这样要求明确、管理配套，只有把“人”这个关键因素抓住了，才能真正实现出版社的全面质量管理，才能真正使图书发挥教育人、感化人、影响人的本质作用，所以质量管理要首先抓住“人的因素”这一要素。

**2. 原材料的因素**

原材料应该理解为作者提供的原稿，这是编辑工作的基础，我们一定要选择政治素质好、业务能力强、理论与实践经验丰富、组织能力与文笔好的作者，才能提供合适的稿件，编辑才有用武之地，否则巧妇难为“无米之炊”。稿件反映的是内容质量。第一，选题对路，它是读者需求的，它是科学文化事业需求的，这里起重要作用的是编辑的思路加作者的表达这一完美的结合；第二，稿件本身质量要符合要求，要达到政治性、科学性标准，要符合优化原则、标准规范（包括编辑出版标准及规定）要求，要做到准确、严密、逻辑性强、通俗易懂、统一等等，这要求编辑把质量标准及许多细节向作者交底，沟通到位，共同把好质量关。

**3. 方法的因素**

是指为达到既定目标而采用的方法、手段、流程、措施等，这是直接影响质量、成本、进度控制三大目标能否顺利实现的关键。这些内容是编辑选题策划时必须深思熟虑的问题，譬如对质量的控制，除了按规定要求坚持选题论证制度、三级审稿责任制度外，还应在关键阶段建立几个质量控制点，如编辑加工发稿后、终审前，校样三校一读后、付印前，建立两次审读制度，分别请社外专家及本社退休资深编审或副编审通读或抽查部分章节，做好最后一次把关，这也是实行事前控制、实现以“预防为主”的有力措施，这种做法有一些出版社（如中国建筑工业出版社等）早已实行，收到了良好的效果。此外，审稿人还可针对具体稿件牵涉的内容，分别提出加工时应特别注意的重点问题，如政治方面的 ×× 政策的提法、地图边界线、民族敏感问题、反恐问题、国家与地区问题等等；……标准规范（……年版本）新变化的问题、特殊计量单位、专业名词统一的问题；参考文献标注方法与形式的问题等等。不要忽视细节，不是有人提出“细节决定成败”吗？把流程设计好，把措施提到位。

**4. 机器设备的因素**

这里主要是指制图版、印刷、装订等需要的机器设备，还有选纸这些问题，装帧设计及印刷人员一定要针对稿件的具体要求精心设计，重在选用，工艺要配套，用纸要合适。编辑也要了解、熟悉这些知识，它对保证质量、进度与节约成本都有重要作用。

**5. 环境的因素**

影响图书质量的环境因素较多，有图书项目管理环境，如质量管理制度、质量保障体系；工作环境，如项目组人员组合、上下工序配合、与作者的关系等。一定要有严格的管理制度、严密的质量保障体系，并要落实，才有保证。工作环境很重要，上级的指导与支持，下级的主动与创新精神，左右的密切配合，要形成一个和谐的集体。

## 三、图书项目管理制度的落实

由于出版业的特殊性，出版工作一直受到党和政府的高度关注，50 多年来作出了多个决定与规定。1990 年代以后分别颁布了一些法律及条例、办法等法规性文件。应该说政府的管理条文是有了，有的规定也很具体，但一些出版社质量事故屡屡发生，深究其根本原因还是管理问题。

第一，理论指导不到位。新闻出版管理部门对质量的大原则、总的指导思想是明确的，出版人都知道“把社会效益放到首位”、“质量第一”这些口号，但许多出版人对项目质量管理的概念、原则、方法，质量的特点，质量管理体系，管理业务标准化，管理流程程序化，质量管理的运转形式以及前面提到的 ISO9000 族标准质量体系认证、全面质量管理（TQM）理论等知之甚少，似乎未提到学习日程上来。理论的盲区导致行为的混乱。

第二，改革滞后。出版业现在还是垄断行业，受到一些部门政策的保护，受到主管行政部门的关照。政府部门的项目为什么不实行招标投标制度？还是靠山吃山，靠水吃水，没有真正把出版社推向市场。改革滞后导致责任制度难以落实，致使质量、效益难以保证。

第三，管理缺位。"图书质量管理规定"、"图书质量保障体系"早已明确规定，但质量保证仍然没有得到真正的重视，不就是因为缺乏质量教育与培训；质量信息不对称，难以反馈；岗位责任制度、质量监督管理制度不健全；专职质量管理机构流于形式，缺乏质量认证与验收备案制度等等。为此一定要针对质量问题的现状切实采取措施，特别是领导要重视，措施要具体，办法要落实，具体措施如下：

1. 确立图书质量管理原则，要突出质量第一、为读者服务、预防为主、一切用数据说话等思想，推行全面质量管理原则，统一思想认识。

2. 建立和健全专职质量管理机构，明确每个部门、每个岗位的质量责任制，出版社建立质量管理小组，各业务部门或项目组设立（可不脱产的）质量管理员，并对每种图书建立质量管理档案。把各个部门、各个环节的质量管理职能和活动合理地组织起来，组成一个有明确任务、职责、权限而相互协调、相互促进的有机整体，构成一个严密的质量管理工作体系，形成一个横向到边、纵向到底的完整质量管理组织系统。

3. 建立旨在提高编辑综合素质（其中提高质量素质是其主要内容）再教育制度、质量信息反馈系统。质量信息是反映产品质量、工作质量的重要资料，其来源一是通过读者反映、评论和图书发行情况、重版及引用频率；二是汇集整个工作过程中记录的意见、数据与评语。信息反馈的基本要求是准确、及时、全面、系统。做好信息收集与反馈是总结经验、有效实现"预防为主"方针的重要手段。

4. 建立质量管理标准化、操作流程程序化制度。新闻出版署针对图书质量保障颁布了许多规定，如"选题论证制度"、"三审责任制度"、"责任编辑制度"、"责任设计编辑制度"、"责任校对和'三校一读'制度"、"样书检查制度"、"出书后评审制度"、"图书重版前审读制度"、"优秀图书奖励制度"、"优秀和良好出版社表彰制度"、"对违规出版社和责任人的处罚制度"、"出版社业务人员持证上岗制度"等等。各个出版社都应该根据这些制度的管理工作内容、方法、程序和职责权限制定出具体的标准及操作程序，甚至要像工业生产部门那样制定操作规程。只有建立了严格的科学的管理标准体系，质量保障才算落到了实际。

5. 建立图书质量评价体系。要在《图书质量保障体系》大框架下，切实建立和实施严格、有效、可操作的图书质量评价体系。有了目标、要求，便可据此监管、检查、评价图书质量，图书质量四项标准中主要是内容质量。"内容产业"已被公认，而目前对内容质量只有一个概念性的认识，缺乏定量的界定标准。建议就像制定"图书编校质量差错率计算方法"那样，更要集中力量尽快把内容质量评价体系制定出可操作的标准，建立完整的、配套的质量评价体系。

提高质量是出版工作永恒的主题，只有认识提高了，思想真正重视了，方法具体化了，战胜这个质量"顽症"并不困难。

# 提高质量促进科技出版业的可持续发展*

20 世纪中后期人类的生存和发展观念发生了重大的变化，要求实现社会、经济、环境三方面的可持续发展已成为全人类的共识。1987 年世纪环境与发展委员会在《我们共同的未来》报告中首次明确提出了“可持续发展”的呼声，1992 年我国政府组织制定了《中国 21 世纪议程——中国 21 世纪人口、环境与发展白皮书》，作为指导我国经济和社会发展的纲领性文件，并于 2003 年制定了《中国 21 世纪初可持续发展行动纲要》。2007 年党的十七大更明确指出：“科学发展观，第一要义是发展，核心是以人为本，基本要求是全面协调可持续，根本方法是统筹兼顾。”在阐述可持续发展时明确指出了“……实现速度和结构、质量、效益相统一、经济发展与人口资源环境相协调，……”

## 一、高质量是可持续发展的基础

中国的出版业正在朝着文化产业的方面阔步前进，在 20 世纪八九十年代新闻出版总署提出了从单纯依赖数量、规模扩张的粗放型增长向大力提高质量、效益的集约型发展的思路和模式、要正确处理速度、结构、效益、质量之间的关系，走整体质量不断优化的可持续发展之路。1996 年国务院转发了“关于加强科技出版工作若干意见的通知”，在要求深化科技出版体制改革时明确指出：“要进一步深化科技出版单位内部的改革，……优化选题，调整出书结构，提高规模效益，以提高科技出版单位的应变能力、竞争能力和自我发展能力。”这应该就是出版业持续发展的重要目标要求。

科技出版产业作为现代社会的经济细胞，在取得经济效益的同时，也还是应该把社会效益放到首位，担负起维护和参与社会、经济、环境发展的社会责任，而当前制约着科技出版产业可持续发展的矛盾仍有许多，主

* 本文为 2008 年 10 月在中国编辑学会科技编辑专业委员会召开的“编辑出版工作如何贯彻科学发展观研讨会”上的大会发言（北京）. 全文刊载于：中国编辑学会 . 中国编辑，2008 增刊 . 北京：高等教育出版社 .

要是：码洋的快速扩张与资源的大量消耗，突出的是与稿源的重复使用、内容原创性不强、出书结构过分依赖教材类图书等等之间的矛盾；经济发展水平的提高与社会发展相对滞后，突出的是品种的简单增加、内容质量不高与社会需求之间的矛盾；一些现行政策、法规与实施可持续发展战略方面的矛盾，突出表现在管理体制（制度）、经营理念、人才的潜能难于发挥、市场混乱等方面；当然还有纸质出版物与材料消耗对环境影响之间的矛盾；出版社的强和大与策划的影响力、"走出去"的战略实施之间的矛盾等等。

发展、竞争、品牌、效益、做强做大、走出去、改制、市场等等，这是当前出版人冥思苦索的难题。不管是从什么角度去思考，不管是从那个案例去分析，最后都会汇集到一点——质量，都表现为质量，都取决去质量，都依托于质量，可以说质量决定一切，这已是不争的事实。一定要解决好质量与数量的关系，在这个问题上，各行各业都是深有教训的。当前工业生产提出多快好，要突出好字，整个国民经济要实现又好又快发展的目标，更何况赋有精神生产内涵的出版业更应如此。我们要按照党的十七大报告中提出的"更好实施科教兴国战略、人才强国战略、可持续发展战略，着力把握发展规律、创新发展理念、转变发展方式、破解发展难题、提高发展质量和效益，实现又好又快发展，为发展中国特色社会主义打下了坚实基础"的要求，努力走上速度较快、结构优化、双效益俱佳、整体质量不断提高的可持续发展的道路。

## 二、图书的质量标准

出版业"内容为王"，甚至提高到了"内容产业"，这个理念已被行业及广大读者所接受。优秀、品牌、精品是通过其载体、产品实现的。图书的内容质量影响着科学技术的进步、生产力的发展、精神文明的建设、文化的积累，所以出版业自始至终坚持质量第一是决不可动摇的。

图书质量首先是内容质量，它是图书的主体，当前出版业存在的主要问题集中到一点就是内容质量问题，譬如内容雷同，连书名、章节基本一样；内容老生常谈，抄来抄去，缺乏创新性；作者一稿多投，稍作修订改换门庭又算一本新书；跟风现象严重，甲出版社出版了某类畅销书，某乙出版社就去"克隆"；教材与考试类图书一哄而上；一个专业教学指导委员会议能有十多个出版社蜂拥而至，他找不到一流作者，二三流也行；为了赶时间，剪刀加糨糊就上；为了追求码洋，急功近利，广种薄收等等。由于这些无序的竞争，酿成了图书内容质量下滑，业内外怨声载道。

科技图书的质量涉及的问题较复杂,除了应遵守《图书质量管理规定》、《出版管理条例》的共性的规定外，科技图书在内容质量上尚有一些特殊要求，特别是选题质量、内在质量。

**1. 选题质量**

《图书质量保障体系》明确指出:“图书质量的提高，首先取决于选题的优化,优化的第一步要搞好选题的策划工作。”选题是出版社的投资方向。各企业无不把投资作为自己的生命线工程，可见选题不同于一般，出版社的生存质量与发展前景，很大程度上取决于它对选题资源的开发和占有，这才是制高点。

选题，首先要创新。编辑的创新能力更多地体现在选题的创新上。创新,人们自然想到科技研究中发明创造,计算机的出现是创新、“鸟巢”、“水立方”的设计是创新。不错！杨振宁先生最近在“什么是创新”的讲演中还提到“其他类型的创新”，他举了两个例子:“第一个例子是流水线。流水线对于今天整个世界有决定性的影响。”流水线理论本身是创新，把流水线理论应用到某一个产业、这也应该是创新。“第二个重大的创新是邓小平讲的一句话，‘让一部分人先富起来’。这一句话，改写了中华民族的历史”。杨振宁的讲演对我们正确理解创新应该是一个经典的启发。我们应该在他人研究的成果基础上，用别人未用过的新的形式、新的整合、易被读者接受的方式进行传播，就像于丹教授那样把“论语”普及给全民，这能说不是创新吗？！这些实例给了我们极大的启示，所以有人说从无到有是创新，从有到优也是创新，创新应该是选题内容的第一原则。

选题，要注意差异化、个性化，也就是要有特色。就是将他人在科技上的创新成果，用新的模式或从新的角度去诠释，用自己的理解向新的人群去普及,用自己的再创造向新的领域去推广。没有特色,实际上就是平庸。选题一定要走出雷同、模仿、克隆的误区，这才算是百花齐放。

选题，要注意系列化、形成规模，也就是做好资源（稿源）的整合。当前科学技术日新月异，知识横向有面的延伸，纵向有度的深化；人才也都在朝着复合型人才去培养，继续教育也方兴未艾，这就更需要掌握综合的知识 、技术，科技图书的出版不是有着更广阔的天地吗！

选题，要注意需要、市场。这已是公认的原则。

选题，还要重视导向性、时效性、操作的可行性等等。这些道理许多论文谈的很多了。

### 2. 内在（内容）质量

内容产业的正式提出是1995年西方七国信息会议，是基于数字化信息技术，融合了图书、报纸、期刊、广播……多种媒体形态，从事制造、生产和传播有关信息文化内容的综合产业。很明确，产业的主体是文化内容，图书作为文化内容的载体，评价其质量当然主要就是它所承载的内容质量，而不是别的。内在质量是图书质量的核心，要检验内容的思想性、科学性、创新性、准确性、实用性、艺术性、积累性、感染力这些生命元素。质量指标的制定一定要围绕这些主要元素具体化。

内在质量,还要按照选题创意的要求,实现内容的创新,保持内容的特色,特别要注意突出重点内容，把新点、难点、亮点讲深讲透，把实用部分讲明讲细;要注意显示自身的特色,凸显个性,标新立异,以此吸引读者、感染读者。

内容的安排要做到循序渐进，内涵深浅适当、说理透彻、条理清晰、高度概括；外延满足需要，有机结合，留有余地；结构合理，按需取材，章节搭配均衡；图、表、文并茂，联成一体。

内容要按照各类不同性质图书的要求合理安排，理论著作、应用技术、工具书、各类教材、科普贪物，有各自不同的特色与要求；还有要按照读者的层次要求合理安排内容,这些对内容的取舍、深浅的程度、语言的表达、插图的构思都应该有各自的特点，一定要周密策划，决不可千篇一律。

内在质量也还要求文字表达准确，计量单位、符号、术语、标点符号等符合规定。若错误百出，也可予以否决，此外根据内容的不同、读者对象的不同，对装帧的要求也不尽相同。

### 3. 检验质量的标准

实践是检验质量的标准，图书的功能是传播与传承，它的质量更应受到实践的检验。编辑追求的是产品的品牌、精品，成功的品牌从来都是用质量去赢得读者的，只有得到了读者的认可，才能赢得市场，才会成为畅销品牌，所以我们一定要做到图书的高质量、市场的高占有率、销售服务的高水平、读者的高认可度。

高质量应体现在高覆盖率。一个是图书销售量同该类读者数量的比例；一个是该图书的销售量同该类其他图书销售的比例。比率大者说明购书人数多，读者面广，认可度高。

高质量还应体现在高重印率。精品图书不能一版定终身，而应该随着技术的发展、社会的进步、读者要求的提高而不断修订再版，这就是图书生命力所在。图书重印率高，说明了图书传播与传承功能的最大发挥，应该是检验图书质量的重要标准之一，更是一个出版社图书出版走向成熟的重要标志之一。

高质量还可以体现在高引用率。图书的观点、论点、概念、结论、案例等经常被其他图书或媒体引用，说明它的影响力大，说服力强，读者的认可度高。

## 三、质量高标准的实现

用科学发展观指导出版产业，必须坚持整体质量不断提高的可持续发展道路。2007 年为新闻出版质量年，大大提高了编辑的质量意识、质量责任。要扎扎实实树立质量第一的牢固思想，还有许多工作要做，还要脚踏实地转变观念、建立制度。

一靠责任心。《出版管理条例》明确规定“出版单位实行编辑责任制度”。责任编辑是图书质量把关的第一责任人，有人把编辑视为政治人、文化人、科学人、经济人的综合体。美国名著《编辑人的世界》一书中写道：“今天的编辑和老一辈编辑不同的是，他们必须十八般武艺样样俱全，既要精通书籍制作、谈判、促销、广告、新闻发布、会计、销售、心理学、政治、外交等等，还必须有绝佳的编辑技巧。”这是经验之谈。责任重大，要做好编辑工作，要出好书，首先就要有责任心，这是完成任务的首要条件。

有一种说法叫“文责自负”。作者是稿件的生产者，理应对稿件的政治观点、科学性、准确性负直接责任，但编辑是稿件的选择者、把关人，有发现并建议改正稿件中存在问题的责任。况且《出版管理条例》明令规定了内容的取舍，还规定了三审制，这都是责任。不可掉以轻心，在其位，责任是推不掉的。

二靠追求。精益求精应是编辑的事业追求，要追求出精品，树品牌。这就要求从选题开始、审稿、加工到校对、装帧设计、营销等各个环节都要高标准、严要求。此外还要遵守一定的规律，各个环节都有规律，有章可循。譬如管理中的“二八定律”告诉我们“不平衡关系存在的确定性和可预测性”。通常一个企业 80% 的利润来自 20% 的项目，这个规律在出版业也很灵，我们出版社曾作过多年的统计，也没有逃脱这条经济规律。就可以利用这条铁律为我们服务，首先是选题策划，就要下大力气抓住这 20% 的选题，使产出 80% 的总利润为出版社的发展服务。还有譬如量力性原则，特别是内容产业，编辑的能量总是有限的，超过限度，抢时间，赶任务，只能偷工减料，又怎能不出问题呢？这些规律是违背不得的。违背了规律，就会受到惩罚。

三靠积累。成功的编辑都有一个积累的过程，知识的积累、作者队伍的积累、经验的积累、智慧的积累，道理很简单，财富靠积累。编辑要做一个有心人，选题，无非是靠市场、读者、学术界、行业发展、政策、导向等方面信息的沟通，无数的信息源源不断流向你的渠道，形成智慧的海洋。选题就是在积累中滚动发展的，你可在自己熟悉的领域中做强做大，形成产品链，最终成为引领市场的龙头。你也可以在长期的审稿、加工过程中不断积累知识与经验，熟能生巧，举一反三，这样就能做出高质量的图书。我们要在长期积累和渐进发展中形成独特的编辑风格和知名品牌，这也是衡量一个编辑是否成功的重要尺度。出版业需要持之以恒的具有惯性作用的知识型、经验型、创新型编辑。

四靠职业敏感。新闻敏感是新闻行业的语言，是新闻记者的基本素质之一。图示编辑也同样应该具备这样的敏感性，只是把新闻敏感扩大成职业敏感，特别是当今商业竞争如此激烈、高新技术发展如此之快，人们的知识渴求如此之高，这种变化带动了图书出版业的竞争。今年四川汶川地震后，有的出版社半个月内就把抗震图书、心理康复图书、救灾图书送到了灾区，而有的出版社却行动迟缓。奥运会筹备一开始，就有出版社盯上了奥运市场，而有的却左顾右盼，这其中至少有一个职业敏感问题。作为编辑，应具备那种敏锐识别和准确判断客观事物所蕴藏的出版价值，挖掘出具有经济价值和社会价值或具有巨大影响力的选题，这也是创新。尤其是策划编辑应大力培养自己的职业敏感能力，可以借此在时间上先人一步，在深度广度胜人一筹，在创新上新人一步，只有具备强烈的职业敏感能力，你就会在创新的道路上获得丰收。

质量第一决不是口号，而是行动，是检验持续发展的第一指标。

# 建立现代出版企业规范化管理体系势在必行*

## 一、发展是硬道理，提高文化软实力为目标

报告两组数据：至2005年，在世界131个国家中，我国的文化现代化指数排名第57位，文化竞争力指数在120个国家中排名第24位，文化影响力指数在130个国家中排名第7位，这是《中国现代化报告》提供的数据。

再看看中国经济这个硬实力指数：2009年有望成为世界第二经济大国，而粮食、肉类、钢铁和煤炭等主要工农业产品，稳居世界第一位，汽车工业产量已超过"汽车王国"的美国，进出口贸易总额跃居世界第三，外汇储备居世界第一，这是多么骄傲、自豪、激励人心的数据呀！

当今世界政治形势如此复杂，提出政治多元化；经济形势如此脆弱，提出经济全球化；军事形势如此动荡不安。有一点是很清楚的：一个国家的强大，不仅要有经济、科技、军事等硬实力的强大，还需要政治、文化、外交等软实力的强大。硬实力与软实力相辅相成，都要强大，这才是综合国力的真正体现。

党的十七大报告提出，要激发全民族文化创造力，提高国家文化软实力。《中国现代化报告》认为：21世纪将是中华文化全面振兴的世纪，也将是中华民族伟大复兴的世纪，其中重要的内容之一就是要提高中华民族的文化软实力。

出版业是文化的重要载体行业，文化传播能力已经成为一个国家文化软实力的决定性因素，因此出版业的强弱与兴衰是反映一个国家文化软实力的重要标志。尽管几十年来我国出版业的发展成绩巨大，与自己过去的历史相比取得了前所未有的辉煌，但是文化软实力与自己国家的硬实力相比，与世界列强相比，是强是弱？排位第几？大家都是清楚的，正因为如此，党中央、国务院明确提出了文化体制改革的路线图和时间表，出版人难道

* 本文为2009年9月在中国编辑学会科技编辑专业委员会召开的"出版社转企改制后的总编辑工作"研讨会上的大会发言（山东烟台）。

还有理由左顾右盼吗！

考察出版社的软实力应该制订出实实在在的指标，建立科学的评估体系，它不应是单纯的利润指标，更不是什么码洋！我们决不可把软实力当成软任务、软指标，更不能只搞任期内的政绩工程，认为软实力“远水不解近渴”。作为出版社的总编辑和社长，一定要花大力气挑起提高软实力这个具有划时代意义的历史重担。

出版社文化软实力指标大致应该包括：（1）品牌的传承性；（2）产品的创新水平；（3）优质产品的覆盖力；（4）产品的影响力；（5）主要资源的开发程度；（6）同作者的亲和力；（7）读者的满意度和信誉度；（8）现代企业管理的高效力；（9）职工的敬业精神和凝聚力；（10）领导人的职业化水平与能力。把这些指标讨论清楚，定量化，而不是仅仅停留在定性上，要切实地、科学地、规范化地建立各项工作的管理体制，应该是管理部门当务之急，这样才能把提高软实力这个历史使命落到实处。

## 二、以编辑工作为中心，建立规范化管理制度

全党通过科学发展观的学习，都明确了第一要义是发展。（2009 年）七月国务院常务会议原则通过了《文化产业振兴规划》，指出了文化体制改革的步伐还相当滞后，文化产品和服务在数量和质量上都还不能充分满足人民群众的需要，并明确提出：振兴文化产业，必须坚持把社会效益放在首位，努力实现社会效益与经济效益的统一；坚持以体制改革和科技进步为动力，增强文化产业发展活力，提高文化创新能力；坚持推动中华民族文化发展与吸收世界优秀文化相结合，走中国特色文化产业发展道路；坚持以结构调整为主线，加快推进重大工程项目，扩大产业规模，增强文化产业整体实力和竞争力。明确地可以归纳为四大任务：第一，坚持社会效益与经济效益的统一；第二，内容的创新；第三，走出去（宣传中华优秀文化与学习世界优秀文化相结合）；第四，调整产业结构，做强做大。

目标明确了，路线图、时间表拟定了，下一步是如何付诸行动。

出版产业是“内容产业”，“内容为王”，这一点已被公认。早在 1983 年中共中央与国务院发布的“关于加强出版工作的决定”就明确了“编辑工作是整个出版工作的中心环节”。那么，前面讲的四大任务，乃至提高文化软实力的重任，自然主要落在编辑肩上，因为编辑的职责就是出版物内容的选择与把关，而总编辑作为编辑群体的领头人，负有更大的责任，

应该说是出版社分工负责制下内容质量的第一责任人。

编辑的责任是选择（选题、组稿）、把关、优化（审稿、加工）等工作，其工作对象是书稿内容。成天打交道的人是作者和读者；成天打交道的事是资源（文化与科技的发展、科技的创新、生产与建设的成果、优秀历史文化、创作等等）和市场，这都要围绕着内容产业，为发展先进文化，为发展面向现代化、面向世界、面向未来的民族的科学的大众的社会主义文化贡献力量。

转企改制给我们提供了一个很好的为做强做大付诸行动的大舞台。编辑工作是一个有着悠久历史的文化行业，有许多规律性的经验可以借鉴，有许多规律需要去遵循，也有着走在前面的许多转企改制行业的模式可以参考。不管如何改变，有许多规律始终是存在的、可用的，甚至是不得违背的，譬如社会效益第一、质量第一、创新、走内涵式发展道路、按经济规律办事、资源整合等等是大家认为应共同遵循的规律，尽管各项内容会有创新、要求会有更新、方法也会变新，但原则是不会变的。

社会效益第一，社会效益与经济效益的统一，这应该是社会主义出版业的永恒主题，是出版物作为商品的两重性决定的，这早已被同行公认。邓小平同志就明确讲过："思想文化教育卫生部门，都要以社会效益为一切活动的唯一准则，它们所属的企业也要以社会效益为最高准则。"这应是社会主义出版工作的规律。我们应该把两个效益具体落实到定量化的指标上，建立科学的评估制度。

质量第一，也应该是出版工作的永恒主题。质量是企业生命，关系到企业的生存与发展，这一点通过 2008 年轰动全国的"三鹿奶粉事件"已经认识的很清楚了。质量是企业核心竞争力中最基本的要素；质量是企业诚信的基础；质量是企业品牌的首要条件，这些规律，是出版人都很熟知的，但是，从当前的出版物质量来看真是令人担忧，2008 年省级党报编校质量检查结果，平均文字差错率为 15.3/10000（国家标准是 <3/10000）。最近还有一个大笑话，2008 年 10 月一个名社出版的一本著作把蒋介石译成"常凯申"，把费正清译成"费尔班德"，把林同济译成"林 T.C"；还有那些盗版书、伪书等等，这样的书报还有人看吗？这样的书还有人读吗？

总编辑们！一定要按照规定，按照编辑规律，切实抓好质量，我在此呼吁，在出版界应该尽快落实中国认证机构国家认可委员会颁布的 ISO9000 族标准质量体系！这是国内许多企业公认并早已执行的国际标准，它贯彻的是全面质量管理思想，注重全员管理、过程管理。我们应该把选题论证制度、三审制度、编校质量审查制度、样书检查制度等行之有效的各项制度，融合到全面质量管理体系中。

创新。人类社会的发展史表明：创新是一个民族进步的灵魂，是一个国家兴旺发达的不竭动力。出版体制要创新，生产才能发展；出版物内容要创新，才会形成品牌，也才会有强大的生命力。当前的转企改制，他又不同于一般工业企业的改制，文化企业的改制有着许多特殊性，这是它的产品双重性决定的，这就给我们出版人提供了一个创新的平台。一定要建立现代化企业管理制度，但又不能简单追求利润的最大化，因为社会效益第一的原则是首先应该遵循的。此外，要建立法人治理结构，实现由行政管理为主向资产管理为主的职能转型，人才管理的激励与约束机制等，这都需要我们观念的转变而带来机制的创新。内容的创新更是编辑，特别是总编辑在转型后首先要考虑的大问题。杨振宁先生在谈创新时有一点很有针对性，他说："今天国内讨论创新，往往倾向于仅指科技领域中的发现跟发明，可是科技领域以外的创新，也是非常重要的。"他举了几个例子说明：一个是老福特在他的汽车工业中引进了流水线的观念，杨振宁说：这"对于今大的世界流水线的创新想法是划时代的"。第二个例子是邓小平的"让一部分人先富起来"这句话，改写了中华民族的历史，这也是邓小平的创新。他还举了一个例子：1962 年中印边界战，那时西方媒体一边倒地攻击中国，而英国一位记者写了一本叫《INDIA'S CHINA WAR》，用大量的事实说明印度先挑起了战争，从此改变了西方对中印边界战争的看法，这就是一个十分及时的创新。这个观点与实例对编辑应该是有重大的启迪作用吧！

走内涵式发展道路，构建专、精、特、新的出版企业。各个出版社，甚至各个编辑都要通过多年的积累，形成自己的特色和出版社的品牌。特别是专业出版社，每个编辑都有自己学科的专业背景，应该充分发挥各自的优势，建立好自己的作者队伍和读者群。专和特才能赢得市场，绝不能走广种薄收的路，这样做只能有损于出版业的发展，更不可能做强做大。

整合。最近中央关于文化体制改革的文件多处提到"整合出版资源，充分发挥市场在资源配置中的基础性作用"；"以资本为纽带，推进资源重组、结构调整，提高产业集中度"；"转制同出版资源整合、结构调整结合起来"。充分说明整合无论是在改制的思路上，还是改制后的工作中，都是非常重要的着力点，也应该是指导编辑工作的闪光点。

整合在出版界也谈了多年了，谈得更多的还是出版界内部的整合，不管是横向整合，纵向整合，都是出版界内部的整合。山西出版集团总经理齐峰同志在光明日报上发表的“资源整合：出版产业实现新发展的战略选择”一文中提到出版资源有广义和狭义之分，广义的出版资源是指构成出版经济活动的各种要素的集合。狭义的出版资源是指与书报刊的编辑出版活动有着密切联系的各种信息和选题资源。还提到了“跨行业的资源整合”：“一是以书养书的传统发展方式，使出版业经济增长缓慢，缺乏可持续发展的后劲；二是战略投资者的缺失，使相关文化产业的资源难以得到合理整合与有效利用，难以形成全球竞争优势”。

资源，不应该仅仅是传媒界内的各种载体范畴的工具式资源，譬如书、报、刊、音像、电子、网络的整合，这种整合，当然也是重要的，是做大做强的重要条件。对出版界来说，尤其是作为编辑、总编辑来思考这个问题，视野应该再开阔一些。要明确编辑的资源主要是指什么？应该是选题资源（包括科技政策的导向与发展）、作者资源，这是源头，是龙头，是编辑工作的基础、首要条件，特别是策划编辑，首选抓住的就是这些资源，有了充分的资源，你的舞台就大了。

因此，编辑工作要重点去做跨越出版行业的资源整合，特别是中央部委的专业出版社，更应去做自身所处的大行业的资源整合。譬如我们建筑工业出版社，隶属于住房和城乡建设部，就可以把这个行业的专业业务部门的科技、文化资源整合起来，甚至可以把房地产、城乡规划、勘察、设计、施工、建筑科研、建筑教育等部门联合起来，以资本为纽带，以智力投资为重点，即资源的开发、利用与传播对接起来，对上述产业部门来讲，也就是把他们的生产、科研成果全面地、有效地通过出版（包括书、报、刊、音像、电子、网络等）在更大范围内传播，使其尽快转化为生产力。

编辑都有相应的学科专业背景，只有具备了这个能力才能与业内的专家学者进行专业的学术交流与沟通，才能为该专业进行策划、选题、组稿、审稿以及销售找到准确的定位，才能真正发挥专业出版社的优势，而各专业生产、科研、教育部门应该是该专业成果最为丰富、人才聚集的中心，这些部门最突出的优势还有一点，就是成果的研究、生产者（也就是出版社的作者）同受众、被接受者、受教育者（也就是出版社的读者）同在一个部门，互相了解，有沟通的基础，有供需的共同语言，而且生产、科研、教育部门的专家、学者对行业的发展、科技的创新、人才的需求也非常熟悉，这样选题才会对路，出的书才会受欢迎，也实现了共赢。

只有实现了同产业部门的大行业整合，从他们的科研项目、生产项目中策划出对路的选题就不会太难了吧，通过这样的互动转变，就能实现资源的优化配置，也就能实现出版业服务对象的多层次、产品品种的多样化和传播手段的多元化，最终实现资源的多次开发，这才是正意义上的资源整合。

## 三、以人为本，建出现代化管理制度

最近中央在对出版社体制改革的要求中反复指出："紧紧抓住重塑文化市场主体这个中心环节，全面推进体制机制创新，着力解决制约发展的深层次矛盾和问题，解放和发展文化生产力，努力推动我国出版业又快又好发展。"并要求："按照建立现代企业制度的要求，完善法人治理结构"；"制定全面、科学的内部管理规章制度，形成现代化企业管理体系"等等。

文化生产力、法人治理结构、现代化企业管理体系，其主体和客体都包括人，都首先是围绕人而活动，而起作用，所以不管什么体系的建立都要以人为本。转企改制对出版界来说，是一次历史性的改革，当然有许多经验可以借鉴，但毕竟还有自身的特色及文化产品特点的要求，这就更要求体制与机制的创新。

职业化。职业经理人制度是现代企业制度的重要内容，是企业所有权与经营权分离的现代企业制度中，行使企业经营权、完善企业法人治理结构中的重要组成部分。职业经理人才是企业化、职业化管理人才，是依靠市场检验和配置的人力资本，是企业发展的关键人才要素。我国《职业经理人资格认证标准》规定，职业经理人是"能够运用所掌握的企业管理知识、方法和手段，以及所具备的经营管理企业的综合领导能力和丰富的实践经验，为企业提供管理服务，经营业绩突出的职业化的企业中高层经营管理人员"，特别是高级管理人员决不是基于官本位人事管理体制下的官员。他们必须精通业务、会管理、善经营，也应该按照文件的要求："出版社有限（责任）公司的董事长、总经理、总编辑人选须符合新闻出版总署对出版社社长、总编辑的资格认定的相关规定。"这样才能建立出版发展的长效机制。

实现人才管理转型。企业转制带来了向岗位管理的转型，引入了岗位管理体系，严格了岗位职责、评价标准、薪酬待遇、激励机制与约束机制等。

出版产业作为知识经济的组成部分，主要是智力投入、创意投入，所以要从改革分配制度为突破口创新内部机制，确立劳动、资本、技术和管理等生产要素按其贡献参与分配的原则，坚持效率优先、绩效考核、多劳多得、兼顾公平的原则，彻底废除吃大锅饭、官本位的分配制度，以此调动员工的积极性与创造性，充分体现科技、管理等复杂劳动的价值，激发编辑与管理人员的创新活力和高效率，确保出版社的可持续发展，这样在企业内部营造一种宽松的、和谐的创新氛围，建立企业化的体系，形成优秀人才脱颖而出的良好机制。人是决定的因素，现代化也只能是“先化人后化物”、“物中见人”，目的是要使优秀人才的积极性、创新性得以充分发挥、潜能彻底释放，真正推动社会主义文化大发展大繁荣，增强国家文化软实力。

# 编辑工作始终要坚持内容为王*

“到2020年，要把我国建成新闻出版强国”，这是多么振奋出版人的号召。“到‘十二五’末，新闻出版产业实现增加值比2006年翻两番”，这是多么鼓舞出版人的目标。当前的改革都是围绕这个主题而深化，因此不仅是出版社整体改企转型带来的机制、体制创新的变化，建立现代企业制度和法人治理结构的变化，还是机构的合并、兼并的变化，或是数字化技术的兴起而带来的出版业态的变化等等，出版界真正进入了大变革的时期。作为出版工作的中心环节——编辑工作，更应该是这场变革的主力军、带头人，它牵动或制约着这场整体大变革的成败。从目前的大局看，行业领导决心大、雷声响，已取得阶段性的进展，但至少从数字出版这一革命性的变革来看，编辑工作特别是科技出版社的编辑工作，所从事的内容产业已经成为这一新事物的瓶颈，制约着数字出版的向前发展，这种情况反过来又说明，出版工作始终要坚持内容为王的观点已被普遍认可，这应该是对编辑工作的鼓励和鞭策。

## 一、数字出版对编辑工作的冲击

业界许多人士把2010年称为“数字出版元年”或“中国电子书元年”，可见数字出版的影响与规模已大大震撼了出版界。2009年我国数字出版总产出达799.4亿元，2006～2009年年均增长率超过55%。发展之快，来势之猛，始料不及，达到这个规模仅仅是几年的时间，可谓是跨越式发展。冷静地审视，国内外的浪潮首先是来自技术商、互联网企业、IT企业，出版业算是后来者，但它带来的是划时代的变革与转型、出版业的繁荣与发展。

---

* 本文为2010年10月在中国编辑学会科技编辑专业委员会召开的“现代技术条件下编辑工作研讨会”上的大会发言（江苏苏州）。本文第一、三部分内容刊载于“编辑之友，2011.2（总172期），‘数字出版提升传统出版业态新途径’专栏”。

后来者，并不会落后，可以后来居上。近几年来出版界许多龙头老大正在追赶这股来势很猛的变革浪潮，如上海世纪出版集团推出了《辞海》电子阅读器；中国出版集团公司已推出首款移动阅读器“大佳阅读器”，其中预装了集团旗下16家出版社的108种畅销书、常销精品图书；安徽出版集团从教育入手开通了“时代”网上教育平台等等。许多出版集团及大社已有大动作，迎头追赶这股浪潮。

数字出版实际上是文化与科技内容载体的变革，是传播工具的进化，从竹简到丝帛，从丝帛到纸张，从纸张到屏幕，书籍的形式始终是伴随着科学技术的进步在演变。今天进入了电子时代，许多生活与娱乐用品、工作与学习用品、交通工具等都在发生变化。数字出版是科技进步促进了出版业传播方式的革命，给传统新闻出版业带来的产业升级、新的活力和魅力。

形式的变化必然对内容以极大的反作用力，特别是大变革，它的冲击能量是极大的，这次变革尤为明显。数字出版浪潮来势之猛，致使许多出版人特别是编辑措手不及，感到震惊:纸质书怎么了？！还能维持多久？！有的人比喻这个势头就像照相胶卷被数码相机替代那样。没有时间给你坐而论道了，你就快追赶吧！

在这大变革时期，作为编辑应该冷静思考，沉着应对。我认为出版载体的变化，尽管千变万化，但“内容产业”、“内容为王”不会变。在这个大前提下编辑要适应这种变化，首先转变观念、转变工作方式，在内容创新、形式创新、内容整合上下工夫，以满足读者要求的新变化，更要不断地学习，提高素质，更新知识，掌握数字化新技术，走在数字出版前头。

经过近几年的变革与冲击，不管是网络界、电子业还是渠道商都统一了这样的认识：数字出版首先必须有内容支撑，要建立数字内容资源数据库。政府也在研究对参与数字出版与数字传播的企业采取分类管理的办法，分别授予资质。将数字化内容加工企业、数字化内容投递、传播企业纳入管理工作，使数字出版走向规范化、法制化轨道。

进一步分析可以看出，尽管2009年数字出版总产值799.4亿元中电子书收入14亿元，期刊——6亿元，数字报——3.1亿元，仅分别占总产值的1.75%、0.75%、0.39%，97%多是手机出版、网游与网络广告的产值。电子书中科技电子书更是寥寥无几，为什么出现这种现象？很显然，瓶颈就在于“内容”没有跟上。出版物的“内容”都掌握在作者、出版者手里，出版业——内容产业这个龙头不动，全身就难动得起来。

另外，从一则电子书官司中也能看出一些问题。2010 年 7 月北京海淀人民法院审理中华书局起诉汉王科技版权纠纷案：汉王科技未经出版版权所有者许可擅自将其点校本“二十四史”及《清史稿》制作成《汉王电纸书 D20 国学版》，原告要求被告停止侵权、赔礼道歉、赔偿原告经济损失 400 余万元。此官司未结案，而双方都表示愿意通过和解的方式解决纠纷，并且希望今后在作品的全媒体出版方面，可以继续合作。汉王科技更进一步明确表示：“汉王的内容必须依靠出版社，希望和出版社能够有良好的合作而不是矛盾”。从此案可以看出，不管什么形式的出版，内容永远为王，离开内容就只是一个空壳，而内容选择、把关的职责应该由出版社的编辑承担，这已是不争的事实。

不管是从许多数据来分析，还是从数字出版的现实来看，出版物内容为王永远是规律。许多业内外专家都高度概括为“数字出版要求有内容支撑”；“电子书的战场正在从终端设备转向内容服务”；“未来的竞争是内容为王”；“出版商的重点在于其内容的独特性……”；数字出版“必须关注三个最关键的元素，即内容、技术和资本。做优做强内容主业是出版集团安身之命之基础……”等等。

争论已经有了眉目，随着管理工作的加强，一系列的规章制度会很快出台。问题是出版界，特别是编辑要有清醒的认识，还是那句话：后来可以居上！数字出版是出版人，特别是编辑的责任，责任重于泰山。当然有了责任，也不能是单打独干，走合作化道路、联合已是大趋势，特别是在新事物面前，出版界准备不足，资金、技术、人才都是甚感缺乏，当前只有走联合之路：一个是出版业与电子业、网络业的联合；一个是出版社，特别是中小出版社的联合，集中各家资源、技术、资金、人才，联合公关，这可能是一条捷径。

## 二、体制改革对编辑工作的冲击

新闻出版业“十二五”规划基本思想中有几点特别值得提及：“全面协调可持续作为推动新闻出版业发展的基本要求，强调协作，促进联合，……”；“联合重组一批大型出版……集团公司”；“解放思想，深化改革，创新体制、机制，创新和发展新闻出版生产力，……”；“以业态创新为重点，大力发展数字出版……”。

回想起来1960年11月，为贯彻中央“调整、巩固、充实、提高”八字方针，中央一级出版社整顿领导小组决定将国务院工业口八家出版社合并，由建筑工程部牵头，以建筑工程出版社为基础，同水电、化工、冶金、机械、石油、煤炭、地质等七家出版社合并（事实上机械工业出版社并未合并进来），组成中国工业出版社。规定中国工业出版社承担国务院所属三委、一局、十部的出版任务，该社1961年5月1日正式成立，于1962年11月该社改由国家经委，后改由国家科委领导。成立初的五六年间这个出版社还是做了许多工作，出版了许多好书，特别值得一提的是组织出版了各大学工科院校的各个专业的专业教材，走出了国内大学自编教材的第一步，不少教材至今仍在不断修订出版，成为精品，获得过国家级、部级优秀教材的称号。“文革”开始后，出版界首当其冲，不得不停业整顿，至1971年国务院召开全国出版工作座谈会（会议停停开开，从3月15日开至7月22日，长达四个月），1971年11月1日中国科学院核心领导小组报请国务院批准，撤销中国工业出版社，于是各个部委各自成立各自管辖业务范围内的专业出版社。中国建筑工业出版社就在1971年11月3日由国家建设革命委员会决定正式成立。

这一段历史不仅值得回忆,也是应该好好总结。把八家科技出版社（当时算得上是科技出版大社，譬如当时的建筑工程出版社在1958年就经历过建设行业四家出版社的合并）合并成国内的大型出版社的初衷是贯彻中央的八字方针，如果原原本本贯彻中央的方针，应该是会有一个好的结局，但由于众所周知的原因,这次合并并未取得大家所期盼的结果。除了“文革”的原因外，也还有一些尚待总结的教训。

那次合并改组主要的问题是只注重形式上的合并，只是印制、发行两个环节简单的合并，而出版工作的中心工作——编辑工作并未触动，各编辑部仍分设在国务院各个工业部内，这也是受当时计划经济时代所限。这样一来，第一，内容资源没合法整合，各自为战，各自垄断。各工业部下属科研、生产、教学单位实力都很雄厚，作者资源、内容资源非常丰富，本应很好地协调、整合，在横向、纵向都可以策划出许多适合各个层次读者需求的各种形式的系列图书，但由于编辑力量被分割，这种规划很难实现。第二，资金不能集中使用，不是集团模式经营，而是小本买卖，可想做强做大难度会有多大。第三，编辑人才没有集中，不能集中优势兵力打歼灭战、做大工程。

今天，出版改革已进入了一个崭新的阶段，这是国际竞争力形势的要求，更确切地说是国际文化软实力竞争与文化安全的需要。国际间的经济技术军事竞争正转变为文化竞争，特别是世界经济危机以来，经常叫喊的“硬实力”逐渐被“软实力”所掩盖，世界主要强国都看到了文化软实力的特殊性，因而这种竞争更加白热化。

中央对文化体制改革提出了明确的方针：以发展为主题，以体制机制创新为重点，以满足人民群众精神文化需求为出发点和落脚点，着力构建充满活力、富有效率、更加开放、有利于文化与科学发展的体制机制。出版工作是文化工作中的主力军，更应该坚持大胆改革，况且改革的路线图与时间表均已制订，并明确提出：要达到“十二五”期间产业再翻一番的目标……一是要加强转变发展方式，特别是注重集中资源、集中优势打造产业群。二是实施重大项目带动战略，推动数字出版等新兴业态达到世界先进水平。出版工作者就应坚决执行，决不能观望、等待，否则只会贻误时机，落后挨打。

新闻出版上级单位在出版改制的文件中明确提出组建几个大出版集团，其中包括科技出版集团，近一年的事实说明，中国出版集团及许多省市出版集团已取得了显著的业绩。要坚决执行这个决策，不管是从国家整体的出版实力出发，还是从各个中小出版社自身的发展来看，都是大有好处的。可以吸取20世纪60年代合并成中国工业出版社的教训，参考世界强国的大出版社的经验。从总体上可以整合资源、集中资金、组合优势人才做大事。特别是资源、编辑人才的整合尤为重要，各专业科技出版社资源都非常丰富，本专业编辑实力雄厚，发展各自的优势，相互协作、交流，走内涵式发展的道路、又相互融合、渗透，1+1的结果定会大于2。

从当前的向数字出版转型的需要来看，更应该走组建大社之路。为什么当前传统出版社，特别是中小出版社在数字出版面前表现得如此软弱，不就是因为出版社力量分散，缺人才，缺资金。一个中国建筑工业出版社没有资金建设数字出版平台，七八家，甚至十几家出版社联合起来，集中资源、集中资金、集中优势，许多大工程、高新技术不是攻不下来的。当前几个大出版集团纷纷出了成果，不就是因为首先是思想观念的变化，又有雄厚的资金及人才的支持，他们才先走了一步吗！这是事实！当然不是说中小出版社就不能走数字出版之路，但是强社大社、强国大国毕竟是国家的要求、人民的希望。

## 三、新形势下对编辑工作的新要求

传统出版业加大了向数字出版的转型，数字出版改变着人们的阅读方式与消费需求，编辑面对着新技术巨浪和体制机制大变革的双重冲击。既然把你推到了风口浪尖，就只有迎浪而上，认清形势，急起直追。终归编辑工作是出版工作的中心环节，内容为王始终是不会变化的。

不管是什么形态，纸质的、声音的、视频的还是网络的，都是社会信息、科学技术的传播工具，都是为社会和读者服务的，功能都是相同的。作为这些工具内容的组织者、选择者、把关人——编辑，面对着千变万化的信息、日新月异的科技发展、纷繁复杂的传播工具，更应该具备较高的政治素质与职业道德，熟悉文化出版政策、法律、法规，及时更新知识结构，掌握更全面的专业知识与编辑业务知识，以及较好的信息收集、筛选、处理能力，还要具有与时俱进的心理状态和编辑理念。正如当年美国名著《编辑人的世界》所说的“……今天的编辑和老一辈的编辑不同是，他们十八般武艺样样俱全……”，真正的今天的编辑比当时“今天的编辑”可能还要添加几般武艺才可能胜任工作。

目前电子书主要有两种形态：一种是内置式电子书，可以设置几百种甚至上千种乃至更大容量的纸质图书内容；另一种是互动式的电子阅读器，可以通过手持终端如手机、MP4 等进行阅读并下载，而当前由于实用的内容严重不足，内容缺乏已经成为制约数字出版的瓶颈。要打破这个瓶颈，首先就要求编辑真正在内容上下工夫，要组织好内容，要作好数字出版工作，编辑的知识结构、专业水平、业务能力就应适应业态发展的要求。现就数字出版编辑工作的特殊问题谈几点意见：

第一，针对海量的储存，编辑首先要策划好电子书内置的内容。过去纸质出版是一本书，一套书（一般也是 10 本左右），而电子书要受读者欢迎就要选择好上百种相关图书一起进来，不仅要求内容本身的准确、实用，而且要求内容的广度、深度要顾及本专业各层次读者的需求。就以建筑室内设计为例，它就至少牵涉到建筑工程结构设计与施工、建筑设计、建筑物理（声、光、照明）、建筑构造、建筑材料、建筑设备（水、暖、电、通风）、家具与家用设备、陈设、人体工程学、室内外环境艺术、环境心理学、室内装饰艺术、室内空间与功能布局、色彩设计、室内绿化与庭院等等专业。作为编辑你不熟悉这些专业，你做不好资源的整合与延伸，怎么谈得上选择和把关。当然有的专业内容只是涉及与室内设计有关的知识、基本的要求，对有的专业就要全面、系统，讲深讲透，就要求编辑熟悉这些方面的专业；就要求有较高选择、整合与创新能力，打造出自己的特色。

第二，针对着数字出版受众阅读方式的变化，就应该在内容整合、加工时注意可能变化的出版形式，注意多产品形态的生产，跨介质产品的发布，做到内容一次加工、一次制作、多次使用，把内容数字化，既可以出电子书，又可以在阅读器上阅读，还可以满足移动终端的需要，利用多介质、多元化的方式，以满足多媒体时代的需求。

第三，产品流通后，要及时做到内容的更新与增值服务，特别是科技出版更为重要，因为编辑掌握了丰富的信息资源、国家和行业标准规范的修订、新技术的成熟与推广等信息，尽在编辑掌握之中，你就应做好编辑、作者、读者的互动，做好内容的更新、信息的交流、问题的释疑，这样才能真正实现内容为王、内容制胜。

第四，以上这些工作的实现，做成精品的内容、一流的服务，仅靠个人的力量是太难了，建立各小专业的编辑团队，编辑人才的整合、编辑团队的建设就显得尤为关键，工作方式的转变一定要适应要求的新变化。

总之，新编辑、老编辑遇到了新问题，只有不断学习，勇于实践，在这场大改革、大变革中才能永立潮头，强社、强国定会实现。

# 学习刘杲同志论“科技出版”的启示 *

**摘要**：本文从图书编辑的普遍规律谈起，叙述了科技出版的特殊性；掌握“科学技术是第一生产力”的论断，树立“科技成果商品化、产业化”、“市场和社会需求对科技进步的导向作用”观念，把科技出版做强做大；并提出科技出版在数字出版行业应处于领先地位。

**关键词**：科技出版　编辑　规律　数字出版

2002年秋在中国编辑学会科技读物编辑委员会准备在长沙召开首次总编辑工作研讨会的前夕，我们收到了时任中国编辑学会会长刘杲同志给鸿程、象清同志（前者时任中国编辑学会副会长、清华大学出版社总编辑；后者时任中国编辑学会常务理事、中国建筑工业出版社总编辑，均为科技读物编辑委员会召集人）的一封来信。这封来信主要针对进入21世纪带来的新变化、新特点，特别强调：科技出版社的特殊性，自然科学和工程技术不属于意识形态；科技现代化是我国实现社会主义现代化的关键，因而科技出版社的地位与作用显得尤为重要。

刘杲同志此前在中国编辑学会召开的“出版社总编辑工作”座谈会上的小结发言：“谈谈新形势下的总编辑工作”（刊载于《中国出版》2002年7月号和2002年8月13日《中国图书商报》）。该文全面、系统、深入、辩证地论述了新时期总编辑工作的重要性，应着重抓好全局性的战略性工作，应探讨新形势提出的新课题，这是一篇论述编辑工作普遍规律的重要指导性文章。

刘杲同志发表了许多重要文章和讲话，特别是他从新闻出版署的领导岗位退居“二线”以后，真正沉入编辑工作之底层，潜心思考，抓住了一些规律性的课题，认真剖析，精明论述。他对出版工作，特别是对编辑工作的论述，不仅站在出版、文化高层次上论述了宏观的要求，作了高深哲

* 本文为2011年11月中国编辑学会举办的“刘杲编辑思想研讨会”上的大会发言稿（北京），第三部分由年轻编辑李明执笔，并由李明在大会上宣读全文。

理的表述，而且有许多是对编辑所思所想的实实在在的实践指导，感受很广，启发很深，受益匪浅。

## 一、图书编辑工作的普遍规律

### ——从“新形势下的总编辑工作”谈起

刘杲同志的文章首先指出了“总编辑工作关系全局，只能加强、不能削弱”。这是针对当时某些出版社取消总编辑职位的不正确做法的警示，强调指出了编辑工作，首先是总编辑工作的基本原则：政治原则、质量原则、效益原则；肯定了“编辑工作是整个出版工作的中心环节，这个论断今天并没有过时”。责任的重大，编辑工作的重要性，不言而喻！新闻出版署已用政府文件作出了明确规定。

该文强调要求抓发展战略、选题规划、审读加工、制度建设、编辑队伍建设等等；要求总编辑必须思考和抉择：“出版社运行机制和管理体制的改革目标，出版社的文化定位和市场定位，相关产业、相关学科出版资源的持续开发，出版社的特色和优势的充分发挥，优化结构、提高质量、创立品牌、控制品种、增加印数、开拓市场的发展要求，经济的发展指标和技术的发展指标等等”，并接着具体谈到出书与市场、社会效益与经济效益、局部与全部、质量与数量与时间、编辑与营销的关系等诸多问题，这些问题都是涉及编辑工作的普遍规律性的大问题，更应该是总编辑深思熟虑要决断的问题，特别是在转企改制新条件下要解决好的难题。针对这些规律性问题，刘杲同志给我们提出了框架式的设想与要求。

该文还对一些编辑普遍关心的问题做了示范性解答。如指出：“对质量好、印量大的书，措施一定要得力，把该赚的钱赚回来。对社会效益非常好、能作贡献树品牌的书，要舍得下工夫，力求质量上档次，不要把好选题浪费了。”多么现实、具体！文中还涉及了正确处理社会效益与经济效益、质量与数量、编辑与营销等问题。

在谈到编辑考核的激励机制与监督机制时，他谈到：“我不赞成简单地否定利益驱动。利益驱动是客观存在的，人类的社会活动首先是获取物质生活资料的活动，这在根本上成为社会发展的动力，问题在于对利益驱动必须加以规范……社会规范使利益驱动成为可以控制的动力。这好比‘可控核裂变’，核裂变可以产生巨大的能量。实现‘可控核裂变’，巨大的能源可以造福人类。如果失控，可怕的核污染就要祸害人类。”多么深刻、精明，道理一目了然！当前出版界面临着转企改制的攻坚阶段，不管是目标管理责任制，还是项目管理责任制，都必须建立完善的激励机制，这样才能调动部门和人员的积极性与主动性，但是也要有与之配套的监督机制，缺一不可，这样才能在正确的轨道上正常运转。

谈到总编辑自身建设时，他不仅指出了总编辑应具有的政治方向、学术素养、业务能力、道德修养、战略眼光、前瞻性、开拓精神和经营头脑，更要成为编辑人员的表率，身教重于言教，要有个人风格和人格魅力，还应当具有点灵气，语重心长，为人师表！要做好一个合格的编辑，要当好一名掌控全局的总编辑，只有抓住规律，才能得心应手。

## 二、科技出版的特殊规律

### ——学习“科技出版要牢固树立发展生产力的观念”的启示

刘杲同志的来信重点提到“科学出版的职责就是推动科技的发展”,“强化技术开发与推广，加速科技成果商品化、产业化进程”，“充分发挥市场和社会需求对科技进步的导向作用”，等等。据此他充分肯定：科技出版也要重视“科技成果商品化、产业化,”应当重视“市场和社会需求对科技进步的导向作用”,并在来信中反复强调“科学技术是第一生产力”的论断，强调“在科学技术与现实的生产力之间，有一个不可缺少的桥梁，就是科技出版。”还进一步指出：“大力推动科技进步和创新以现实生产力的发展，这个观念要贯穿科技出版编辑工作的全过程”，等等。刘杲同志身居要职，长期从事出版管理工作，退居“二线”后，有更多的时间思考出版编辑工作中许多深层次的规律性问题，引领出版同仁继续前行。科技编辑工作，除具有编辑工作普遍的共性外，应该说它又有别于一般编辑工作，它的科技内涵规定了它的许多内在规律和它的固有特殊性。

“科学技术是第一生产力”这早已是马克思主义的著名论断，只是早期在中国淡忘了，直到1975年，邓小平指导起草“中国科学院汇报提纲”时提出，要以马克思的“生产力中包括科学”的论述为依据，1978年在全国科学大会上重申“科学技术是第一生产力”，1988年进一步强调：“科学技术是第一生产力”。道理很显然：生产力三要素是劳动者、劳动工具和劳动对象。科学技术被劳动者掌握，便成为劳动的生产力；科学技术物化为劳动工具和劳动对象，就成为物质的生产力。这个论述已成为当代经济发展的决定因素，支撑着经济社会的发展。

“科学技术是第一生产力”已被国人、世人所公认。在经济全球化和知识经济时代，科学技术是一个时代、更是一个国家发展的重要基础，是综合国力的主要标志，是推动经济发展的主导力量。一个国家的实力靠科学技术，一个地区的发达靠科学技术，就是一个家庭的富裕也要靠科学技术，这已是人尽皆知的道理。科学技术，许多国家都投入大量的人力、物力在研究、创新、追赶、转化，都在强化技术的开发和推广，加速科技成果商品化、产业化进程。科学是人类共同的财富，科学技术是人类创造的，又服务于人类。科学技术作为一个知识体系，具有普遍性和广泛性，科学技术的大门对所有国家、任何人开放，关键在于谁能够掌握它、应用它，它就能为谁服务，为谁的国家服务。通俗地说就是如何把先进的生产力转化为现实的生产力，这就要靠示范、传播、推广，这正是科技出版人的职责。你手中掌握传媒的最佳手段与工具，不要忘记编辑的基本职责：选择、加工与传播。

还有一个重要的领域：科学普及工作。2002 年颁布了《中华人民共和国科学技术普及法》，2006 年制订了《全民科学素质行动计划纲要》，这是一部提高全民科学素质的纲领性文件，在国家竞争力的大厦中，高素质的国民是大厦的坚实基础。一个国家的现代化进程取决于全体劳动者和管理者的科学素质的普遍提高，这也是创新型国家的重要特征。在科普工作中同样要求科技编辑必须具有高度的历史使命感和强烈的责任感。

科学技术和出版互补、共荣的关系已被广大科技编辑所认识。还有一个问题也应该引起科技出版人员的高度关注。我国《科学技术进步法》明确指出：“国家建立以企业为主体，以市场为导向……的技术创新体系”。其实刘杲同志在信中就提到，这个观点是在党中央文件中肯定的。科学技术是为人类的进步服务，引领经济社会发展的未来，为生产服务就理所当然。那么科学技术商品化的读物、科技进步成果的载体自然就应该服务于社会需求和市场导向，这应该是必然的了，这也是科技出版有别于一般出版的特殊性，我们要很好利用这个特殊性，把握好市场，加速出版产业化发展。

刘杲同志在信中还谈到科技创新在科技出版中的重要作用。2011 年 10 月党的十七届六中全会《决定》明确指出：“科技创新是文化发展的重要引擎。要发挥文化和科技相互促进的作用，深入实施科技带动战略，增强自主创新能力。”在当今社会，科技创新对文化发展的引擎作用，科技带动战略，不仅是国家硬实力的基础，更是国家软实力发展的源泉。以创新精神和创新能力来培育和增强国家文化软实力，是通过市场占有率来评估的。出版工作同样为此，特别是科技出版，只有内容的创新才能吸引读者，才能占有市场，那些平庸、跟风之作是不会有市场的。创新，发现创新，创新能力，都需要有扎实的积累和敏锐的眼光，这就要求编辑也要“走基层”，也就是过去说的调查研究，掌握情况，发现苗头，善于思考，勤于学习，把生产、科研的创新转变为编辑出版的创新，以创新的传媒产品在市场上、在读者中广泛传播，真正实现国家的科技带动战役，这给我们编辑提出了更高、更新的要求。

为此，科技出版首先应树立发展生产力的观念，大力推动科技进步和创新以实现生产力的发展，这个观念应贯穿科技编辑的全过程，这样才能真正体现为社会主义服务、为人民服务的宗旨。从某种意义上来说，科技出版应是整个科技工作的组成部分，理应以社会需求和市场为导向，因为这个需求和导向是以科技的发展、国家的科技政策、生产与教学的需求为基础的，因此就要求出版社要紧紧围绕这个中心组织出书，做强做大，加快发展速度，就是中小出版社，也应该在自己的领域内按照“专、特、新、精”的要求做强做大，这也是一个出版社实力的重要标志。

国家的科技政策与全民的科技热潮更为科技编辑提供了广阔的舞台。科技编辑就应该深入科研、生产、教学第一线，了解并掌握科技动态与需求，同广大的科技人员交朋友，掌握科技成果，寻找资源，变科技成果为出版资源，并整合、利用、深层次开发资源，制定好出版规划，策划好系统的出版工程，如科技理论著作，各个技术层次的技术图书、手册类工具书，资料类或示范类图册、画册，科普读物，各个层次的专业教材、培训教材与教学参考书，等等。可以制成各种形态的载体：纸质的、光盘、各类电子读物等。科技编辑就应该融入科技这个大整体中，只有全心参与，协调配合，先进的科技才会尽快转化为生产力。

## 三、科技出版应走在数字出版的前列

### ——学习“科技出版要领先加快信息化的步伐”的启示

“现在，信息传播数字化网络化已成为不可阻挡的世界潮流。它的巨大优势对传统出版特别是科技出版形成了严重的挑战……在出版界，科技出版社应当领先加快信息化的步伐。”2002 年，刘杲同志这样说。

时间过去了十年，正如刘杲同志所言，互联网改变了世界，也改变了传统的出版方式和人们的阅读习惯。数字出版物纷纷涌现，数字技术极大地改变了阅读本身。阅读终端多元化，阅读的内涵和外延在数字传媒语境下不断变化、扩张，我们正走进一个全新的数字化阅读时代。2009年我国数字出版总产出达到799.4亿元，2006～2009年间年均增长率超过了55%，2010年更是超过了1000亿元。很多人把2010年称为“数字出版元年”或者“中国电子书元年”。数字出版发展之快，来势之猛，始料不及，达到这个规模仅仅是几年时间。人们一时间不禁问：纸质书怎么了？还能维持多久？有的比喻这个势头就像照相胶卷被数码相机取代那样，没有时间给你坐而论道了，你就赶快追吧！再看看都是什么人在阅读数字出版物。第八次全国国民阅读调查的数据显示，我国18～70周岁的国民中，2010年进行数字阅读的人群达到2.525亿人。其中，40周岁以下的占90.1%，数字阅读的主体是青年。毫无疑问，今后在互联网环境中成长起来的下一代人、下下代人将更加依赖数字阅读，数字出版是出版信息化的必然选择，是时代发展的潮流。作为科技出版社，发展数字出版更是分内之事。

科技进步是推动人类社会发展的重大原因，出版界亦然。从竹简到丝帛，再到纸张，以至今天的数字载体，科技进步一次又一次为出版业的发展带来革命。然而，透过现象看本质，千变万化的只是出版的载体，出版行业以“内容为王”是永恒不变的主题。对出版社而言，最关键的是为消费者提供他们真正需要的内容，满足他们对各种信息的需求。传统出版业要想在数字出版中立足、实现成功转型，要坚持以“内容为王”，坚定不移地做内容提供商。“内容为王”不是否定技术的重要性。长期以来，出版社不懂技术，技术提供商不懂出版，两者不能很好地融合。人们越来越深刻地意识到，数字出版不是单打独斗即可取胜的行业，产业的升级转型需要每一个环节的力量去推动。作为内容提供商的出版社在坚持“内容为王”的前提下，要主动走出去，与技术提供商开展深入的合作，把传统出版与数字技术有机结合起来，开发多种媒体（文、图、声、像）、多种介质（电子阅读器、互联网、手机等）的数字内容，跨越数字出版的鸿沟。可喜的是，当前国家出版部门正在努力促进内容提供商（出版社）、技术支撑商（平台）、渠道经营商（发行部门）三方的通力合作，打造我国数字出版的产品，从总体上实现三方战略合作，各自发挥优势，使数字出版早日走上健康发展的快速路。

2011年是“十二五”的第一年，4月，新闻出版总署正式发布了《新闻出版业“十二五”时期发展规划》，明确提出了包括“顺应数字化、信息化、网络化趋势，推进新闻出版业转型和升级”在内的七方面重点任务。

刘杲同志说过“科技出版要领先加快信息化的步伐”，“科技出版社要及时跟踪科技进步和创新的前沿，不充分利用网络是不可想象的”。今天，我们感慨这些话题的前瞻性，科技出版资源的挖掘、优秀作者的发现越来越离不开网络，而且我们还发现，科技出版是多么的适合应用数字出版技术。科技出版具有客观性强、信息大、发展迅速等特点，这些就是数字出版的优势所在。海量存储、便于更新等特点很好满足了科技出版的需求，同时数字技术强大的检索功能又可以帮助用户轻松地在海量的内容中找到有用的数据。尽管如此，2009 年的统计中科技出版产值仅占全部数字出版产值不到 1%。为什么出现这种现象？瓶颈就在于科技出版的“内容”没有跟上，科技出版，特别是科技编辑，明显地表现为数字出版的弱势，这是既成事实，不要等待了，只能追赶。

未来五年，“数字化”是重点，是核心。作为出版产业重要组成部分的科技社要抓住机遇。一方面整合既有资源，另一方面不断开拓创新。虽然科技出版社目前在数字出版中占的比重很小，但“科技出版社人员的科技素养，使他们推行信息化有比别的出版社更为优越的条件”（刘杲）！数字出版刚刚起步，要坚信，我们能生产出优秀的数字化内容，科技出版一定能后来居上，走在数字出版前列，真正实现科技出版的大发展、大繁荣！

# 编辑的沟通能力与技巧*

我们生活在一个高度信息化的社会，信息无时不在，无处不有，伴随着信息，就有沟通。信息是源，沟通是渠，无数点源头的水通过渠道流向智慧的大海。使我们这个社会日益创新、和谐发展、奔腾向前！

到底什么是沟通？可以这么说：为了设定的目标，用一种交流方式，把信息、思想和情感在两个或多个主体之间传递、交换或分享，并达成共同目标或协议的过程。

沟通是管理的一项基本职能，无论是决策前的调研与论证，还是计划的制订、工作的组织、人事的安排、部门间的协调、与外界的交流等等，都离不开沟通。从人的社会性来看，沟通是人作为人的首要条件。从马斯洛的心理学角度来考察，人的各种情绪亦需由沟通来加以调节；从社会学与经济学的角度分析，沟通是为了满足各自的需要、减少内部矛盾、调节情绪与促进情感交流、加深相互了解为目的；从管理学的角度看，沟通是以实现企业目标任务、使企业行为协调一致、通过内外信息交流、实现高效率管理为目标。

最近终审了一部稿件，一篇博士论文，题目是“中国建筑业产业竞争力研究”，文中写到一些美国建筑管理学家提出：“竞争力推动因素的最基本因素为质量，或称为产品及服务的质量，……倡导对业主、相关组织等项目干系人的有效沟通与管理。”香港建筑管理专家认为影响建筑业施工项目竞争力的关键因素为：充分的资源，高级管理层的支持，双方的信任，有效的沟通，有效的合作，生产矛盾的有效解决。不管建筑业也好，出版业也罢，有效的沟通是多么重要！沟通是一个互动过程，它是竞争的有力手段，特别是当今经济趋向全球化的社会，竞争如此白热化，要取胜，要引领经济潮流，沟通，特别是集团与集团、集团内部的沟通就显得尤为重要，这里不仅是讲人与人的沟通，更重要的还有团队与团队的沟通。强调的是

---

* 本文为 2007 年 5 月、10 月和 2008 年 3 月在中国编辑学会科技编辑专业委员会举办的第 1、2、3 期科技编辑继续教育培训班上讲课稿。

团队精神，也就是我们过去强调的集体主义精神。集团有一个共同的目标，需要一批高素质的成员、高效的领导，并且要有高效沟通的渠道。

我们从事编辑工作，不管他是从事领导工作，还是策划编辑，或是文案编辑，都完全是工作在一个各种各样、各个层次的沟通环境中。信息的沟通、资源的沟通、与作者的沟通、与读者的沟通、与出版人的沟通、与发行人的沟通等等。这里编辑不管是作为个体，为完成单个选题任务，还是作为项目集体的一员，为完成整体的任务，都离不开沟通。沟通已是管理工作中的一个重要的部分，沟通可以出效益，沟通可以创品牌，沟通可以造就人才。

## 一、沟通是编辑工作能力的重要表现

### 1. 沟通是编辑工作的职业要求

长期以来，编辑的地位在人们面前大概都认为是被动的、幕后的、从属的，“为人作嫁”已经被作为编辑的“美誉”传统。时至今日，“为人作嫁”的优良传统还应该继续、坚持，幕后的踏实的埋头苦干精神还应该传承、发扬，但那种从属的工作意识、被动的工作状态，已远远不能适应日益竞争的需要了。正像大家都很熟悉的美国名著《编辑人的世界》的一段话所说的：“面临今天出版业的种种变革，编辑还剩下什么工作可做呢？答案是，几乎每一件事情都需要编辑。今天的编辑和老一辈编辑不同的是，他们十八般武艺样样俱全，既要精通书籍制作、营销、促销、广告、新闻发布、会计、销售、心理学，政治、外交等，还必须具备绝佳的编辑技巧”。这说明编辑不仅会做伏案的文案编辑，还应该做负责全程运作的策划编辑，就是说要在“为人作嫁”的基础上，还要努力挖掘和充分发挥编辑的主体意识和创新意识，努力成为一个全面发展的编辑家。

许多人把编辑比作“导演”，比作“教练”，比作“活动家”，比作“组织者”，比作“项目经理”，比作“把关人”等，不无道理。

1）主体意识

他首先是位选题的策划人，要从事市场调研、可行性研究、资金运作、项目策划等前期工作；他最清楚“内容为王”的重要涵义，负责作者的选择、编写工作的组织（组稿）、内容的取舍与安排、深度与广度的确定（审稿）；他严把质量关，充当着“把关人”的角色（加工）；他还要牵挂着营销推广、跟踪服务、书评等，要把全程策划进行到底。这些工作无不说明编辑工作在图书出版中的主体地位，这就极大地增强了编辑活动的社会导向功能，强化了编辑主体创新意识和社会责任意识。

编辑工作的全过程，无论是出发点还是归宿，都离不开作者（被称为衣食父母），离不开读者（被称为上帝），在出版整个链中，作者的作品只是生产资料和原料，读者是市场。作者的原材料只有通过编辑的创造性劳动才能成为商品，才能把作者与市场（读者）两者联系起来，满足各方面的需求，因此编辑是市场的真正主体。

编辑工作在整个出版工作中的主体地位已经确立（过去新闻出版署用文件固定下来的说法是“中心工作”），这是工作性质所决定，但是要真正做好编辑工作，离不开作者与读者这两大群体。只有扎根在肥沃的土地中，才能开出鲜艳的花朵，结出丰硕的果实，这其中离不开沟通工作的。

2）作者工作

作者与编辑的关系在很大程度上是一种相互依存的关系。美国名著《编辑人的世界》一书中写道：“作者与编辑紧密地形成一种共生关系，在这种关系中，信任与开诚布公是必需品，如此才能建立起富于创造力和生产力的长远关系。”编辑只有选择了好作者，作者提供了好稿件，编辑才有用武之地，否则巧妇难为“无米之炊”。在这本书里还写道：“编辑其实是一群热情地献身于工作、富于爱心的专业人士，他们关怀作者，愿意全力以赴，协助作者找到最有效的方式来表达他们想表达的内容，以及尽可能触及最广大的读者”。这种为了共同事业追求一个目标的关系，是相互依存的关系，是共生的关系。这种关系的建立，只有通过沟通、多年的交流、磨合，以诚相待，最后达到默契、融洽，才能建立这种长远关系。

3）读者工作

“读者至上”、“顾客是上帝”，已是出版界的名言。

读者是编辑策划的出发点与归宿，读者是木之本、水之源，所以读者不应该仅是被动的消费者，也应该是选题策划、内容取舍的源头、出发点和归宿。

我们出版的图书首先应该是读者所需要的，这样才有生命力。编辑的主体作用就是要了解读者的需求，主动地去适应，去引导，去满足。我们去作调查、跑书店，用掌握的信息来充实自己，也可能调整自己的计划，去策划新的选题，这便是沟通。另一个目的是搜集信息，掌握新的动向，去引导市场，主动创造市场。受到信息和文化层次的局限，有时读者是盲目的、非理性的，编辑就应抓住各种机会宣传、推销，有时还要造声势，利用各种媒体等手段，创造市场热点，培育更多读者群，这些沟通工作都是编辑职业所要求的。

4）出版社内部的沟通

出版工作是一项完整的系统工程，其中心工作是编辑工作。所以一个编辑涉及的事几乎包括出版社所有的业务：市场调研——选题策划——论证立项——组稿——审稿（三审）——编辑加工（复审）——发稿——终审——装帧设计——排版——校对——印装——质量检查——宣传——发行——信息反馈。这些工作是由出版社各业务部门组织完成，但主体还是编辑。有的出版社、有的图书按工程建设部门的项目管理模式去运作，项目管理的主要负责人一般是由编辑担当，其中沟通、协调、决策的主体自然是编辑了。

**2. 沟通是成功编辑基本素质的要求**

关于编辑的素质，本来有明确的概括，但是在新形势下（主要是指在市场经济条件下），特别是出版社转企改制深化改革阶段，又增加了一些新的内容，有了不少新的说法，美国的一位资深编辑指出了“今天的编辑和老一辈的编辑不同”。还是在《编辑人的世界》这本书里，写到编辑要扮演的角色一是“狩猎者”，他要“多方面搜寻，并且挑选出可以出版的好书”，二是“治疗师”，他要“细心阅读作品每一个字，详细而坦率地说明评语，并且建议应该修改之处”，三是“双面人”，他面对作者的时候代表出版社，在面对出版社的时候又代表作者。这是大家都很熟悉的一种意见，因为不少文章均已引用。

我国的出版界也有一些关于编辑的论述，如“编辑应该同时是政治人、文化人、生意人和网络人”。还有的把编辑自身的素质、知识结构、业务能力的不同分为文字型、逻辑型、学者型、策划型四种类的编辑。更多的看法还是强调基本素质是政治、文化、专业素质。说法不同，侧重面有异，但包含的内容大同小异。

我认为当今的编辑，已从传统的重点是“把关人”的角色，转移到了“策划人、把关人、经济人”并重的角色，基本素质就应强调策划、把关、经营者应具备的素质。

1）策划人

由于编辑在整个出版过程中的主体地位，就决定了他要对他负责的编辑专业范围的图书有一个明确的规划。他首先要有明确的目标，这是策划的起点。第二，要收集、分析、整理信息，这是策划的基础素材。孙子曰：“知彼知己，胜乃不殆；知天知地，胜乃可全”。“彼”即公众信息；“己”即主体信息；“天”即时机信息；“地”即环境信息。一项成功的策划离不开这四类信息。第三，创意，是创造性的意念，哪怕是一个小小的意念，也不要放过，也许这就是一个灵感、一粒种子，无数灵感的交叉，就会产生灵感创意，在整个策划思维中起到一种核心作用，实践证明许多好书、品牌书都是这样问世的。

策划人实际上是编辑工作的管理者，我很主张一旦策划成功，选题被批准，就应该按照工程界工程项目管理那样进行项目管理运作，在实施的过程中进行投资控制、进度控制、质量控制、成本控制，还要加上信息管理、风险管理等。在这样一个复杂的系统工程中，沟通、协调多么重要，多么关键！作为一个项目管理负责人（工程上称为项目经理），他要从作者、读者，到出版社内部各工序人员，都要沟通，有大量的协调管理工作要做；他要从提纲的审读，到审稿、加工的安排，他要从装帧设计到用纸的选择，都要想到；他要从宣传到营销都要出主意，甚至要指挥，有许许多多细节要沟通，不是“细节决定成败”吗！真是时时事事都少不了沟通，忽视了那个细节，对全局就要受到影响。

至于前期策划，从信息的收集、调查研究、论证到组稿一系列过程，要与读者、作者沟通，要写调查报告、论证报告、策划书等等，有着大量的沟通工作要做，还有过程中的服务与后期的服务工作。跟作者、读者沟通，不仅是信息、稿件内容、宣传读者、解答各种问题，都要进行细致的沟通，还有许多服务性工作，简单地说作者、读者要购书，作为编辑都要沟通到位、服务周全。

2）把关人

我国的出版社实行登记注册制，出版社的设立要报国务院出版行政部门审批。国家对出版社的要求有着严格的规定，出版社必须坚持以马列主义、毛泽东思想、邓小平理论和“三个代表”、“科学发展观”等重要思想为指导，坚持为人民服务、为社会主义服务的方针；出版社实行编辑责任制度，对书稿的采用实行三级审稿制度。最近新闻出版署正在酝酿实行四个准入制度。这里就有一个准入、把关，目的是要求你把好书稿出版的关，这就充分说明编辑是国家出版事业的把关人。尽管正值改制的变革，编辑把关人的角色是不会变的，当然，作者是作品的权利所有者，享有表达思想、阐明观点、论证事实、判别是非的权力，理应对稿件的政治观点、学术论点、科学性、真实性负有直接的责任，但是，编辑在出版业中担当着选择、优化作品、判断其价值的社会职业责任，有义务发现和指出作品中存在的问题，譬如《出版管理条例》中明文规定的 10 条不得出版的内容、地图问题、民族问题、伪科学问题等等，编辑一定要坚持原则，否则有不可推卸的责任。这些问题的处理，是一个非常严肃的政治问题，所以有人把编辑称之为“政治人”、“文化人”、“学者”，不无道理。出版工作是宣传舆论工作的一部分，是政治性很强的业务工作，编辑必须坚持社会效益第一的价值观；出版工作又是学术性很强的工作，编辑必须掌握他从事该专业的科学知识与技术，还要熟悉中国语言文字与逻辑知识以及熟知历史、天文、地理等，应是博学多才。

判断一个问题，有时并不是一眼就能看穿的，事物的复杂性，要求一次两次多次地交谈，一封两封多封地书信来往，一次两次多次地查阅资料。原则是一定要坚持的，但对待过程及后果的设想又要客观、委婉，还有一点要特别提醒，学术观点的 争论一定要客观、实事求是，别忘记了“百家争鸣、百花齐放、洋为中用、古为今用”的方针。这些都是在沟通中要掌握好的原则与“度”，沟通不好，事与愿违，有可能要出大问题。

3）经济人

那位美国资深编辑讲的“十八般武艺”，很大部分内容是指经济、市场，这是传统编辑不大考虑的问题。当今的现实把编辑推向了市场，一个成功的编辑，应对市场（至少是他对他从事的该专业图书市场）了如指掌。他始终不会忘记社会效益与经济效益的统一原则，会很好地适应市场，也会主动地引导市场，做许多市场调查与跟踪服务供工作；还会时常关注图书的竞争，策划出创新的产品、整合出适应各读者层次的图书，发挥出自身的优势、出版社的品牌效应，抓住主要读者的同时，积极培育潜在的市场。

图书销售的时机把握、渠道的掌握、宣传的声势，这些都是编辑作为经济人该关心的事情，还有关于成本控制，牵涉到装帧的形式、开本、用纸等以及审稿费、加工费的掌握等，编辑都应控制好。

在参与这项工作中，有着许多沟通与协调工作要做，有着许多控制性意见有待编辑去想，去运筹。

## 二、编辑工作对沟通的要求及沟通能力的培养

沟通能力的培养要靠我们在实践中锻炼，要靠经验的积累。沟通确实不是一件容易的事。有人说和自己喜欢的人沟通是本能，和自己不喜欢的人沟通则是本事。我们一定要努力学会这个本事。

在管理系统中，沟通除了正式沟通与非正式沟通、单向沟通与双向沟通外，还可以分为言语沟通与非言语沟通、直接沟通与间接沟通、人际沟通、群体沟通等。

言语沟通，大家都清楚，是指使用正式语言符号的沟通，这是我们日常生活中常用的沟通方式，是我们编辑工作中主要沟通方式。言语沟通可分为两种：一为口头沟通，是借助言语进行信息传递与交流，如作报告、讲演、会谈、讨论、聊天、打电话等；二是书面沟通，是指借助文字进行信息传递与交流，如通知、信函、书、报、刊、各种书面报告、发 e-mail 等，这更是我们编辑工作常用的沟通方式。

非言语沟通，主要是指声调与声态的变化、说话的表情、说话的动作与体态等。

直接沟通，指传递信息与交流是双方的行为，无需第三者。

间接沟通，是指传递信息与交流要通过第三者。

人际沟通，是指个体与个体人之间的沟通。

群体沟通，是指单位与单位、集团与集团、组织与组织、国家与国家之间的沟通，这也是我们编辑工作中常用的沟通形式。编辑的对外交流、传递信息，往往不是代表个人，而是代表出版社。我们经常要代表出版社与兄弟单位、兄弟组织，如学校、学会、协会及科研、设计、施工、生产等单位，还有编委会、编写组等交换意见、讨论问题，这都应算是群体沟通。

**1. 口头沟通**

1）编辑与作者的口头沟通

作者与出版社的关系有许多钟说法：“作者是上帝”、“作者是出版社的衣食父母”，无不说明作者是出版社的支柱，是出版社的基础，没有支柱或基础建筑物不牢，这座大厦会倒塌的，只有支柱坚强、基础结实，这座大厦才能坚固。

白热化的竞争表明，出版社的竞争，重要的是作者资源的竞争。一支高质量的作者群，是出版社无形的资本，是出版社及品牌建设的保证。这样的品牌作者群，是靠出版社的积累形成的：编辑对作者感情积累，出版社出版的品牌书的积累，出版社的服务、信誉的积累，十年、二十年、五十年……日积月累，才能积累一支品牌作者群。要建立这样一支作者群确实不是易事，要靠编辑的沟通，甚至是几代编辑的沟通。一旦成为朋友，就有一种无形的凝聚力，许多好稿件，他首先会想到你；许多信息，譬如他的学生、他的同事、他的朋友的写作动向、想法，会向你推荐；许多学术会议会向你通报,当然这种“铁”的关系建立,一方面是编辑的个人魅力、沟通能力，重要的还是出版社的权威、信誉起作用。我们出版社的许多老编辑都有着这样一批挚友,建筑学、建筑结构、岩土工程、建筑施工与安装、建筑经济与管理、给水排水、建筑材料等专业的院士及知名专家以及各名校这些专业的品牌教授及院士都是我社的品牌作者，许多人跟我们的老编辑都有几十年的深厚感情。可喜的是，许多中年编辑正在继承出版社的这条优良传统，一些中年编辑的敬业精神、追求品牌的执著精神，值得我们称赞，更值得年轻编辑学习，他（她）们接过了老编辑的作者财富，还在不断扩大和丰富这批资源。无数出版社现实证明：品牌出版社必须有品牌作者，才能做强做大，也只有继承出版社的几代人形成的优秀传统才能有持续的发展。

要拥有这样一批品牌作者，首先要善待作者，同他们搞好关系，一定要诚信：态度要诚恳，说话要诚实，办事要诚意，谈判要诚挚。最近温家宝总理在日本国会的演讲说道:“中国古代先贤说:‘与国人交,止于信’,‘与朋友交，言而有信’。日本人也常说，‘无信不立’”。这说明国与国之交也好，人与人之交也罢，一定要诚信，这已是普遍的原则，立业与做人之根本。第二,权利上一定要保障作者的权益,保护作者享有的人身权和财产权。对待一些小问题,也不能忽视,如署名问题、版税问题、提前支付稿酬问题、印数问题、样书问题，在利益关系上，作者的要求只要不是过分或未超出规定要求，在职权范围内都尽量给予满足，如超出编辑的职权范围，只要合理，也应及时向上级汇报，有的事，决不能因小失大，还可能有一个灵活掌握的原则。第三，编辑要为作者做好服务工作，包括信息的咨询、插图的制作与安排、参考书的推荐及一些与书稿有关的辅助工作，要及时做好，要做到有求必应，有问必答。第四，保持经常联系，关心、了解作者撰写书稿的情况，甚至作者的生日及重大喜庆等日子，编辑都应该代表出版社予以祝贺，如我们的老作者荣升院士，可别忘了祝贺。

诚信、情感是沟通的基础与关键，万万不可缺失。资源争夺不可怕，就怕编辑不下工夫，更怕缺失诚信。

2）编辑与发行的口头沟通

出版工作的营销已经提到非常重要的地位。按照营销学的观点，一个成功的出版社应懂得：出版我们能销售的图书，而不是销售我们能出版的图书。这便告诉我们，编辑要了解市场，懂得读者，出版读者需要的图书，这就是要牢记以读者为本，以市场为源。特别是“内容为王”，已得到了出版人的共识，这一特性决定了图书不同于其他产品，它永远是内容重于形式，形式服从内容，因此要首先策划对路的选题。内容策划，但又不能仅停留在这里，其策划应是整体策划，包括营销策划，要同发行人员一起形成一个项目整体，共同策划，这大概是市场经济条件下图书出版的必然趋势。

有的出版社提出了“编发联动”的概念，就是编辑与发行要互通信息、互相沟通，共同做好图书营销工作。只有上游和下游都畅通了，才能奔腾向前，这确实是一种很好的模式。首先，解决了过去编发始终存在矛盾的现象，进而认识统一、步调一致，才能得胜利。编辑调查研究时找发行人员沟通，选题讨论会征求发行人员意见，确定图书定价和印数听取发行人员的建议，宣传、推广计划共同制定。在平时，发行人员也要把读者的意见、市场上同类图书的营销信息及时反馈给编辑，还可以共同办好新书发布会、作者与读者见面会、行业营销会、地区营销会、知识竞赛、教材的教师培训班、讲座等活动，真正做到编发互动，出版人与读者互动。

编发联动使编辑更贴近了市场，因而策划出更好的选题；发行人员更了解图书的内容、特色，宣传、销售更到位。只有紧密沟通，才会做出更大的成绩，创造出更好的效益。

**2. 书面沟通**

1）调查报告

调查研究已是我们开展工作的通用方法，特别在当今，信息如同能源、材料一样成为了社会的基本支柱。一个好的选题策划，往往都是从调查研究入手，具体地说从信息的收集、加工、整理，到信息的利用都研究得很细很全。很多人的经验说明：好的开始即意味着成功的一半，因此调查研究对于策划整体来说，是基础性工作，也是关键性工作。

调查报告应按照调查研究的程序与要求，把收集的信息经过加工、整理而成为一个有针对性的操作性强的报告文本文件，以供进一步实质性策划作为依据。因此调查报告就要求：

（1）针对性强。调查研究之前都有既定的目标，要针对目标将收集的信息整理成文，且条理性要强，绝忌杂乱无章的材料堆积。

（2）信息要全面。调查时应按照调查报告的提纲，周密地考虑可能会用到的各种信息，范围要广一点，问题要想得多一点，因为策划构思时可能要随着情况的变化而变化，也可能会萌发出新的创意。

（3）数据要可靠、准确。各种数据往往是项目决策的重要依据，也是最有说服力的材料。散在外面的信息会各种各样，有真实的数据，还有只反映表面现象的虚假数据，也有特殊条件下的特殊数据。最后形成调查报告就一定要用脑子去识别，去伪存真，抓住反映真实情况的数据，这才是有用的数据，否则得出相反的结论，将贻误大局。

（4）信息的系统性与连续性。事物的变化往往通过连续的数字变化很能说明问题，有时数字上量的变化会引起质的变化，这些变化往往又能给创意带来新的突破。

（5）报告中最好列出典型的事例和专家权威人士的意见。借助成功的经验、借助专家权威的“脑”去分析问题，这样对决策更有帮助。

2）策划书

策划是一门新兴的学科，越来越受到各行业的重视，在编辑工作中运用策划原理进行选题策划、营销策划，在 20 世纪 90 年代就开始了，并且取得了丰硕的成果及一定的经验。

按照现代策划的 8B 流程，项目策划可分为 8 个步骤：目标预测→信息处理→信息评估→生产创意→制定策划方案→答辩与动态修正→策划方案实施→效果评估与反馈。当然有的步骤可以合并进行，但是策划书的内容应涵盖全这些步骤所涉及的内容。

策划书是编辑从项目提出到实施全程同多方沟通的成果，又是内部进一步沟通的重要文件，因此写好策划书作用很大。首先开场白要点出策划的目标，用简洁、专业的语言表达策划项目的全貌，以引起沟通对象的探知欲。第二，要有说服力，信息要准确，数据要可靠，特别要抓住典型的信息、数据的比较，更能说明问题，打动被沟通者。第三，要内容实用，实施方案明确，可操作性强，涉及整体策划的项目、分项目也应有具体的实施步骤，这样容易被沟通的对象所接受。第四，效果预测应该有根有据，实事求是，不可夸大，当然也不应保守。注意这些重点，应该说抓住了写策划书的要点。

3）选题报告

选题报告是拟出版的图书从信息收集、分析到选题构思，这样一个过程的记录与资料整理成文的文件。在这个过程中有大量的沟通工作要做：要找读者和发行人员调研，要找科技人员或教师等（其中就有我们的作者，也有我们的读者）咨询，还要同社内的出版发行人员商讨，更要同其他编辑（包括总编辑、编辑室主任）交流，构成了一个现代化的信息网络。

首先是调研，你要掌握既定项目技术现状、未来发展、边缘学科、从事项目的人数与水平、项目的领军人物及实力单位、项目在国民经济中的地位、作用、普及情况、该项目内容已出版图书的情况（作者、读者对象、印数、字数、定价等），这些资料都要在调研过程中摸清底细，弄得一清二楚，只有心里有数，知己知彼，才能完善你的构思。

第二步构思，是在调研的基础上提出你对拟出版图书的设想，其内容应包括图书的类别（普及、应用、工具书、理论等类）、读者对象（要明确到层次）、图书的主要内容、估计字数、装帧要求、定价等。你要把拟出书的理由写透、写清楚，要有根有据，有说服力；要把拟出版图书的特点写明确；要把你社的出版优势写充分；还有市场的需要、拟请作者的实力、出版社的品牌效应、发行的方式等等写得实实在在。

其实选题、组稿，整个编辑工作都是一种选择、一种比较的过程，编辑的功底，就是在比较中取胜。信息是客观存在，作者资源是客观存在，市场是客观存在，为什么有的人就能选得准、抓得住，步子总是比你快一点，眼光总是比你超前一点，无非是素质、事业心上的差距，当然还有经验。

选好题的功夫，第一是靠积累，积累造就成功编辑。一个编辑常常是在自己学科领域长期坚持不懈地定向发展和渐进积累，进而滚动发展的，这样就形成了自己的优势，策划的选题才有特色并不断推陈出新，做强做大，最终在市场竞争中成为强者、龙头。我们不能凑热闹，赶时髦，也不能盲目追求热点，策划的选题杂乱无章，可能撞上了一两个好选题，但最终却像过眼烟云，没有一种书给大家留下深刻的印象。我们还要克服浮躁的心态和急功近利的倾向，特别是年轻编辑，要从起步时就要注意。认准了方向就要踏踏实实做下去，继承老编辑的优良传统，并不断拓展、滚动发展，形成自身的特色，出品牌书，做品牌编辑。

第二是靠职业敏感，作为一个编辑，他的素质、职业特点要求他对他的事业、他的专业有极其强烈的敏感度。调查研究、阅读书刊已形成了他的职业习惯，因为从中不仅能增长知识，还能发现许多选题的雏形，开启他的思维。我后面谈到的一个实例，就是在报上看到《全民科学素质行动计划纲要》后，不仅想到了一批选题，特别看到纲要的实施要“政府推动”时，马上想到了组稿对象。出版敏感正如新闻敏感一样，也应该算是职业素质，他能联系实际，策划出更多的好选题。

职业积累、职业敏感，能使我们的思维有所创新，能使我们的事业不断开拓、前进，这都是选题报告要求的内容。

4）审稿报告

审稿是编辑工作的中心环节，是一种从出版角度，对书稿进行科学分析、判断的理性活动，是保证和提高书稿质量的第一关。新闻出版总署对此有明确的规定，实行“三审制”。审稿要有记录，一般是在审稿过程中对发现的大大小小问题一一记录在案，最后再把发现的问题归纳、整理，写成审稿报告，就像医生治病一样，必须要有诊断处方，对症下药。初审的审稿报告一供复审、终审复核，二作加工时的依据、参考，三作为与作者沟通的素材，所以审稿记录与审稿报告是重要的编辑档案材料，一定要存档保存；并应作为编辑考核的重要依据。

审读报告是作为责任编辑与复审、终审沟通的重要文件，也是同作者沟通的重要素材与依据。三审是一个交叉互补、递进制约的过程。复审一般只是审读稿件的一部分，他不可能对整个稿件进行全部审读作全面分析研究，他的职责之一是判断初审的意见，进一步分析作者与初审的意见（特别是分歧点），另审读部分重点内容，以找出新的亮点或发现新的问题。终审应该是进一步分析各种意见，提出裁决意见，他也只可能审读其中部分内容，只能起到以点到面的作用，编辑以此作为与作者沟通的最终意见。

审稿报告一般应包括以下四个方面的内容：一是概述书稿的基本情况，特别要注意是否符合选题报告的要求，读者对象是否抓得准，内容是否符合既定对象的要求，是否符合原定大纲及字数的要求；二是提出对书稿的基本评价，主要是提出肯定或基本肯定的意见，要从政治、学术、论点、数据、资料、文字与逻辑性的表达入手，评价书稿的先进性、创新性、可读性，并要指出其特点，与同类书的比较等；三是阐述书稿的问题及缺点，特别是大问题及致命的弱点等问题，发现的小问题也不要放过，并提出详细的评价意见；四是对书稿的处理意见，明确提出采用，可以加工或基本可用，但需退作者修改或不予采用退稿处理。

审稿意见要特别注意：一，编辑要站得高一点，看问题全面一点、综合性强一点，要从社会需要与文化发展的需要去全面分析问题，政治性、科学性与先进性方面的问题一定要有根有据；而对于学术上的问题、内容的取舍与表达这些问题，要反复斟酌，换位思考，因为有些问题容易引起争论，作为初审编辑可以把问题提出来，至于是不是问题可由复审、终审判定；二，报告不能简单化，内容空泛，但也不能繁琐，要实事求是指出问题所在；三，沟通时，特别是与作者双向面对面沟通时，一定要有谦虚的态度，用商量的口气与作者友好协商，这就要求编辑有一定功底，因为有的问题可能谈得深一点、远一点，要作好充分准备。编辑是代表出版社去沟通，就更应该谨慎、彬彬有礼，以请教的身份出现为好。

5）加工报告

加工是保证和提高书稿质量的重要环节。加工之前，编辑要熟知选题报告、审稿报告的内容，掌握书稿的全面情况及来龙去脉，加工时随时作好加工记录，最后写出加工报告，供复审、终审复核，供管理部门考核，这是内部沟通中的重要文件。

编辑加工要按照审稿提出的要求认真进行，也应按审稿的要求那样，对书稿中的政治性问题、科学性问题、知识性问题、文字表达问题（还应包括标点符号的使用、逻辑性问题等）大大小小的问题，一个都不能放过，并且均要一一作好记录。对书稿的结构、层次、技术性的统一、插图与表格的内容与形式、与正文的配合等都要严格把关，对发现的问题都要记录好，以便与复审、终审沟通，以便与装帧设计人员沟通，以便与作者沟通。

在加工中有两点想提出来请大家一定认真对待，因为加工时或加工整理过程中，有的问题还要与作者沟通。第一，作者是著作权拥有者，作者的观点、作者对内容的安排，应由作者决定，编辑只是建议者，特别是作者对文字的表达习惯、文风等问题，只要没有错，就要尊重作者的意见，绝不可强求，不能把你当编辑的书稿都改成你的文风。第二，也不能盲目相信“文责自负”,文字的表达方式可以自负,但牵涉到政治、科学等大问题，作为编辑这样的“把关人”，你不提出来，不改正，出书后其损失之大是不可设想的，责任谁能自负？这样的实例不是没有，教训很深刻。

加工工作是编辑工作中重要的环节，但当前却不被许多人重视，强调任务大、时间紧，加工三审制流于形式，因而形成了“无错不成书”，这是悲剧！这说明我们出版社内部沟通不够，没有把问题摆到桌面上认真讨论，没有研究出保证质量的措施来。中国编辑学会已经大声疾呼，引起了全社会的关注，编辑人员一定引以为戒，认真做好加工工作。

这些道理只要一点到，文化人都很明白。

## 三、沟通的技巧

作为一个编辑，其工作性质与特点就要求他经常与作者、读者、出版人打交道，以传统的编辑模式来看，编辑似乎是一个个体脑力劳动者，编辑工作不像科研、教学那样集体性更强，但当今的编辑却大不一样了。他不仅要静下心坐下来完成案头工作，还经常要同许多人打交道，调研，个别拜访，交谈，开会讨论，大会讲演，写报告，写评论，写文章，写信，发 E-mail……

编辑的工作整天就是生活在这个圈子里，他要善于表达自己的观点、意图，来完成自己的使命，并且日复一日，年复一年，没有尽头，但为什么有的人对此津津乐道，很有成就感，并洋洋得意呢，而有的人却不怎么成功？其中可能是与沟通能力及技巧的差别有一定的关系。应该说沟通有一些基本规律、活动要求与技巧的。

**1. 以理服人，以情感人**

许多编辑都有这样的感受：组稿难，特别是你想组到你心目中的作者更难。他们往往是以工作忙、教学忙，没有时间，而推辞。有的也确实如此，但也不是不可能接受重用的，还是要看你工作是否做到家了？这就要做很多很深很细的说服工作，还有许多沟通的技巧。

1）讲大局，宣传出版社的形象

我们交谈的对象或你有意约请的作者同出版社是第一次接触，往往对出版社不太熟悉，或对出版社出书有一种敬畏感，又敬重又畏惧。为此我们对第一次接触的对象或不太熟悉的对象，就可以简单地讲讲出版工作的意义、作用，譬如讲出版是一项宣传、教育工作，是一项科技推广、培训工作，是一项积累、繁荣文化的事业，也是服务工作。

为了拉近沟通的对象与出版社的距离，一定不要忘记把自己工作的出版社作些介绍，推荐自己。介绍的内容一般是：出版社的性质——隶属关系、行业、专业；历史——成立年份及变迁；实力——专业编辑、品牌图书、品牌教材、获大奖图书（特别要针对不同专业对象，可重点介绍该专业的有影响力的图书与教材）、全国优秀（或良好）出版社；本社图书发行情况——本专业图书的最大印数、平均印数、市场占有率、专业书店或连锁店；稿酬支付标准等等。

如实地向沟通对象汇报情况，要注意介绍一定要实事求是，情况真实，也只是介绍自己出版社的情况，一般不要评论别的出版社，有人问及，也要客观说明，不能有贬义之词，目的是推荐自己，一切以事实说话，要给被沟通者诚信、真实的印象。这样也消除了别人的畏惧感，拉近了与出版社的距离，能收到较好的效果。

2）沟通时要动之以情

“以理服人”要同“以情感人”结合起来，只有引发感情上的共鸣，才能收到最佳效果，这点往往是很重要的。

编辑是一定要用商量的口气同作者、读者商量，委婉地说明来意，讲述你的所求，在沟通中一步一步深入到你的具体方案，只要选择好了时机，最好事先约定时间地点，你的对象是能对你的所谈感兴趣的，这里首先是融入了感情的因素。

还可以用换位思考的方式，设身处地为对方想，站在对方的角度思考问题，往往能打动人心，赢得对方的好感。换位思考，一方面显示了你的坦诚态度，另一方面表现了你对对方的尊重，换位思考，目的之一就是要促进人与人之间的相互尊重，相互理解，尊重常常与理解相伴而生。只有这样与对方就有了进一步沟通的基础，扩大了双方的共识，进一步融洽，增大了合作的可能性。

在沟通中还一定要谦虚，有时还应该高姿态地作些自我批评，表示歉意，如从事该专业的编辑工作时间不长，情况了解不深入、结交的该专业的专家不多，就要主动请对方多多指教。如果从事该专业的编辑工作虽然有许多年了，但过去因某种原因与外界接触不多，对行业的情况不甚熟悉等等，就应以学生的姿态望对方多多包涵、指点、帮助，甚至可以说："可能还没有说清楚我的意思"、"我这可能是过分的要求"、"我这个比喻可能不太恰当"等等，以示自己的真心实意与恳切的心情，甚至还可以对自己原来的方案做些适当的调整。

这都是感情的因素，只有这样心平气和的商量，你会达到你的目的。

3）沟通时要晓之以理

一开始从大的方面讲了出版工作的大道理，还要针对自己的目的深入沟通下去，譬如组稿，如果你要选择的对象对你的意图不甚了解，你就应该把你策划的书（往往是系列书）的设想、读者的意见、社会的需求、读者层次的考虑、时机的选择、该类书已出书情况、出版后的发行方式及效益预测，还有当前业界及出版业的政策、导向、重点等等作详细的介绍。只要作者了解了全面情况、写好本书的意义与作用，一般是能感动他的，特别是我们从大局出发、从事业的需要讲明大道理，作者往往是会放弃小局而服从大局的，他的小局也会主动安排，能得到合理解决的。

**2. 真诚、真实**

真诚、真实不仅是我们编辑工作沟通时应掌握的原则，更是我们做人要遵循的准则，是做人最起码的道德要求。当前全社会都在倡导诚信原则，这是在社会主义条件下的社会公德、建立和谐社会的基础。做事真诚、说话真实，会受到别人的尊重，是成功办事的基础。

1）真诚使人产生一种信任感与安全感

日本有位企业家曾经说过:“做人就像做生意一样，第一要诀就是诚实。诚实就像树木的根，如果没有根，树木就别想有生命了”。比喻很生动。

真诚是人际关系的立身之本，是双方沟通的基本原则、首要条件。一旦丢掉真诚，就会失信于人。作为个人，他的形象与信誉扫地，作为一个企业或单位，他的发展与生存必定危机四伏。作为编辑的诚信，不仅是个人的事，你对外的沟通是代表着出版社，因此你的言行、你的允诺、你的表态，事关大局，影响着一个出版社的整体，特别是我们的组稿，最终是以合同的形式固定下来，已产生法律效用，必须履行。在此还要特别提醒一下，有时不能因为对方的问题或对方要求变更，我们就采用非诚信的态度，一定要真心实意地协商，用我们诚信的表达与执著的态度去打动对方，以求得合理的解决。

2）以诚信换诚信

诚信是忠诚与信任，这是有效沟通的前提。忠诚就要公开。和别人分享你的想法与感觉，同时也要倾听别人的想法与感觉，也就是以真心取代戒心。沟通就是要有开放的气氛，进行敞开的交流。

信任是降低社会与人际关系复杂度的一种机制。有效的交流是展示自己，展示差别，澄清内心的假设，由信己变成信他人。

许多事情同作者沟通时，并非对与错的关系，而是相互的立场不同、出发点各异，我们何不妨主动地多考虑对方的意见，我们要多为对方着想，去理解别人，去认同别人，真可谓退一步海阔天空。真诚地关注别人，我们也会得到别人的关注与支持。物理学不是讲作用力与反作用力是相等的吗！譬如对待交稿时间，作者与编辑往往是都从各自的工作安排早一点、晚一点，反复讨论协商，我想只要编辑把出版时机的道理摆清楚，譬如要赶全国订货会、书展、全国性会议，甚至是竞争上的需要，作者是会通情达理的。有时我们也要考虑作者的实际问题，如赶上科研的结题阶段、研究生的答辩阶段或另有紧急任务急需完成时，编辑也应站在作者的立场考虑，也应该出出主意，如增加作者助手，甚至可提出增加 1 ~ 2 名跟作者志同道合的专家为执笔人，以分担作者的负担等等。我想只要你对别人真诚相待，别人也会以真诚相报。

3）真实

就是说人与人之间的信息交流、情感沟通一定要真真切切，实实在在。诚实，实话实说，把真情告诉对方，不仅是做人的准则，更是事业成功的基础。

说真话就要求说话符合客观实际，符合事物的本来面目和过程，言之有据，言之有物，包括不说空话，不说大话，不打官腔。说话人所表达的是他内心所想的，即“言为心声”（当然善意的谎言另作别论，但那是有条件的，有前提的）。

编辑工作中有许多变化的情况，会出现一些复杂的矛盾，会遇到许多困难或预想不到的事变，只要是实情，也一定要如实地与作者沟通。作者应该是编辑的朋友，交友贵在真诚，唯有实话才能换来真诚的朋友。譬如我们在组稿时，总要面临多个作者的选择，有时确实很难选定，这时便可以把编辑的考虑如实地同作者沟通，听取作者的意见。许多作者都会谈看法，出主意，问题会得到合理的、满意的解决。如可以多人合作，这其中编辑可以作大量的组织工作，起着重要的桥梁作用；也可以分成两本或甚至可以构成系列书或在系列书中增加一二本书，这种事例是常有的。我确实有一种感受，把工作中的难题如实地同关系密切的作者商量，他们都能出主意的，也大都能听取编辑意见的。我们就是要同作者建立起和谐的关系。

还有一点也需要特别注意，在作者面前一定要特别虚心，应该说在学术上作者都是编辑的老师，特别在学术上编辑不懂的知识会有许多。不懂绝不能装懂，承认自己不知道、不会，并不是丢人的事，在现代这样的一个高速信息化的时代，每个人都有他熟悉的和不熟悉的事，这并不为奇，没有人笑话你的，反倒如果不懂装懂，一旦被揭穿或露馅了，那倒是很尴尬的事，对你会失去信任感。

**3. 区别对象，掌握分寸**

要想沟通顺利、成功，要得到沟通的目的、效果，就要学会在适当的时候表达适当的意图，要根据不同的对象、不同的场合，察言观色，把握时机。

1）了解沟通的对象，熟知对方的特点

特别是专业出版社，你一定要了解沟通者的专业方向、专业上的成就、研究的课题、完成的代表性工程、他的同事与学生、过去与出版社的关系、发表过什么作品等。认清对象、因人而异，这也是沟通的基本要求。各人的性格与心境、地域与习惯、经历与背景、文化与教养，甚至性别与年龄、职业与爱好等都有区别，有的差异是惊人的，所以只有熟悉你的对象，才能有的放矢，沟通才能收到预期的效果。

性格外向的人多姿多语，易于“喜形于色”，你同他沟通就可以侃侃而谈，内容可以广一点、杂一点，谈话不要扫他的兴，但要注意引导他进入你的主题，互相启发，话题中还可能会有新的收获；性格内向的人多数沉默寡言，不露声色，你就要循循善诱，谈话要抓重点，及早进入主题，针对他感兴趣的问题展开讨论。

2）沟通要把握时机，交流要察言观色

沟通是双方的互动，要受到对象的性格、交流的时间、周边的环境、个人的情绪等因素的影响，所以沟通要把握时机。该交流的信息或该提出的要求没有及时说出，便要失去良好的机会，真是转瞬即逝，而抓住了时机，可能收到事半功倍的效果。

把握住时机，还要察言观色，掌握分寸，在沟通的内容上、交谈的时间上均要适度，根据对方的情绪及时调整自己谈话的内容与方式。人在高兴时，心情舒畅，俗话说：人好水也甜，花好月也圆。此时他的思维处于开放状态，内心宽容，容易体谅人，乐于助人，他会滔滔不绝地跟你聊，此时你就应该跟上，不管是自己的情绪也好，谈话的内容、语气也好，都要与之配合，许多事情可能一拍即合，他会乐意接收的；而当人烦恼时，他的思维处于封闭状态，他的心态处于郁闷阶段，心理具有逆反性，如果是多年的好朋友，你也只能是劝导、开导，不宜深入交流，只得另择时机。

不管是在什么状态，我们都要注意，掌握好沟通的分寸，要懂得一个道理：话多不如话少，话少不如话好。编辑是作为采访者的身份出现，要注意多倾听对方的意见，你应该掌握好话题，多思考，多提问，要多以请教者的身份出现。一个语言精练、懂得适时幽默的人，走到那里都会受到欢迎，绝忌胡侃、喋喋不休，对这样的人大家一般是不会有好感的。

**4. 寒暄、幽默与适度**

1）寒暄

人们初次相交，特别是同陌生人交谈，往往总有几分钟的尴尬，编辑作为沟通的主体一定要主动打破这种场面，尽快进入欢快的融洽的交谈中。

得体的自我介绍是初次沟通的开始。首先是称呼对方，编辑对作者一般都是比较了解的，从文献中、从他人的介绍中都能了解他的状况，一般都喜欢称呼他的学术职称、职位或学位，也可以称呼他的官职，这还是比较容易的事。再就是自我介绍，一定要大方得体、实事求是，介绍单位、姓名、职务，没有职务的要介绍从事的工作。

在相互介绍后，可以提到一些作者单位某某学者、知名人士，特别要注意提及的人一定是作者的朋友、学长、学生，这样更能拉近距离。如果有相同的兴趣爱好，还可以简单地说上几句。

初次见面时给人的第一印象很是重要，也就是要掌握好初次见面寒暄这个机会。寒暄的内容与方法是否得当，很有可能决定沟通的成败。首先编辑要主动、积极、热情，要展示出愿意与对方进一步沟通的良好欲望，也完全体现你易于合作的个性。

寒暄时，一定要表现得彬彬有礼，说话文雅礼貌。应事先作好准备，熟悉你的对象，如对他的成就或他的师长、学生的成就表示夸耀、赞美，对他的团队表示赞赏，对他的身体、爱好表示赞许等等。友好情谊的表示，就能迅速拉近沟通的距离。你还可以从他的籍贯、他的口音了解到他是什么地方的人，中国人的乡情观念较浓，如果是你的同乡，还可以说几句家乡问候的话，谈上几句家乡的变化，这也就在不知不觉中拉近了距离，变得无拘无束了。还可能从同学、共同的爱好中找话题，“套近乎”。从心理学上讲，人的潜意识中都存在一种“排他性”，即对自己或跟自己有关的事物往往会表现出更多的兴趣与热情，而对跟自己无关的事则有一种排斥的心理。还可以通过感谢的方式、赞扬的方式等等拉近距离。这样就可以迅速地缩短双方的情感距离，而后可以自由地深谈。

2）幽默

幽默是交谈的一种艺术，是沟通的润滑剂，能够使谈话变得生动活泼、诙谐，使气氛变得轻松愉快。莎士比亚说:“幽默是智慧的闪现”。林语堂对幽默作了精辟的剖析，他说:“幽默是由一个人旷达的心情中自然而然地流露出来的,其语言中丝毫没有酸腐、偏激的意味。而油腔滑调和矫揉造作，虽能令人一笑，但那只是肤浅的滑稽笑话而已。只有那些巍巍荡荡、朴实自然、合乎情理、合乎人性、机智通达的语言，才会虽无意幽默，却幽默自然”。从这里，我们一定要牢记:幽默是一种高雅的风度，决不是油腔滑调，幽默是一种境界，决不是矫揉造作。我们在生活中，特别是在相互沟通时都应当学会幽默，幽默能带来友善的人际关系，但也要注意幽默的内容要高雅，不能庸俗化;使用幽默时态度要友善，切忌攻击与发泄;使用幽默要注意场合，注意对象，要掌握好“度”，否则适得其反。

3）适度

我们说话、做事要掌握一个“度”，甚至吃饭喝酒、娱乐、锻炼都应讲一个“度”，超过这个“度”就无益于补，事与愿违。不管是讨论问题，还是你求于人或人求于你，也不管是产生了意见分歧，还是满口承诺，更不管是态度生硬，还是太好“说话”，我们都要面对现实，适度打住。成功的交谈应该是意味深长的留有余地的，能够让人产生希望今后经常找你交谈、办事的欲望，这样我们就应该见好就收，适可而止。我们许多老编辑与作者交上朋友，都是掌握了这个原则，走过了这么一个过程的。

在此还要注意掌握一点的是，不要采取“磨”的手法，有的编辑遇到了困难，总是缠着作者软磨，应该说精神可嘉，愿望是好的，但最好不要采取这个手法。这里也有一个“度”要掌握好，作者实在不愿意的承诺，再磨下去，也可能产生厌恶情绪，进一步沟通就难了，所以交谈决不能使对方产生疲惫甚至感到厌倦，否则，还可能损失前面交流的成果，因此只能是另找机会，并要有准备，做到心中有数、胸有成竹。

## 四、实例——《城乡建设科普丛书》策划中的沟通

### 1. 信息的收集与分析

许多沟通都是从信息开始，获得信息，我们就要做到信息共享，并把信息传播出去，这也是沟通。我们还要利用信息，进一步把沟通工作做透做深，以策划我们的选题，以落实我们的工作。

2006年3月底，国务院颁布了《全民科学素质行动计划纲要（2006-2010-2020年）》。《人民日报》社论对比指出：“万丈高楼，基础为要；百业兴旺，人才为先”。“今天我们所处的时代，是一个全球性激烈竞争、广泛交流的时代，国民素质是国力的决策因素，全民科学素质是科技实力的决定因素。我们需要培养优秀的科技人才群体，也需要大幅度地提高全体公民的科学素质。”“当前，公民科学素质低下已经成为制约我国经济社会发展的瓶颈”，这是国家的大政方针，这是动员令，作为国家的出版部门，应理所当然把实施《纲要》作为自己的重要任务，发挥主力军的作用。

《纲要》明确指出：“今后15年，实施全民科学素质行动计划的方针是‘政府推动，全民参与，提高素质，促进和谐’”，并且明确制定了目标：①促进科学发展观在全社会的树立和落实。重点宣传普及节约资源、保护生态、改善环境、安全生产、应急避险、健康生活、合理消费、循环经济等观念和知识，倡导建立资源节约型、环境友好型社会，形成科学、文明、健康的生活方式和工作方式。②以重点人群（未成年人、农民和城镇劳动人口、城乡居民、领导干部和公务员）科学素质行动带动全民科学素质的整体提高。③科学教育与培训、科普资源开发与共享等得到加强。“纲要”把目标、要求、实施的具体办法，甚至实施要点讲得如此明白、清晰，其

实我们只要按此去做就行了。

**2. 构思的形成**

在对信息的研究、分析中，有两点很有启发：一是“政府推动”。这是一个很有利的条件，这个工作是政府部门的职责所在，理所当然应由政府科技部门来推动，出版社也应想他们所想，要抓住这个好时机，主动进行沟通。

二是明确指出宣传的重点：资源、生态、环境、安全、避险、健康生活、循环经济。这也应是我们出书的重点，我们应尽快抓住这类选题。于是我便找到建设部科技司梁俊强处长，他表示了极大的热情，马上约见了科技司赖明司长交谈，进一步沟通。

我从《全民科学素质行动计划纲要》开始一直谈到出版社愿意在科技司的指导下做好这项工作。在此之前我们还搜集了大量信息，在建设部的网上看到了“建设部‘十一五’重点推广技术领域”和“建设部‘十一五’技术公告”，又看到了建设部仇保兴副部长、科技部尚勇副部长在“第二届国际智能、绿色建筑与建筑节能大会暨新技术与产品博览会”上分别作的“建立五大创新体系，促进绿色建筑发展”及“绿色建筑和智能建筑是建筑科技的重要创新和进步”的报告，又看到了《光明日报》“科技周刊”上的文章：“数字城市：离百姓生活并不远”、《中国建设报》上的文章：“绿色建材：通向节能环保的捷径”等资料。面对着如此丰富的信息，作为一个编辑，肯定会有许多联想。我们把酝酿已久的想法向赖司长作了汇报，一拍即合，赖司长满口同意，高兴地说，出版社的一些想法，科技司早就想做，几年来科技司组织了大量的科研、试点工作，有的并组织制定了标准、规范，素材有了许多许多，只是没来得及整理，想到一起了，信息交流得多么及时！

**3. 方案的提出**

有了建设部科研主管部门的支持，就要马上行动。回出版社后立即汇报，编辑室主任马上组织人力，深入研究，并得到社领导、主管在总编的支持与认同。针对“纲要”的要求及同科技司领导沟通的意见，反复讨论，又同科技司业务处多次沟通，写出了关于出版《城乡建设》科普丛书选题报告，提出拟出版《绿色建筑》、《智能建筑》、《数字城市》等9种图书，明确了读者对象，并对数字、插图要求、开本、文字表达等提出了明确意见。

**4. 方案的落实**

选题得到认可，便马上向建设部科技司递交了书面报告，将出版丛书的意图、做法及具体组稿要求一一作了全面汇报。这个报告很快得到建设部仇保兴副部长的批示，并同意担任编委会主任。

有了上级的指示，就要趁热打铁，组织力量行动，我们又多次同科技司吴副司长、业务处几位处长沟通，优选了作者，聘请主编，召开过两次会议。会上，出版社张惠珍副总编、责任编辑反复强调图书性质——旨在提高全民建筑科学素质的应用型科普图书；读者对象——城镇非建筑专业的知识层劳动者和广大居民、领导干部和公务员；表达方式——通俗化、口语化、趣味性，图文混合，尽量用漫画式图形表达，还有开本、文字、装帧等方面的要求，这些内容都是同主编多次沟通统一认识的。

**5．沟通中的几点体会**

第一，沟通要有明确的目标，充分体现编辑的主体意识。沟通要有的放矢，事先做好充分准备，收集、分析足够的信息，并有了初步的构思，找准沟通的对象，带着自己的想法去沟通，带着要解决的问题去沟通。

第二，沟通前一定要掌握充分的信息。内部，包括同领导、编辑室主任以及项目的其他人员，要充分讨论，信息共享。信息、数据是最能说服人的；外部的沟通是关键，还是那几条原则，以理服人，从国家的需要出发、从部门的中心工作着想，只在抓得准，一点就通，非常合拍，当然也要动之以情，譬如找熟人牵线，讲明出版社是有义务配合主管部门的工作，出版社有决心、有实力把这些工作做好等等，从感情上就拉近了距离。

第三，同作者沟通，特别这套书 9 本，9 位主编，来自各单位，大多是从事科研、设计与管理工作的专家，整天忙于自身的工作，对问题的认识、接受任务的程度肯定会有差别的。这里我们就要把起因、构思、要求、做法、意义等等讲得很细，大道理讲得很透，并且通报大家，此项任务得到建设部领导的认可与支持，是在部科技司指导下进行的。把真实情况报告给大家，把真实的要求告诉大家。写科普读物有一定的难度，虽然写专业科技图书、文章、科研报告，作者都是很内行，但有的可能是初次写科普读物，心中没有底，于是我们按照编辑室主任的要求，在市场上选择了五六本我们认为写得较好的科普图书发给大家，主编们看了看，很有启迪，把他们的思路引向了科普书。同专家们接触有时话不宜多，有一个榜样，有一条思路，有明确的要求就能解决问题，交流起来，作者相互启发，相互沟通，就能收到预定的效果。

第四，在沟通中还确实要动之以情，把出版社的概况介绍给大家，出版社是本系统的专业出版社，可以宣传一下本社的实力，出过哪些知名的品牌书，当前的出版形式以及今后的出版方向。文人对书都很亲的，在这里说不定还能聊出另外的选题来。有的过去就是我们的作者，可以叙叙旧；有的聊了几次，说我听你说话是某某地方的人嘛，噢，原来还是老乡，一下子距离拉近了；有的还是同学；有的过去很短暂的一段还是同事，这些都是有用的话题，都具有情感的因素。

第五，在此期间，还可以登门拜访，一来上门求教，以示谦虚好学，二来表示尊敬，有“三顾茅庐”之意。只要你真诚、真实，一般都会给面子的。我们多次拜访建设部科技司有关领导，谈得都很深入，很到位，收到了较好的效果。我们曾拜访过一位主编，她很热情，也很健谈，谈的也较深入，她欣然接受主编的任务，并很快写出了较好的提纲，对整套书起到了一定的推动作用。登门拜访一定要有约，最好去单位或方便交谈的地方，决不能搞突然袭击，不约而至，这也是不礼貌之举。

这套书开过了两次编委会，第二次提纲就比第一次提纲有了明显的进步、很大的飞跃。只要按策划意图进行下去，项目定会成功的。

从这个实例中看到编辑的主体意识多么重要！沟通多么重要！

# 试论科技图书的社会效益与经济效益 *

《中共中央关于社会主义精神文明建设指导方针的决议》明确指出“教育、科学、文学艺术、新闻出版、广播电视、卫生、体育、图书馆、博物馆等各项文化事业，都有各自的重要作用。……尤其是教育和科学，作为整个社会主义现代化建设的战略重点，如果得不到应有的发展，不但精神文明建设上不去，经济建设也将没有后劲。”这里足以看出科学技术出版的地位与作用是多么重要。接着“决议”又指出：“我国文化事业的社会主义性质，要求必须把社会效益作为最高标准。……并且进行文化管理体制的改革，改善经营管理，促进文化事业的蓬勃发展。”这给我们出版工作者指出了明确的方针和责任。图书出版是文化知识传播的主要工具，出版社是文化知识传播的主要阵地，它在精神文明建设中具有重要的地位和作用。作为一个社会主义国家出版社，一个严肃的出版工作者，一定要牢记出版物的社会效益是第一位的，也就是我们经常说的“质量第一”；并要勇于改革，确保经济效益。在目前的现实情况下，从总体来说，最高标准的社会效益是建立在好的经济效益基础上的。这两种效益的对立统一关系是客观存在的，正确处理这一关系就是一个十分重要的课题了。由于工作关系我下面仅就自然科学图书的社会效益与经济效益问题，谈谈自己的认识。应该说自然科学图书和社会科学、文学艺术类图书相比，有着它自身的特殊性。

## 一、自然科学图书的社会效益

首先要弄清楚自然科学图书的性质。自然科学图书是人类科技活动的总结，是人类在科学试验和生产活动实践中，顺应自然和改造自然中取得的关于自然现象及其关系的知识成果，是关于自然界具体规律性知识的理论体系，是人类智慧的结晶，也是社会意识的一种形式。自然科学图书的

* 本文为 1987 年 1 月在中央党校培训部写的期中学习论文。

内容来源于实践，又高于实践，它把人们的认识不断地推向前进，并上升成理论，它是经过思维加工过的各种物质运动形式的理论化、系统化知识，所以自然科学图书和其他类图书一样，也是精神产品，正像马克思所说：科学属于“智力劳动”，是“精神生产领域”。

但是，它又不同于其他类精神产品，因为“科学技术是生产力”这已是众所周知的了。邓小平同志就说过：“现在连山沟里的农民都知道科学技术是生产力”。其实马克思早已提出：“生产力中也包括科学”，“劳动生产力是随着科学技术的不断进步而不断发展的”。如把先进的科学成果撰写成专著或普及读物，发行到读者手中，先进的科学技术知识一旦被读者掌握，应用于生产实践，就会变为强大的活跃的社会生产力。其中能起到立竿见影效果是不乏其例的，能很快地转化为现实的、直接的生产力，促进了生产力的提高，所以更确切地说，自然科学图书应该称作知识产品，所谓“知识就是力量”不也讲的就是这个道理吗！

那什么是自然科学知识产品的社会效益呢？社会效益是一个广泛的概念，简单地说就是产品通过对社会的影响与作用所产生的有益效果，所以它应包括对社会的政治与经济的影响与作用。知识产品就其内容和本质来说，它不是物质的东西。它是首先通过对人的影响来对社会的政治与经济发生作用，是通过提高人们的思想认识、文化素质、技术水平，来激发建设社会主义的热情和积极性，从而转化为生产力。自然科学的进步、科学技术知识与理论，正是马克思主义产生和发展的重要基础。自然科学对经济的作用之大也是人所共知的。马克思曾经高度评价中国古代三大发明时指出：“火药、指南针、印刷术——这是预告资产阶级社会到来的三大发明”。又如大家都清楚，如果没有 18 世纪下半叶开始的以蒸汽机的发明和利用为标志的技术革命，就不会有现代化大工业。这些足以说明科学技术（包括科技知识产品）对社会经济、政治影响是何等大！

如何具体评价自然科学知识产品的社会效益呢？我以为主要是看它是否有利于发展社会生产力。社会主义社会的根本任务就是发展生产力，而科学技术本身也是为生产服务的。显然其有益于产品就要有益于生产力的解放与发展，能推动经济体制改革，也就是要促进生产关系的完善，总之要有利于物质文明建设。那些伪科学以及宣传封建迷信的产品，就不可能是有益的。还有，有益的知识产品必须是有利于智力开发、有利于科学文化事业的积累。自然科技知识产品是自然科技知识教育与传播的主要手段，学生用的教科书，工程技术人员继续教育的理论读物，广大工农兵群众学习技术的科普图书，这些都是人才培养、智力开发必不可少的工具。再有，自然科学技术的继承性要求自然科技图书必须具有科学文化积累的功能，这些都是衡量科技图书社会效益的标准。当然，自然科技知识产品与社会科学、文学艺术类产品是有所区别的，但是科学也是一种精神力量，在社会主义条件下也是建设精神文明的强大力量，它也有一个对于人们思想觉悟、道德水准以及对整个政治思想建设产生作用和影响的问题，这也是衡量它的社会效益的一个重要方面。因此，自然科技图书的社会效益同样应该是科技出版工作者的最高标准。

## 二、自然科学图书的经济效益

前面所谈的社会效益为最高标准，是相对于精神产品的生产部门的经济效益而言。社会效益已包括对社会的政治和经济的作用，但这里指的是宏观经济。现在要谈的是微观经济，即出版部门的经济核算、管理问题，这也是一个极其重要的问题。因为目前国家要求出版部门实行企业管理，要实行经济核算。出版部门要实现好的经济效益，以求得自身的发展，并为国家创造一定的财富，就要把微观经济搞活。现在各出版社在这方面是下了很大工夫的，要实现好的经济效益，就必须按经济规律办事。

首先要弄清楚科技图书的价值。图书的生产分为两个阶段：第一阶段是作者编写书稿、编辑审稿加工阶段，是以复杂的脑力劳动为主的生产过程。第二阶段是将合格的书稿交付排字、印刷、装订成册，是物化阶段。然后进入流通领域，拿到市场上出售，因此，图书是以商品的形式进行交换。马克思在《资本论》中就以一本圣经、二十码麻布、二英镑等举例说明商品交换原则，并指出：“圣经就作为物品来到织布者的家里，满足他受教化的需要”，这便形象地说明图书的商品性。既然图书本身是商品，那么在图书的生产与流通领域就必然存在价值规律。

马克思在讲述资本主义剩余价值规律时提出 $W=C+V+m$（即产品价值 = 不变资本价值 + 可变资本价值 + 剩余价值）这样一个公式。马克思的这个观点同样可用来分析社会主义生产。由于社会主义建立了生产资料的公有制，就从根本上改变了劳动者和生产资料相分离的状态，劳动者和生产资料相结合，劳动者成了生产资料的主人和社会生产的主体，从而排除了人对人的剥削关系，劳动成果自然全部归劳动者所有，剩余价值就不存在了，但这部分价值是客观存在的，只是与资本主义有着本质的区别，应该被认为是社会的必要价值：一部分是企业留成，为企业扩大再生产提供资金，另一部分是国家收入。所以马克思的这个公式，在社会主义条件下可以称作为必要价值规律，即 $W=C+V+B$（$B$ 为社会必要价值）。

现在来看看图书生产的必要价值规律。$C$ 是不变资本，是转移价值，这和其他物质生产一样，$V$ 是可变资本，即必要劳动，指的是个人必要价值。我认为在这里不仅应包括从书稿到印成图书的物化劳动阶段所支出的 $V_1$，还应包括作者、编辑所付出的具有创造性的脑力劳动所支出的 $V_2$。并且 $V_2$ 比 $V_1$ 的价值量要大得多，这也是马克思在论述复杂劳动与简单劳动的区别时已经阐明了的道理，这就是脑力劳动者的报酬应高于一般体力劳动者的报酬的理论根据，但是这条规律并未被一些人所认识，却往往出现相反的现象。同时对 $V_2$ 很难计算，以致出现对各种知识产品，譬如撰写书稿、技术转让、技术咨询等的报酬差别很大，因为稿酬相对的低，目前就出现了科技书稿写作的低潮，这些问题都应该在经济体制改革中予以调整。最后一个 $B$，即劳动者创造的社会必要价值。这里必须指出知识产品所创造的社会必要价值是远远大于 $V$ 的，因为知识产品不仅有着看得见的现实的、直接的经济效益，更大量的是那些潜在的、引导性的效益。1984 年《黑龙江日报》登载了一条消息："一本书救活了一个厂"。讲的是中国建筑工业出版社出版的《水处理新药剂——碱式氯化铝》，该书定价 1.15 元，印 6500 册，按成本估算，这本书对出版社来说利润空间是很小的。黑龙江伊春县某化工厂是生产结晶氯化铝的，由于工艺落后，建厂不到两年就亏损了 50 万元，后来见到了这本书，按照书中的内容进行改造，一年利润就达 30 万元，使这个厂起死回生。还有，李四光的地质科研成果及其普及，发现和勘探出了大庆等许多油田；工程建设采用优化设计，为国家节约成百上千亿的财富，等等。这里既有现实的效益，更有潜在的效益，特别是有些学术理论著作，它的潜在的、引导性的效益是无法估量的。因此出版社，特别是编辑一定要重视这类图书的出版。这些都是社会必要劳动的一部分，是无偿贡献给全社会的。

从上面所谈的观点来看，要承认脑力劳动所创造的价值大，因为必要劳动中的 $V_2$ 和 $B$（脑）的效益大，因而给予较高的报酬是符合按劳分配原则的。同时稿酬、科技发明奖励、技术咨询费用等采取优惠的政策也是必要的。国家应制定统一的政策，以鼓励知识劳动者为发展社会生产力作出更大的贡献。过去我国经济建设中科技水平提高不快，新技术得不到迅速推广，扩大再生产总是以外延的形式进行，这些弊端不能不说是与没有正确处理劳动与报酬的关系有关。在出版社内部也应该以对效益贡献的大小、复杂劳动与简单劳动的差别拉开奖励的档次。这样才能组织好高质量图书的出版，为国家作出更大的贡献，也才能把出版社的微观经济搞活。

出版工作中表现出的另一个较大的问题是图书的价值与价格背离非常突出。图书的价格很少考虑它的价值，主要是按照印张（即用纸量）的多少而定价，只反映了图书生产物化过程中的劳动耗费，而没有包括脑力劳动创作过程中的劳动耗费，并且价格一定就固定不变。印数大的可能盈利，印数少的很难保本。因此就出现了一些怪现象，如专业面较窄的图书、高深的理论著作出版很困难，因为这些图书读者少，印数就少，出版社要出这些书，就要赔本。而一些专业面较窄的出版社要想盈利又怎么办呢？那只有跳出它的专业范围,这不就出现了大家都抢着出版那些“热门书”吗？而如中小学复习题材的图书就泛滥成灾。这样下去，又怎么不会出现“出书难”、“卖书难”的局面呢！因此，改革不合理的书价体系是目前至关重要的问题。

我国图书的价格，同解放前相比要低；同国外相比，更是低得多。这种低书价政策，当然是同我国的低物价政策一致的，是社会主义制度优越性的具体表现，但现在看来也存在不合理的因素。特别是图书，它作为知识产品，它的使用价值不像物质产品那样会在消费中耗尽，相反，图书的使用价值相对地比较稳定，它的消费常常是在为知识生产的扩大再生产创造条件，它一投入消费过程，就被人们转换为新的生产资料，正像中共中央和国务院《关于加强出版工作的决定》中所指出的：“任何一种先进思想和科学文化知识，一经成书出版发行，就会传之久远，在更大的范围和更长的时间内发挥作用”。所以在决定图书的定价时，不仅要考虑它的价值，还要考虑它的使用价值的特殊性。

## 三、社会效益与经济效益的统一

一般来说，图书的社会效益主要取决于它的内容质量，也就是脑力劳动的成果，当然有的图书与它的外在质量，如印刷、装订质量、出版周期也有一定的关系，但不是主要的。而其经济效益，从目前的价格政策看，主要取决于它的印数，即销售量。销售量多，经济效益就好，反之，效益就差。质量好和数量大时，两种效益就统一。

在实践中知识产品的质量和数量并不总是统一的，它们的统一是相对的，有条件的，矛盾会经常出现。因为图书的印数，不仅仅决定于它的质量，更多的是决定于读者面和它们的需求量，但这是就一种图书而言。我认为作为一个出版社整体，在坚持以社会效益为最高标准的前提下，也能收到较好的经济效益的，是能作到两个效益统一的，也应该努力去实现两者的统一。第一，注意图书品种出版的合理构成，少数人阅读的高档的学术理论著作要安排出版，决不能因为有些高档图书印数少，要亏本，就不安排出版，因为这类图书往往它的潜在效益、引导性效益很好，忽视了这类图书的出版，图书的出版构成便会畸形发展，会造成科技、文化事业的重大损失。读者面较广的中间层次的工具类和教材类图书，以及普及读物等均应尽量多地予以安排。因为这类图书的读者面广，影响大，也是社会效益与经济效益都好的书，要尽快满足广大读者的需要，这样就可以做到以多补少，以丰补歉。第二,一般高质量的图书，生命力也强，确实要在选题上作文章，在质量上下工夫，这样许多图书就可以不断重印，建筑工业出版社近几年的重印率都在出书品种的40%左右，一方面说明这些书的质量高，市场需要，受到读者欢迎，另一方面重印书成本低，出书周期快，盈利大，这也是建工出版社这几年盈利的主要原因。而国外的许多出版业，重印率还要高得多。第三，加快出书周期，一方面能尽快满足市场的需要，一方面加快了资金的周转，湖南出版界在这方面有很好的经验。此外，如果国家在经济政策方面施加影响，加强控制，如限制某些消闲类图书的利润率；减免那些高质量的学术类著作的税收，等等。我想，只要按经济规律办事，国家加强宏观控制，出版事业是能搞活的，是能实现社会效益与经济效益的统一的。

## 附：“试论科技图书的社会效益与经济效益”评语

该论文以科技图书的社会效益和经济效益为研究对象。首先，作者分析了社会效益。在这里，作者给社会效益下了明确的概念，然后阐述了评价社会效益的三项基本标准：是否有利于发展生产力；是否有利于智力开发；是否有利于科学文化的积累，其中第一项是根本的。其次，作者分析了经济效益。在明确了概念之后，作者研究了科技图书的价值和价格。作者认为，科技图书的价值由 $C+V_1+V_2+B$ 构成，其中 $V_2$ 创造的价值比 $V_1$ 大，自然，$B$ 中脑力劳动创造的价值也比体力劳动创造的大，因此，脑力劳动者的稿酬应该提高，这是符合按劳分配原理的。作者还认为科技图书的价格只反映图书生产物化过程中的劳动耗费，而没有反映脑力劳动创作过程中的劳动耗费，因此实际上价值与价格背离相当之远，价格偏低，这是应该在实践中改革的问题。最后，作者结合工作实践经验，论述了科技图书的社会效益和经济效益相统一的必要性和可能性。

该文选题新颖，全文紧扣主题，结构严谨，层次分明，观点明确，论证有一定说服力。该文关于科技图书价值和价格的研究，具有一定开拓性，并且对我国稿酬制度和书价体系的改革有一定参考价值。

评阅教师：（中央党校）政治经济学教研室　莫扶民

1987 年 3 月 18 日

# 试论科技出版改革中的几个问题 *

出版部门如何把社会主义商品经济的要求同社会主义精神文明建设的要求结合起来，是我们面临的一大课题，迫使我们从理论上和实践上进行深入的研究和探索。目前整个出版界无论是出书数量的增长，还是出版社的增建，其规模都是前所未有的，但出版界的改革、经营的改善却是缓慢的，落后于其他经济部门和文化部门。为了深化出版界的改革，有必要把社会效益与经济效益的关系、价值与价格的关系等问题探讨清楚，这样才能采取措施增强出版社的活力，制定合理的书价及税收政策，搞活出版社的经营。出版界改革起步很晚，大家正在摸着石头过河，相信一定会走出一条具有中国特色的道路。下面我仅就科技出版社改革中的几个问题谈一点肤浅的认识。

## 一、社会效益与经济效益

《中共中央关于社会主义精神文明建设指导方针的决议》明确指出："我国文化事业的社会主义性质，要求必须把社会效益作为最高标准。"这是因为出版物，它不仅是物质产品，具有一般商品的属性——使用价值和价值，能满足消费者生活上或生产上的需要，而且它又是精神产品。因为就其内容来说，主要是满足人们精神生活的需要，反映的是思想，是科学技术。科技出版部门组织科学技术成果的出版。科学技术（我这里指的主要是自然科学）它不仅是强大的活跃的社会生产力，它还是一种重要的精神力量，是社会主义精神文明建设的重要组成部分，人们文化知识的扩展、思想觉悟的提高、社会精神面貌的改变等都与科学技术的发展有着直接的关系。因此科学技术出版物同样也是一种精神产品，这就理所当然地要把社会效益放在第一位。

---

* ①本文为 1987 年 6 月在中央党校培训部学习期间写的毕业论文。

②本文第二、三两部分内容曾刊载于：中国出版工作者协会科技出版工作委员会．科技出版，1988 年 1 月。

什么是科学技术出版物的社会效益？这是一定要弄清楚的问题，它对于认识科技出版社的性质、促进科技出版社的改革、开放、搞活至关重要。所谓社会效益，无非是指它对社会所产生的政治与经济的影响和效果。邓小平同志多次强调："社会主义阶段的最根本任务就是发展生产力"，"社会主义的优越性就是要逐步发展生产力，逐步改善人民的物质、文化生活。"他在谈到共产主义时还指出："只有生产力高度发展，科学技术高度发展，才有可能实现按需分配。"因此，检验出版物的社会效益，尤其是科技图书的社会效益，最根本的一条就是看它是否促进社会生产力的发展。马克思主义关于科学技术是生产力的道理已是众所周知的了。马克思曾指出："劳动生产力是随着科学和技术的不断进步而不断发展的。"科学技术图书是科学理论和技术成果的结晶，它总结了人类关于自然、社会和思维各个领域事物的具体规律性知识的理论，它是人们经过思维加工过的各种物质运动形式的理论化、系统化知识的载体，它是以人们生产活动为研究出发点而得到的经验的认识的载体。将这些理论与知识传播开来，普及下去，一旦被广大群众所掌握，便会转化为社会生产力，不断把人们对客观世界的改造提高到新的水平，创造出更多的物质财富。因此科技图书与生产力的关系，是衡量其社会效益的首要标准就是不言而喻的了。

社会生产力的提高不是一句空话，它是以提高社会经济效益为表现形式（这里所讲的社会经济效益是指宏观经济效益，指社会生产力水平和劳动生产率的提高，而不是指出版社本身的经济收入）。1984年《黑龙江日报》报导了一条消息："一本书救活了一个厂"，讲的是伊春县化工厂花了1.15元买了一本中国建筑工业出版社出版的《水处理新药剂——碱式氯化铝》，按其工艺改造该厂，结果使其年亏损30万元转变为年盈利30万元。与此类似的情况是不乏其例的。李四光对地质力学的研究，导致了大庆等一大批油田的发现，华罗庚的统筹法的普及，使许多工程和生产受益，社会经济效益显著提高。从促进社会生产的发展这个意义上说，社会效益和经济效益是统一的。

检验社会效益还有一个表现为潜在的可能的生产力问题，如学术理论著作、专业教材、科普读物等，它在未加入到生产过程以前，还不是直接的、物质的生产力，但它发挥着开发智力、培养人才的巨大作用。通过这些出版物，可以不断地提高读者的认识能力以及全民族的文化和科学技术水平，这对于一个国家的生产力的发展，有着特别重要的意义，这也是衡量科技出版物社会效益的重要标准。

科学技术的继承性决定了科技图书的另一个功能是积累科学文化。马克思认为：科学研究活动是“部分地以今人的协作为条件，部分地又以前人劳动的利用为条件。”科技图书是把今天的科学技术传播给后人的重要途径，这也是检验科技出版物社会效益的又一个标准。

上面谈到了科技图书的宏观经济效益是与其社会效益统一的，社会效益好，其宏观经济效益就好；如果社会效益不好，它对人们的精神文明建设、对生产力的发展必然会起破坏作用。

社会效益与微观经济效益（这里指的是出版部门的经济收入）又是一种什么关系呢？从目前的图书价格体系（这里有许多不合理因素，下面要谈到）来看，两者有时是统一的，有时是矛盾的。因为决定出版部门经济效益的不完全是出版物的质量，而主要是印数。一种出版物印数越大，微观经济效益就越好，而有些质量并不高的消闲类图书，因为迎合了一部分人的需要，它的印数可能很大，微观经济效益可观。而某些高质量的学术理论著作，由于读者面小，印数就少，出版社就要亏本（因为定价限制得很死），这种情况是经常出现的。这是就一种图书而言，可能出现两个效益或统一或矛盾，但就整个出版社来说，从总体来看，是可以做到统一的。只要我们真心下工夫抓好图书的质量，了解读者的需求，调查出版物市场需要，是能作到社会效益好的图书，其印数也不会少的，出版部门的经济收入也会好。只有狠抓双效益好的图书，才有实力和可能出版那些社会效益很好但印数不大的图书，也就是所谓“以书养书”，以盈补亏，以求得自身的发展。很多出版社正是这样来规划自己的工作，做到了双效益都好，得到了社会的好评。

## 二、价值与价格

马克思在《资本论》中指出：“一切艺术和科学的产品，书籍、绘画、雕塑等，只要它们表现为物，就都包括在这些物质产品中。”他还以二十码麻布、二英镑、一本圣经举例说明商品交换原则。图书是物质产品，是商品，经典著作已有所论述。实际上，出版物一直是作为商品在市场上进行交换的。它既是商品，就具有使用价值和价值，在生产和交换过程中就必须遵循价值规律。所谓价值规律就是商品的价值量由生产商品的社会必要劳动时间决定，商品之间以价值量相等来进行交换的规律。但是从我国目前的图书价格与图书市场来看，价值规律并没有发挥作用，甚至是违背了价值规律原则的。

第一，目前图书的定价只计算了图书生产物化过程的劳动耗费，而没有考虑创作和编辑过程的脑力劳动耗费。商品的价值是人付出的脑力和体力劳动在商品中的凝结。而科技理论著作的完成，往往耗费的社会必要脑力劳动时间要比社会必要体力劳动时间多得多。那么图书的定价就应该把社会必要脑力劳动时间作为主要计算指标，而社会必要物化劳动时间为次，这样就把高质量的学术类著作同那些编纂性的资料性著作的定价档次拉开了。高质量的学术著作价值量大，它的使用价值也很稳定，它不像一般物质产品那样会在消费中耗尽。相反，它在消费中常常是在为知识生产的扩大再生产创造条件，被人们转换为新的生产资料。只有单位定价档次拉开了，正像许多物质产品的名优产品和一般产品的价格拉开一样，才会有竞争力，才能在出版高质量图书上展开竞争。这样就不致出现由于学术著作的印数少而亏本，也不会出现片面追求出版大印数图书的现象。靠行政干预要求出版学术著作、限制消闲类图书的出版，其作用并不显著。这也是为什么多年来一些武侠小说、中小学生复习题解这样的图书泛滥成灾的原因。一定要学会按经济规律办事，用价值规律来引导才是根本办法。

第二，图书的定价没有考虑印数的多少，其实质是不以图书的成本为主要依据。相同字数的同类图书，印 1000 册与印 10 万册都是同一定价。在这里也可以看出，这种定价原则仅仅考虑的是产品物化劳动消耗，因为在这种情况下，就每一本图书而言，其物化劳动消耗大体上是相等的。而社会必要脑力劳动耗费，同类图书基本上相等，但转移到每一本图书上的耗费就不相等了，印数多的每一本必然负担耗费少，印数少的耗费多。也就是说印数多的图书，其成本要降低，印数少的图书，成本自然要高，其定价就不应相等，这才符合价值规律。

第三，目前图书的交换价值也违背了以价值量相等来进行交换的规律。一般图书，印数在 1 万册左右，它的定价才能保持其物化劳动的成本价，许多图书是低于这种成本价的。而国内的家用电器产品价格高达数千元，就是同一般日用产品相比，价格也相距悬殊，这是极不合理的现象。这是整个国家物价政策的大问题，一定要逐步调整，否则将不利图书出版事业的发展。

当然，目前大幅度提高书价是不现实的，但对上面提到的不合理现象应该采取措施予以调整，完全可以利用税收杠杆，制定各类图书的税收标准进行控制。和一般企业单位一样，要征收各种税收这是必要的，但不可一刀切，应有所区别。对那些学术价值高印数又少的图书以及定价低的教材等图书，应减税或免税，甚至于拨专款补贴，而对那些大印数的消闲类图书课以重税，这似乎应该是好办的。

只有按价值规律来管理图书出版工作，使价格基本上接近价值，出版界才会形成竞争，出版工作的改革才会深化。

## 三、宏观控制和微观搞活

根据出版物两重性的特点——既是精神产品又是物质产品，这就决定出版部门改革的特殊性。改革、开放、搞活是我国社会主义建设的总方针、总政策，已是不可逆转的大趋势。国务院领导同志在今年（1987年）的政府工作报告中指出："以生产和传播精神产品为主要任务的各项文化事业，当然也都应该积极改善经营，努力提高经济效益，但必须坚持以社会效益作为最高标准。"

要保证出版部门把社会效益放在首位，就要加强宏观控制。首先，要把好选题关，要根据党的出版方针、国家的技术政策以及出版社的分工，安排好选题；选题、书稿内容要坚持三审制；要把反对四项基本原则、伪科学以及淫秽等内容控制住，把好关。其次，安排好各类出版物的出版，各个读者层次需要的图书的比例要安排合理，要把"四化"建设和社会主义精神文明建设所需的读物始终摆在重要位置上，要尽力满足大多数读者的需求，消闲类图书也可以出一点，但要加以控制。只有宏观上控制好，那些重点图书、骨干工程、高质量的学术理论著作的出版才会有保障，出版部门才不会迷失方向。

所谓微观搞活，就是要求出版部门要按经济法则组织好生产（包括组织书稿的编写、审稿、加工等脑力劳动和排印物化劳动两个阶段的生产）。目前，科技出版社要解决好几个突出问题：一是提高出书质量，这是图书生命力的重要体现，面向经济建设多出好书；二是缩短出版周期，使科学技术成果尽快与读者见面，迅速转化为生产力；三是真正把职工劳动报酬同他们的劳动贡献更紧密地联系起来，重视励激机制，正确处理好各方面的利益关系。

要多出好书，首先要调动编辑人员的积极性，编辑工作是出版工作的中心环节，抓住重点，才能带动一般，才能把出版社搞活。今年国务院《关于进一步推进科技体制改革的若干规定》指出："逐步实行科研机构所有权与经营管理权的分离，是深化科研机构改革，增强科研机构面向经济活力的一项重要方针。”国务院领导同志在今年的政府工作报告中也提到:“要把改革的重点放到完善企业的经营机制上，根据所有权与经营权分开的原则，认真实行多种形式的承包经营责任制，使企业真正成为相对独立的，自主经营、自负盈亏的经济实体。”大多数出版社是事业性质的按企业经营的经济实体，这些精神完全应该指导出版社改革的深化。科技出版社完全可以像科技部门那样实行集体承包责任制，规划好图书质量目标、重点书指标、经济效益指标。编辑部门有了自主权,增强了责任感,责权利统一。真正调动编辑人员的积极性，许多问题就好解决，如某些组稿难的选题也可以实行招标的办法，择优选用作者。有的专业编辑人员不足，也可以实行横向联合，还可以借用项目管理的办法来组织书稿的生产。这样重点图书出版规划就能落实，编辑人员就会主动地在多出版双效益好的图书上下工夫，就有助于使整个出版社由单一的生产型向生产经营型转变。经济效益对出版工作者来说虽是第二位的，但它终归是出版社自我积累、自我改造、自我发展的内在动力。

出版周期长是影响出版事业发展的又一个亟待解决的老问难。北京、上海这些出版社集中的地区，出版周期达一年左右，科技图书的出版周期更长，全国平均周期为280天，而日本仅一二个月。出版周期长，使得先进的科技成果推广、普及慢，转化为生产力的周期长，并严重积压印刷材料，资金周转慢。这当然一方面是我国的印刷技术落后、印刷设备陈旧所致，但也有管理上的问题。这种局面非下大力气改变不可。一方面要引进先进设备，采用电子照排技术，但这不是一下子能办得到的。目前主要是要采取措施改善经营管理。湖南省的出版社与印刷厂订立出版合同，近年来已把出版周期缩短至100天左右，这确实是一项切实可行的办法，又一次证明只有运用经济规律办事，才会促进生产力的发展，应该全面推行出版印刷合同制。

随着改革的深化，原有的利益结构和分配关系将逐步被突破，新的合理的利益结构和分配关系将逐步形成，所以一定要处理好各种利益关系。目前许多出版社编辑部门是实行以发稿品种和字数为指标的定额管理制，当然这对打破“吃大锅饭”的体制，对生产的发展起了一定的积极作用，但它的弊端往往是追求数量。奖励决不能停留在数量的超额上，要把注意力转移到提高图书质量、提高效益上来，要重点奖励那些社会效益、经济效益双好的图书的编辑人员。其他部门也应实行任务承包责任制，围绕着提高出版质量、缩短出书周期和经济效益等进行奖励。其实这些办法在改革开放初期许多部门就已实行，并被实践证明是行之有效的好办法。只有这样才能调动全体职工的积极性，双效益才有保证，出版工作才能搞活。

## 四、独家发行与多家经营

图书市场的活力是出版事业繁荣的重要标志。我国图书发行体制一直是由新华书店独家经营，统购包销。这种体制是不重视商品经济的产物，它的弊端是显而易见的：一是独家经营，没有竞争，连出版社自办点发行都阻力重重；二是印数由新华书店确定，全部由它包销，出版社没有主动权。在商品经济不断发展的形势下，这种体制显然是不适应的。近年来出现了图书脱销与积压严重并存的现象。某些图书几家出版社重复出版，新华书店盲目进货，造成大量积压。库存总数由 1985 年 6 月的 10.5 亿多元上长升到 1986 年 9 月的 15.8 亿元，因而大量积压资金，造成新书订货萎缩，1986 年 1 季度新华书店向全国征订的 275 种图书中竟有 53 种一本也没有人预订。这使多年来存在的买书难、卖书难、出书难的矛盾在一定程度上有所加剧。新华书店订数萎缩是不是说明图书市场已经饱和了呢？绝不是！新华书店 1985 年销售额比 1984 年增长 36%，去年上半年又在此基础上增长 23%。去年全国举办了 40 多次书展、书市，销售十分兴旺，售书额之大出乎意料。还有的图书长期脱销，读者意见很大。毫无疑问，这是旧体制的必然结果，严重影响了出版事业的繁荣发展，必须加快改革、开放、搞活步伐。

增加流通渠道，减少流通环节，这是搞活市场商品经济的重要措施，这几年我国生活资料市场如此活跃，正是由于开辟了许多流通渠道的结果。以国营商业为主，允许一些厂家销售一部分自己的产品，鼓励集体、个体经商，因而市场繁荣，深受群众欢迎。图书经销同样地应当如此。以新华书店为主渠道，同时鼓励各出版社自办部分图书发行，办专业书店，扶植集体经营的书店和个体书摊。多条渠道，形成竞争，相互促进。图书经销，同样可以搞产销见面，今年举办了几次图书看样订货会，异常活跃，效果很好，改变了过去“隔山买牛”的现象，产销见面，能较准确地确定印数，因而今年的印数又有回升的趋势。出版社还应加强横向联系，建立出版社之间的联合发行网，搞社店联合，同专业单位联合，直接向联合体征订发货，减少了许多流通环节，提高了效率。1985 年 6 月《中共中央、国务院关于加强出版工作的决定》中，第一次明确提出了要“逐步形成以新华书店为骨干的、多种流通渠道、多种经济形式、多种购销形式、减少流通环节的图书发行网。”这种改革刚刚起步，应加快步伐。

改革统购包销形式也是势在必行，有利于调动经销者的积极性，也有利于出版社的经营。过去都把编辑部门视为清水衙门，编辑人员只管出书，不管卖书,没有经营观念,因而生产与销售脱节。包销改为经销和寄销制度，出版社有了发行的主动权，可以使每本书体现出版者的意图，可以使编辑人员更加关心图书的命运，加强经营意识。特别是科技出版社，编辑熟悉图书的内容和特点，了解专业读者的需求，掌握专业读者的分布情况，能够有针对性地开展征订和发行工作。事实证明，目前不少出版社自办发行，不仅取得了良好的社会效益，也获得了很大的经济效益，是大有作为的。

总之，出版工作的改革起步很晚，许多问题有待我们去认识，去探索，只要我们真正搞清了出版社的性质，掌握了出版物的特点，出版工作全面改革是会有一个较大的突破的。

## 附:《试论科技出版改革中的几个问题》评语

该文较全面地研究了科技出版改革中的重大问题，在出版物效益方面，区分了社会效益和经济效益、宏观经济效益和微观经济效益，论证了社会效益同宏、微观经济效益的关系；在出版物价值和价格方面，指出当前存在价格背离价值的弊病；在出版物的管理方面，提出根据出版物两重性特点有效地进行宏观控制和搞活微观；在出版物的流通方面，提出要打破独家发行局面，走多家经营路子。

作者对科技出版改革的研究是深入的，对问题症结抓得准。能熟练地运用经济理论与科技出版改革这个新问题。文中关于社会效益评价的观点，关于出版物价值构成不仅应包括物化过程的劳动耗费，还应包括创作物编辑过程的脑力劳动耗费的观点，有新意。该文对科技出版改革工作，有参考价值。

该文选题新颖，立论明确，论证充分，理论联系实际，材料翔实，层次分明，行文流畅。

评阅教师：（中央党校）政治经济学教研室　莫扶民

1987 年 7 月 12 日

# 编辑加工是提高书稿质量的重要保证 *

## ——为庆祝人民交通出版社建社 40 周年而作

编辑加工是审稿的延续，也是对作者创作活动的补充。具体地说是在审稿的基础上对书稿进行修改、整理，使其符合出版要求的一项极其重要的工序。就其整个编辑过程来说，是花费时间最多、碰到问题最复杂的一项工作。“加工”一词最初用于工业生产，一般是指工业生产中改变原材料、半成品的形状、尺寸、表面状态或性质，使之符合规定要求的各种工作的总称。同样，精神产品的生产过程，也需要加工。作者将自己的研究成果或搜集的素材，经过自己或他人反复加工、整理，才能形成书稿。书稿交出版社审稿后，确认具有出版价值、出版水平，也还要经过编辑加工和技术处理，才能交付排印。有人把编辑比作美容师，编辑加工就是图书美容术，能使书稿“蓬头垢面来”，“白面书生去”。

### “一字师”的启示

我国唐宋时期有过“一字师”的故事，是鼓励大家都来改诗，谁改得好就为师。前人并有“世人著述不能无病”、“文不厌改”的说法。白居易曾指出：“凡人为文，私于自是，不忍于割截，或失于繁多，其间妍蚩，益又自惑；必待交友有公鉴无姑息者，讨论而削夺之，然后繁简当否，得其中矣。”还有大家都很熟悉的伟大文豪鲁迅的一首诗，其中两句是：“忍看朋辈成新鬼，怒向刀丛觅小诗”，是将原来的“眼看”改为“忍看”，“刀边”改为“刀丛”。这一修改，虽是一字之差，却更深刻地表达了鲁迅先生当时的愤慨和对敌人的刻骨仇恨。大师之作，还要不断修改，精益求精。而科技图书的作者几乎都是非专职作家，他们是本专业的行家，但往往对写作的要求及规范就不见得太熟悉，对他们的书稿进行加工，应该看成是对

* 本文刊载于：庆祝人民交通出版社成立 40 周年论文集 . 北京：人民交通出版社，1992.

作者创作活动的一种补充与完善。

一部书稿的形成，是一项极其复杂的创造性劳动，在丰富实践经验的基础上，作者还要经历年复一年，甚至半辈子的写作。而往往一部好的书稿的完成，不仅是个人成果的经验总结，而应该看成是集体劳动的结晶，具有一定的社会性。个人的精力和知识是有限的，要受自身所处环境、条件的限制。特别是一部几十万字的书稿，总不可避免地要涉及一些政治性问题、政策性问题；从科技内容到文字表达、标点符号、计量单位、书稿格式等等，任何人都不大可能考虑的尽善尽美。就是名家之作，也不要迷信，“智者千虑”，也“必有一失”。对书稿进行加工，自然是不可缺失的工序。

## 编辑把关与文责自负

编辑是组织图书出版的岗位责任者，审稿是“把关”，加工也要“把关”。把质量不高的书稿加工成符合出版要求的书稿，这就是把质量关。编辑要对图书的质量负责。

一部书稿，既要求编辑把关，又要求“文责自负”，似乎是矛盾的，其实不然，两者的目的是一致的，都是为了保证质量，向社会提供高质量的出版物。应该看成是矛盾的统一体，互为补充。

“文责自负”，顾名思义，就是作者要对自己的书稿从政治观点、科技内容到文字表达等各方面全面负责。书籍一经出版，就会有读者，就会在社会上产生影响，因此“文责自负”对作者来说不仅是保持自己声誉的个人问题，更重要的是对人民负责的社会问题。这就要求作者不仅应是具有真才实学、经验丰富的专家，而且还要求作者有严谨的治学态度和对读者负责的高度责任感。

我们不能因为“文责自负”，就放松，乃至放弃编辑加工的“把关”责任，国家在《图书出版管理规定》中明文规定：图书出版实行编辑责任制度，并建立了严格的“图书质量管理规定”和“图书质量保障体系”。这是每一个编辑都应熟悉严格执行的岗位责任。也不能因强调编辑把关，而把作者的书稿改得面目全非。编辑加工时一定要尊重作者的劳动，保护作者的观点，保持作者的风格。重大的修改和重要的增删，要同作者商量，最好请作者自己修改，不能“越俎代庖”，决不能乱砍乱删。作者的学术观点，只要没有违背现行政策和法规，言之有理，就要加以保护。当然要坚持原则，对有争议的观点和材料，编辑有责任提出意见。对某些非原则性问题，不能强人就己。只有这样，

"百家争鸣"的风气才能盛行。每个作者在书稿的形式和文字表达诸方面，都有自己的风格，这是一种客观存在。所谓"文如其人"就是这个道理。编辑加工时要分析作者的风格，学习作者的风格，依着作者的路子改，要尽可能利用作者原来的结构形式、原来的那些词汇，以保持作者的风格。只有这样，才能创造出多种不同风格的生动活泼的形式来，"百花齐放"的局面才有保证。

编辑把关和"文责自负"只是分工的不同，对编辑来说，既要履行自己的职责，又要尊重作者；对作者来说，这是自己应有的权利，也是自己应承担的义务。

## 锦上添花与画蛇添足

编辑加工是一项非常复杂和细致的工作，他要对内容、结构等作出整体估量，又要对数据、文字等仔细推敲。编辑加工书稿就像把璞玉雕琢成光彩夺目的玉器一样，要精雕细刻。

个成熟的编辑，往往养成了一些为作者所不易具有的职业特长。经过长时期的工作实践与职业磨炼，常常具有较高的政治和政策敏感性，又往往兼有"杂家"的专长，掌握了较广博的业务知识；还善于挑剔书稿中文字表达和标点符号等的毛病；并习惯与对比和考证，易于发现书稿中的缺点和不足。拿到一部书稿，往往要从内容到形式，从观点到数据，从语法到用字，从符号到数据，都要周密思考，反复琢磨，然后才下笔修改。修改一定要有根据，有说服力，改要改得恰到好处。有人说加工书稿要"十目一行"，就是说一定要肯下功夫，多看，反复比较，这样加工的书稿质量才有保证，才能作到"锦上添花"，给书稿增色。

加工书稿来不得半点疏忽，如果一目十行，敷衍了事，非出差错不可。许多错误，都是由此造成的。譬如由于作者的粗心或抄稿的大意，一字之差造成意思的完全相反，一个小数点之误，造成了经济上的重大损失，这样的事故屡有发生，不少也是由于编辑加工没把住关所致。此外，编辑加工时发现疑点不认真查证，而是凭自己不十分可靠的记忆或想当然，随意修改，结果闹出许多笑话，真可谓无事生非，画蛇添足。

## 准确、规范……齐清定

编辑加工是将书稿加工成符合出版要求的成品，因此必须使书稿达到准确、规范、统一、简明、齐清定……

●准确。编辑加工的主要目的是改错，即找出书稿的疑点、错误和不妥，然后改正之。首先要求准确，不能将错就错，更不能将正改错。这里要特别注意两个问题，一是政治和政策性问题。书稿的内容和观点要符合党和国家的现行方针、政策，包括技术政策、经济政策、管理政策。引用文献资料和经典著作时意思要完整，针对性要强，决不能勉强，更不得曲解。注意涉外关系、国家主权领土完整，特别是一些敏感性问题，如国家名称、国界线、国家与地区的称谓等等。此外还有保密问题。二是科学性和知识性。科学性是科技图书的灵魂，科技图书要确保科学性、先进性。内容和观点要正确，理论要有根据，要经得起实践的检验；应用技术图书要突出实用性。概念、定义和原理要准确无误。公式、数据不得有错，某些计算类图书，公式数据构成其精髓，一旦出错，将会“失之毫厘，差之千里”。此外必须警惕一些科普图书打着科学的幌子，行宣扬封建迷信、伪科学之实。诸如此类，定要严格把关。

●规范。科技图书是传播科技知识、积累科技文化的重要载体，是科技交流的重要手段，因此，不论是名词术语、符号，还是语法、用字，乃至逻辑关系都要规范化。特别是在国内外科技文化交流日益频繁，科学技术飞速发展的当今，规范化就显得更加重要。由于我国科学技术过去受苏联体系和欧美体系的影响，许多名词术语、符号有不同的称谓和用法，目前已趋向采用国际标准，书稿中一定要注意标准化、规范化，以免引起混乱和误解。还要注意语言文字的规范化。科技图书的语言特点，一是要准确，二是要清晰易懂。要讲究语法。语法即语言的规范，是我们说话、写文章必须遵守的基本法则。加工时要养成语法分析的习惯，有的长句子或表面看来语感好的句子，但经不起语法推敲，利用语法分析就不难找出毛病，对症下药就好下笔加工。用字、标点符号也有一个标准规范问题，国家有关部门都已有明文规定，这是我们必须认真贯彻执行，特别是编辑人员更应模范地遵守这些规定。当前用字随意简化，或繁体字死灰复燃，都不是好现象，在一般书稿中决不能让其存在。标点符号是书面语言的重要组成部分，它是准确表达语义、语气和分析语法必不可少的符号，但往往被忽视，不假思索随意乱用。作为编辑应该养成一丝不苟的作风，每个标点符号都要用好。此外，写文章还要符合逻辑，编辑对书稿所涉及的各种专业并不见得都熟悉，但逻辑知识不可无。观点的论述离不开逻辑，加工时要检查各个层次的逻辑关系，不能强词夺理。

●统一。一部书稿洋洋数十万言，而有的书稿由多人合著而成，往往由于习惯不同、取材不同，书稿中采用的名词术语、符号，乃至格式和风格各异。这些问题在同一部书稿中出现是很不得体的，不仅要求主编（作者）要予以统一，编辑加工时常常要花很多时间作统一工作。这就要求事先有一个标准，也就是前面所说的要以规范为标准，统一到规范用语上，符号也应以规范为依据，这就不至于各有所好。格式的统一也很重要，事先应有所规定，这样才有所遵循。

●简明。一部书稿除正文以外，辅文和图表也是书稿的重要组成部分。辅文，一类是为了方便查阅正文内容的，如目录、符号表、各种索引等；一类是为了理解正文内容而提供的说明性材料和参考资料，如内容简介、序、前言、出版说明、注释、各种附录、后记等。这些内容均是为正文服务的，应以简明为原则，以实用、方便为目的。至于书名、各层次标题更应高度概括、简练醒目，往往要靠编辑"画龙点睛"的手法加以修饰和提炼。科技图书的插图，以其直观性和形象性较比大段文字叙述，更显得重要，不可缺少。以图辅文，相互补充，对于科普图书尤为必要，但是也必须以简明为原则，一目了然。数字表格是以其系统的实测数据或计算数据来说明正文内容而提供的有力证据，更应以简明、直接说明问题为原则。

●齐、清、定。这是编辑加工发稿的基本要求。"齐"，发稿时书稿一定要齐全，包括文稿、图稿，不得遗漏、短缺，也不得重复。文稿要从扉页、内容简介、版权页、序、前言、目录、正文，一直到附录、参考文献、后记等逐页编页码。图稿应分章编码装袋。"清"，即文稿和图稿要清清楚楚。不是说加工时不能改动，而是要求涂改勾画清晰，一目了然，整整齐齐。这就要求我们加工时要养成认真细致的作风，删去的部分要全部涂抹，规规矩矩；增加的字句要写在上方的空行里。加工时不要使用校对符号改稿，以免满篇都是引线，纵横交错，分辨极其困难。不易辨认的各种外文符号，要标注清楚大小写、正斜体、上下角及文种。"定"，就是发稿定稿，不能把问题留到看校样时再改定。

## 掌握基本功 更上一层楼

编辑加工是一个很复杂的过程，稿件类别五花八门，稿件质量千差万别。以上谈的几点认识和基本要求是就一般性问题而言。编辑加工虽有一些规律可循，但没有一个固定的模式，因此说编辑加工有较大的弹性，要应付过去不是太难的事，但要做好，也非易事。编辑加工是一项综合性的工作，不仅要求编辑要具有较高的政治和政策水平、渊博的科技知识，还要有较好的文字修养和逻辑思维能力、综合分析能力。高素质编辑的培养决不是三年五载就能达到，而是要通过长期的编辑工作实践，不断体验、磨炼、总结，逐步形成的。加工是最基础的编辑工作，要求编辑善于深入书稿之中，全面了解书稿的内容和写作背景及其特点、技巧，否则改不到"点"子上。能"入"还要能"出"，如果仅仅囿于书稿之中，不能从全稿中"跳出来"，从更高、更广、更新的角度来综合评价书稿，就掌握不住编辑要领，改不到"要害"处。只有通过加工实践，有意识地在加工中反复比较、总结，点点滴滴，日积月累，逐步掌握基本功，为作好选题组稿、审稿等全面编辑工作打下基础。

# 审　稿*

## 一、审稿的目的与原则

审稿，顾名思义是对书稿进行审查并提出评价意见，就是说要全面地详尽地审读和考察书稿，以便掌握它的全部内容，并进行深入的慎重的分析研究，提出准确的实事求是的评阅和处理意见。所谓“能包覆而深别之”，也就是这个意思。

各类书稿都要进行审查，这是由精神产品的劳动个体性与产品的社会性这一基本矛盾决定的。任何精神生产活动都是通过个体的脑力劳动才能实现，而这种劳动，不可避免地要受到劳动者个人的精力、智力、知识结构、实践经验以及所处环境等的制约；而精神产品生产的目的离不开社会的需要，都必须通过社会实践才能实现自身的价值。因此，无论从生产的总体或产品的个体来说，精神生产都需要一定的社会调节来调整。编辑审稿就是适应这样的调节需要而产生并形成制度的。审稿总是根据一定的方针、政策、原则进行评价和决定取舍，总是从社会的需要出发衡量其价值并优化其内容，所以编辑审稿实际上是代表社会对尚未形成的精神产品——书稿进行一定的社会调节。

审稿是编辑工作的中心环节，它是选题、组稿工作的继续，是对上工序成果的检验和鉴别，又是为加工整理作准备，对下工序提出指导性意见。审稿又是编辑工作的关键工序。老一辈编辑家叶圣陶先生写过一首诗，其中一句是：“选题订审校雠三，唯审唯精为指南。”也说明了这一点。因为通过审稿要提出书稿的取舍意见，生杀予夺在此一举，或采用，或退修改，或退稿。

### （一）决定稿件的取舍

审稿的主要目的是鉴别、判断书稿的质量，作出取舍决定。社会主义

* 本文刊载于：李建臣主编．新闻出版研究生系列教材：图书编辑学（第二章）．北京：北京师范大学出版社，1993.

出版事业一定要遵循为人民服务、为社会主义服务的出版方针，要始终把质量放在首位。出版的图书一定要对人民有益，对社会主义有利，决不能让那些质量低劣的图书问世，从根本上杜绝坏书的出笼。这是每个编制人员的职责，我们要有高度的责任感，正确贯彻出版方针和保证图书质量，当好一名精神文明卫士。

审稿把关对自投稿尤为重要，出版社收到书稿后要给投稿人一个明确的答复:是否接受出版。要给出明确的答复,编辑要做的第一件事就是审稿。根据出版方针、政策、社会需要和出版的可能性等等条件，作出综合评价：有无出版价值与可能。

对签订了约稿合同的来稿，也必须审稿。也同样有一个决定取舍把关的问题。要审查著作者是否按照原订提纲编写的，有否偏离原订读者对象、控制篇幅、广度和深度，内容的政治性、学术性或艺术性有无问题，文字表达是否规范化、合乎逻辑，取材和结构是否合理等等。如果偏离既定要求甚远或问题较大，著作者严重违背合同的协议，也可以解除合同予以退稿。当然退稿要慎重，如果指出的问题，著作者愿意修改，又不影响出书时间，经过双方协商，也可以退修改后再审。

**（二）优化质量和发现人才**

审稿的另一目的是为提高书稿质量提出修改与加工意见，优化质量。著作者交来的书稿，特别是一些自投稿，往往不是十全十美。我们就要通过审稿，按照出版要求，指出其不足和问题所在，退著作者修改或供编辑加工时参考。特别是书稿中的问题较大又多时，一定要一一予以指出，同著作者商讨。

一部好书的出版，固然同选题、组稿有关。选题只是对写一部书的设想，要变成现实，首先要求著作者写好，而编辑作为第一个读者，则要求审好。写稿与审稿是合作的关系、平等的关系，目的是共同的：繁荣文化事业、促进社会发展和科学技术的进步，出好书。如果把握不住审稿环节，无论选题设想的多么好，而著作者写出的书稿却有距离时，我们奉献给读者的就不会是一部好作品。即使下道工序还要加工，但加工并不能改变书稿的基调与面貌。所以审稿对保证质量至关重要。

通过审稿，识别和挑选出优秀的稿件，从而也发现了人才；通告审稿，优化了图书质量，从而又培养了人才。社会主义精神文明和物质文明建设呼唤着大量的优秀图书问世，只有不断地发现、培养、团结大批的优秀著作者，出版事业才能繁荣昌盛，我们的著作者队伍才能成长壮大。编辑发现人才培养人才的例子不胜枚举。所以有人把优秀的编辑比喻为善于相马的伯乐，不是没有道理的。

**（三）坚持客观标准，避免主观片面**

审稿的原则首先是要坚持客观标准，不要受审稿人的爱好、著作者的地位或其他关系等的干扰。只有坚持客观标准,才能做到公正,才能把好关。审稿时要特别注意以下几点。

第一，不可根据个人的爱好来取舍书稿。审稿的目的是选择好的书稿，这就要求编辑要有较高的专业知识水平和敏锐的判断能力。这对自己比较熟悉的内容，这种判断可能容易作出，而对自己不太熟悉的内容或不太喜爱的风格，往往容易产生偏见。在这种情况下，我们更应该深入研究，仔细斟酌，反复比较，不要轻易否定。

第二，不可认人不认稿。一般来说，名家的作品质量较高，写作态度是严谨的，一些老作者、名作者的书稿采用率也高。每个出版社确实有这样一支著作者队伍。但是并不见得他们写的每个作品都是高质量的，都是完美无缺的。书稿是作者个人独立完成的劳动成果，集体的劳动成果也是靠个人去总结，在他们的创作过程中，往往受到各种因素的影响，诸如著作者对某些问题的认识深度的限制，著作者的习惯与好恶，或创作过程中情绪的变化等等，都可以影响书稿的质量。我们要认稿，不要认人，合乎标准的就用，不合乎标准的就退，绝不可迷信、盲目崇拜。要站得高一点，要站在对社会、对读者负责的高度把好每一部书稿的关。

第三，不可把自己的观点强加给作者。编辑审稿必须深入到书稿中去，熟悉书稿的内容，分析作者的观点，提出自己的看法和处理意见。但是往往由于对问题理解的深度和看问题的角度不同，掌握的资料和实践的局限性，对书稿的某些意见，编辑同著作者可能有分歧。作为编辑首先要虚心亲听著作者的意见，平等地同著作者商量，互相切磋，取得共识，绝不能把自己的观点和意见强加于人。至于语言和艺术等问题，更应尊重著作者的意见和风格。在学术上一定要贯彻“百家争鸣”的方针，在艺术上要做到“百花齐放”。只有这样，出版事业才能繁荣，社会才能进步。

**（四）意见客观具体，切忌模棱两可**

编辑审稿首先要看懂稿件，不可敷衍了事，似懂非懂，若以这样的态度去审稿，是非常危险的。当然并不是所有的书稿或书中所有的内容编辑都能看得懂，特别是科学技术发展如此快速，一些专业性强的书稿，看不懂也不奇怪。这就要求编辑要不耻下问，或请专家外审。弄懂以后，再提出处理意见，否则会闹出大笑话或铸成大错。

其次，编辑审稿要认真负责，不可马马虎虎，敷衍搪塞，拿到书稿后一目十行，翻个大概而已，以为还有复审、终审最后把关，于是写上几句空洞抽象或模棱两可的意见。别人看后无所适从。初审是审稿的基础，是编辑的职责，关系甚大，一定要持严肃负责的态度。审稿后要提出言之有理的见解，取舍要有充分的理由；退回修改的稿件要有具体而详尽的意见。把不好关，分辨不出书稿的好坏，是编辑的失职，或者是尚未达到编辑的任职资格。

**（五）审稿编辑应具有的素质**

审稿是整个编辑工作中的重要环节，它关系到书稿的取舍、质量的优化等重大问题。因此审稿编辑，特别是复审编辑（一般由副编审担任）和终审编辑（一般有编审担任）的素质要求较高。

首先，应该具有较高的政治思想水平，掌握一定的马克思主义知识和辩证唯物主义、历史唯物主义的方法，它能帮助我们看问题时站得高、看得远，抓住事务的本质，而不会停留在表面现象及假象上。并要熟悉党和国家的基本路线、方针政策，应有较高的政策水平和政治敏锐感。

第二,知识要又博又专。博是编辑课题中应有之义,即所谓编辑是杂家。广博的知识是编辑长期积累的职业优势，因为编辑不可能总是审某一学科的书稿，而是要接触许多相关专业的书稿。为了工作的需要，此外还要经常学习许多政治的、历史的、地理的、哲学的、经济的等等诸方面的知识。日积月累，审稿时才能运用自如。要进一步提高编辑水平，当好一名审稿编辑，不仅要博，也要专。科技出版社的编辑都是有专业分工的，都掌握了某学科的专业知识，对本专业都比较熟悉，但科技发展与创新日新月异，编辑一定要注意知识的更新与深化。要在博的基础上求专，因为编辑要对书稿作出正确评价，提出优化质量的意见，没有深厚的专业功底是很难胜任的。兼有博与专的编辑才能真正称得上编辑家。

第三，要掌握并能灵活运用逻辑知识。在编辑工作中，逻辑知识应用范围极广。编辑工作这个环节都要广泛应用逻辑学知识，处理各类稿件要用逻辑，特别是审稿过程更离不开逻辑。我们要通过自己合乎逻辑的思维去分析书稿中的各种问题，尤其是审读我们不太熟悉的专业书稿，更有必要利用逻辑这个工具来分析书稿内容，譬如书稿的观点、材料、结构、表述等等是否合乎逻辑。这些问题对科技和社科类书稿显得尤为重要。而文学作品，一般主要是靠形象思维形成的，但并非仅靠形象思维，也需要逻辑思维。在文学创作过程中，形象思维和逻辑思维是结合在一起的。著名老作家冰心曾在一篇文章中写道:“最近我看到一首诗，开始是‘繁星闪烁，明月高悬’，结尾是‘红霞满天，碧空万里’。既然是‘明月高悬’，哪里会有‘繁星闪烁’呢？ 又是‘红霞满天’，又是‘碧空万里’，叫人信哪一个呢？”这里揭露的自相矛盾，颇具代表性。如果编辑掌握了逻辑知识，就不会出现这样的笑话。

## 二、审稿的内容与要求

中共中央和国务院早在1983年做出的《关于加强出版工作的决定》中指出:“编辑工作是整个出版工作的中心环节，是政治性、思想性、科学性、专业性很强的工作，又是艰苦、细致的创造性劳动。”这里指出的工作和劳动，在审稿工作中表现得特别突出，及其重要。任何书稿的内容都程度不同地表达了政治性、思想性、科学性和专业性，而判断书稿的“四性”，作出取舍的决定，只有通过编辑艰苦而细致的审稿这一创造性劳动，才能得出正确的结论。

审稿不同于一般读者的阅读与学习，更不是在浏览与欣赏，而是一项科学的认知活动，既要深入书稿之中，研究分析，又要跳出书稿之外，比较、鉴别，是一项综合性的评审工作。书稿的取舍，主要还不是看书稿本身是否存在这样或那样的缺点和差错，而首先要抓住总体上、全局上的大问题、大质量，所以要抓住重点，即从大处着眼，抓其要害，这样才能抓住根本，不至于丢了西瓜捡了芝麻。当然各种小问题，特别是差错，也不要放过，随时记录下来。一般来说，应主要抓住以下几项内容进行审查。

### （一）符合组稿大纲的要求

确定选题和组稿时，一般都有选题报告与组稿大纲或要求著作者提供编写大纲，对选题理由、客观需要、读者对象、内容范围、广度和深度、框架结构、篇幅大小、社会效益与经济效益的预测等等都有明确的规定与要求。书稿交来后，编辑要首先审查是否符合选题报告与组稿大纲的要求。这一点对系列丛书、教材以及多人合作的著作尤为重要。系列丛书有总体要求，各卷在总体要求下又有各自的侧重面，这些都是事先规划好了，不能随意变化。而多人合作的著作更应事先共同约定大纲，统一要求，才能形成整体。而教材是在教学计划与教学大纲的统一要求下来安排内容，书稿都应符合大纲的要求，这是前提。对于自投稿，事先没有商定大纲，审稿时也应首先抓住这些内容。

（1）书名。书名是书稿内容的高度浓缩和概括。书名一旦确定，又反过来制约着书稿的内容。书名首先要准确，其内涵与外延要与书稿内容一致。第二要简洁，高度概括，简明扼要。第三要鲜明，开门见山，直截了当，不能令人捉摸不定（当然文艺书、科普书，也可借用比喻，含蓄一些）。

（2）编写意图。是指编写书稿的宗旨和目的，首先要明确写书的目的，或为了理论研究，或为了宣传教育，或为了推广传播，或为了文化积累，或为了欣赏。再要明确图书的类别，是理论著作、教材，还是实用技术、科普读物或小说、诗歌、戏曲等等。明确了编写目的，便可根据不同类别图书的要求来检验书稿是否符合编写意图。

（3）读者对象。这对于科技和社科类图书尤为重要。书稿内容要根据特定的读者对象的需要来安排。读者对象不同，内容的深度、广度以致遣词造句都会有差异，内容一定要有的放矢。

（4）结构安排。要注意结构的逻辑性，重点或主题要突出。

（5）字数。与预计字数是否基本吻合，各章字数是否恰当。

这些问题在审稿时均应首先审定。

这些书稿在编写时也可能会遇到一些未曾考虑到的问题，或由于时间的关系，或由于某些政策的调整，或由于新技术的出现，编写时对编写大纲作某些调整也是常有的事，这一点只要有道理也应灵活掌握。

**（二）政治标准**

出版工作必须坚持马列主义、毛泽东思想的指导地位，坚持党的“一个中心两个基本点”的总方针，因此要求出版物的内容一定要用马列主义的立场、观点、方法来阐述，决不能搞指导思想的多元化，政治思想的自由化。对腐朽文化、封建糟粕要坚决抵制。

审稿工作还要自觉贯彻党的百花齐放、百家争鸣、古为今用、洋为中用的方针，这样才能促进文化的繁荣、科学的进步。对于精神生产中的不同流派和不同风格，对于学术与艺术探讨中的不同主张与不同观点，要鼓励他们自由讨论。历史表明，不同意见总是相比较而存在，相争论而发展，继承与交流从来是不可避免的。特别是当今，科学技术发展日新月异，我们要大胆地引用和借鉴国外的先进技术与管理方法，为我所用。还有许多现象过去不为人所知，有的正被揭示或仍在探索，这些都应鼓励以辩证唯物主义为指导以科学的态度进行研究、探讨。

审稿工作坚持政治标准的另一重要方面的问题是要判断书稿内容是否

符合国家的各项方针政策和法律，如国家的经济政策、外交政策、民族关系、宗教政策、技术政策、技术法规以及各种专业法规等等。编辑由于自身的工作性质决定必须十分注意政策和策略。譬如对过去某些历史人物的评价，一定要实事求是地历史地分析，既要看到他们消极或反动的一面，但也不能避而不谈曾经发挥过积极作用的一面。为了政治的需要，对某些人物的评价，在措词上要注意细细斟酌，要注意团结一切可以团结的因素这个大局，掌握好政策和策略的灵活性。

书稿的政治内容，其表现形式也因类别不同而各异。一般来说，政治类书稿，其内容直接阐述各类政治问题，容易看出它的立场、观点、方法。文艺类书稿，其政治内容则融汇在字里行间和故事情节之中，审稿时就需要从情节、主题中去琢磨，去分析。而科技类书稿，其政治标准便要看它的实践性以及是否符合其专业政策及法规。

审稿要注意政治标准，也称之为政治把关。这种把关决不能超越法律的范围，要严格区分政治问题与学术艺术问题的界限，也决不同于过去的“政治挂帅”，搞所谓“穿靴戴帽”，在前言或概论中加上一些空洞的政治口号或语录，更不得粗暴地乱贴标签，打棍子，一定要坚持实事求是的态度，全面地看问题。

**（三）学术标准与艺术标准**

我们在审阅一部书稿时主要看它的价值（质量），不同类别的书稿有不同的要求。自然科学、社会科学类主要看它的学术价值，文艺类书稿则主要看它的艺术价值。就是看书稿给读者提供了多少有实用（启发、教育、欣赏等）价值的内容。

学术价值（质量）的主要表现是它的科学性。科学技术图书是科学知识的载体，如果其内容是错误的，违背了科学原理，就根本不具有学术价值。一部优秀的科学著作，不能仅仅要求其内容不违背科学规律，还要看其内容在理论上的深刻性、系统性、创新性以及理论与实践的结合度。它不仅同肤浅的见解相反，而且也不是一孔之见的、或者星星点点的经验性论述，而是对理论有真知灼见的科学的精辟论述、理论联系实际的系统“工程”。

衡量学术标准:一是“新”。看其是否为社会提供了新的东西（新的观点、新的见解、新的发现、新的材料、新的理论方法等等），新意越多，价值越大。当然这种“新”，是科学的创新。也不能要求所有的书都有新的理论、新的观点，但是一定要在原有理论的基础上有所发展、提高，或在理论与实践的结合上有新的见解、论述，或开拓了在新的领域的应用。不能总是停留在已有定论的圈子里团团转，剩饭炒来炒去是没人吃的。二是“深”，即所述的内容在理论上有一定的深度，对理论和观点不能是浅薄的论述，或教条的重复。虽不要求是一家之言，但一定要有著作者自己独到的见解。三是“实”，即理论联系实际。自然科学图书的社会效益主要表现在传播科技知识，使科技知识转化为生产力。要尽快实现这种转化，就要强调理论联系实际，突出它的实用性。社会科学同样是这个道理，它所传播的理论要有针对性，要结合现实。譬如当前宣传马克思主义就要与经济建设为中心的改革开放结合起来，来探讨建设有中国特色的社会主义，这样才会有成效。

艺术标准也是这么一个道理。一要“新”，文贵创新。艺术欣赏中“喜新厌旧”的要求是一种普遍心理，要求作品从内容到形式都要新颖。二要“深”，要有高度。作品应具备生动鲜明的形象，丰富而引人入胜的情节，生机盎然的情趣和深邃高尚的境界等等。只有这样的作品才能打动人心，牵动人的情怀，引起读者的共鸣。三要“实”，作品要具有生活气息和逼真的情节，题材要来源于生活，具有丰富细节的作品往往是有生活基础的。审读文艺作品，首先要用艺术的尺度来衡量，脱离了艺术性，其他都是空的。

**（四）框架结构与逻辑标准**

每一本书都是一个整体，就像建筑物一样，首先要有一个框架，再分隔成许多楼层和房间，然后考虑庭院、大门、围墙等。一部书也要首先构思框架，然后分为若干篇、章、目，再考虑序言、后记、附录、索引等等。这些要素构成了一部书的整体系统。在这个整体系统中，各要素间的相互关系，都需要按照整体要求进行协调。编辑审稿首先要对这个整体的逻辑性有明确的认识与设想。注重内容的质量是重要的，但决不能忽视内在形式与逻辑关系，只有做到内容与形式的统一、协调，才算是一部好书。

书稿的整体系统性当然是要在内容的逻辑性方面下工夫，合理的框架结构是保证整体系统性 的重要条件，两者相辅相成。章节是一部书稿整体构想的主体，是构成书籍大厦的框架。章节的内在逻辑形成书稿内容系统结构的层次性，是实现书稿内容整体系统性的基础。结构的每一层次都具有自身的功能，这是书稿整体的一部分。优化结构的每一层次，也就可以优化书稿内容的整体。因此研究书稿的层次性，不仅可以把握书稿内容系统的逻辑性，而且可以发现重复的内容。

我们要注意书稿的结构布局合理。哪些内容应处于平等地位，哪些内容应处于从属地位，主题突出，层次分明，顺序恰当，章与章、节与节、段与段，以致前言与后语之间要一脉相承，承前启后，循序渐进。结构安排还要有逻辑性，或服从读者认识事物的规律，或服从阐明和论证的方法，或服从科学技术本身的体系。

结构安排主要通过各层次的标题来表示，标题起到整部书的骨架作用，必须认真推敲。标题应是其内容的浓缩与概括，应言简意赅，起画龙点睛的作用。标题之间应注意逻辑性，上下级标题相应相称，外延不可过大或偏小，同级标题不应相互交叉。

结构安排一旦确定，书稿的轮廓也就基本勾画出来了。

**（五）图表与辅文**

翻开一部文艺书，读者无不为那绚丽多姿的富于艺术魅力的插图所吸引，总是一口气翻完，有的要反复欣赏，久久回味。文艺书插图不仅具有提示、点明主旨、加深印象的作用，更重要的是它本身是绘画造型艺术，是同书的内容相配合融成整体的有机组成部分。而科技书的插图又以它的严格的科学性和图解性，以帮助读者形象地理解内容而受到欢迎。

科技书稿，一般插图及表格较多，它是正文的补充与说明，是直观说明文意的辅助材料，配合恰当，会得到相得益彰的效果。插图图像直观，表格使人一目了然。所以第一要准确，第二要简明，第三要文图或文表一致，第四也要注意美观。

辅文是指图书正文之外的附件，一般是指序、前言、后记（跋）、内容提要、符号表、人物表、目录、索引、注释、参考文献等。这些辅助性材料在于给读者介绍该著作的宗旨、目的、指导思想、背景、成书经过、特点、重点、观点或数据的出处及阅读注意事项等等需要交待的问题。有的是指导读者阅读，帮助读者理解内容；有的是方便读者查阅内容，或提供进一步研究的资料。辅文同样是一部书稿不可缺少的重要部分。

辅文基本上可以分为两类。一类是评价性文章，如内容提要、序、前言、后记、跋等。这类文章立场要鲜明，文风要明快，平易近人，不应该板起面孔；结构要严谨，文字要简练；逻辑清楚，层次分明；内容要具体，又要高度概括，可读性强。另一类是资料汇集，如目录、索引、人物表、符号表、参考文献等。这些资料一定要简明、醒目、有序、方便读者使用。

## 三、审稿的程序与方式

审稿是在著作者按约稿合同的要求交稿后由出版社组织实施，是编辑工作的中间程序，对自投稿来说是第一关。

审稿一般实行三级审稿，这在1952年10月国家出版总署公布的《关于国营出版社编辑机构及工作制度的规定》中就已规定过：“一切采用的书稿均为实行编辑初审，编辑主任复审，总编辑终审和社长批准的审稿制度。”由于书稿的内容不同，各级审稿可以是由出版社内的编审、副编审、编辑负责，也可以聘请社外专家审稿，或者组织审稿会审稿。不管采用何种形式，各级审稿都要按照岗位责任制的要求，各有侧重，各自把关。

各个审次的审稿人在审稿前都要做好准备工作，特别是初审的责任编辑，首先要检查书稿的“齐、清、定”情况，文稿（包括封面、目录、附录等）、图稿（包括照片图、墨线图及插画）的数量及质量。还要了解著作者的简历、水平及他的其他作品，熟悉选题及组稿意见、著作背景、约稿及著作过程中的来往信件和谈话记录，调查同类图书的出版情况并研究其特点。拿到书稿后，要认真审读序、前言及目录，了解著作者的写作意图及其交待的各种问题及相互关系，掌握书稿的全貌、内容布局及章节安排。只有熟悉了这些情况，做到心中有数，才能处理好审稿中遇到的一些问题，收到事半功倍的效果。

审稿过程中还要做好审稿记录。各出版社都有专用的审稿记录纸。有的编辑审稿时习惯于在书稿上圈圈点点，或加眉批，或夹纸条，这些做法却不如记录在审稿用纸上好。圈圈点点和眉批尽管只用铅笔书写，万一书稿不被采用，退给著作者前还要设法擦去，而夹条是容易被丢失的。最重要的是问题没记录在案，不便于对书稿存在问题进行综合归纳和分析研究。当然对书稿的问题要记录，特别是典型问题、重要疑点以及常识性问题、逻辑问题要记录，语法、用字，甚至标点符号的使用不当，也尽量记录，并标出页码。对书稿的特点、优点及精彩之处也记录下来，大有好处。审稿记录应该是审稿意见的附件，也是考核责任编辑的重要依据，一定要记录好，保存好。

**（一）三级审稿制**

三级审稿制（简称三审制）是指一部书稿在编辑加工前要在出版社内部实行三级审稿的制度，即由责任编辑初审、复审编辑或室主任复审、总编辑或由总编辑指定的编审进行终审。这是我国出版部门为保证图书质量而实行的一种审稿制度，几十年来的实践证明，三审制在我国出版事业管理制度化、科学化的进程中起了重要的作用。

过去，三审几乎全是由责任编辑、编辑室主任、总编辑或社长进行，这种形式上的分工三审制实质是三级负责制，权利属性比较明显，因担任复审和终审的人分别是行政负责人，这当然是使出版管理制度化所必需的。但审稿的另一重要功能应该表现为他的学术性。审稿不同于一般的阅读，也不同于加工，它有自己的规律和应该遵循的原则，是一种高级的创造性劳动。特别是对学术的评价（这恰恰是对科技类和社科类书稿是极其重要的），必须要求审稿人是该专业的行家，而编辑室主任、总编辑面对如此庞杂的专业，有的可能就是外行，他都要作出裁决，恐怕也不是一件容易的事。同时审稿必须深入书稿之中，了解该专业的学术现状与发展，而一个主任面对着十来个编辑，而总编辑面对的编辑恐怕至少是几十个了，且行政管理又往往要陷入文山会海之中。可以想象，这种审稿怎么会不流于形式，走过场。特别是终审往往只能是翻翻前言、概论，几十万字的书稿，一两天就要终审出手，实际上只不过是签发而已。面对着这种局面，又由于书稿内容越来越复杂，这种权力属性与学术属性高度集中的办法，必须进行改革。

当然三审制仍是目前必须坚持的行之有效的制度，但必须针对已暴露出来的弊端对某些做法进行调整。首先，要把权力属性和学术属性这两重属性分开，即由责任编辑（可能是副编审、编辑或助理编辑）初审；复审编辑（可能是副编辑或编辑）二审；由编辑室主任复核，终审编辑（由编审或副编审）三审，由总编辑复核、签发。复审编辑、终审编辑应该是该专业的行家，按照审稿的内容和要求评价书稿的质量，分别对室主任和总编辑负责。室主任和总编辑要复核各级的审稿意见，并提出各自的处理意见。其次各个审次应抓住各自的重点。责任编辑应对书稿负全面责任，他应该通读全稿，有时还要审读两遍，要全面掌握书稿的内容。要审查书稿是否符合约稿合同的要求、内容的安排是否妥当，并要从政治标准、学术（或艺术）标准，到书稿的框架结构的逻辑性、图表及辅文的安排，甚至语法规则、错别字、书写格式等等各方面提出评价意见，还要明确提出处理意见，写出审读报告。复审编辑是在初审的基础上再重点审稿，他不一定要通读全稿，要根据初审意见对书稿进行抽查，对重点章节、重要观点及关键材料一定要认真审读，要注意初审时没有发现的问题，特别是对政治标准、学术（艺术）标准及是否符合组稿要求等项内容要提出综合性评价，并要复核初审提出的意见，研究初审提出的意见是否确切、全面、正确，解决初审提出的疑难问题。室主任要从初审、复审意见中了解书稿的内容与质量，并要复核这些意见，然后作出自己的判断。终审则要对书稿的政治标准及主要学术（艺术）标准提出评价意见，并要研究初审、复审提出的各种意见，作出综合评价，最后由总编辑定夺。

目前有许多出版社的终审工作由总编辑指定的退休的资深的老编审（其中许多是老总编、老社长、老副总编）担任，这些专家型人才具有丰富的审稿经验与能力，又有时间保障，确实是当前行之有效的实用办法。

在三审过程中，如发现有疑难问题，或对某些重要书稿，责任编辑可提出请外审。外审提出意见后，社内仍要履行各个审次的审稿手续，并提出各自的意见。如果审稿过程中，评价不一，意见分歧，可由总编辑召集审稿人讨论，或再次另请专家外审，在广泛调查分析的基础上，由总编辑裁定。

**（二）社外专家审稿**

一个编辑接触的书稿很多，特别是自然科学和社会科学图书编辑，由于专业分工很细，而审读的书稿往往不是自己熟悉的专业，或一部书稿中有的内容自己不精通。在这种情况下,就要借助社会力量,请社外专家审稿。专家审稿对保证书稿质量至关重要，专家能以自身的专门知识来评价书稿的学术性、先进性、实践性等。特别是现代科技飞速发展，新兴学科和新技术不断产生和变化，而且相互交叉，相互渗透，专家审稿更显得必要。

外审可分为审全书稿件和审部分稿件两种形式，对学术性很强的理论著作一般是审全稿，以便审稿人了解书稿的全貌。而其他类书稿，或篇幅大的书稿，可审部分书稿，编辑可选其中重点章节或难度较大、问题较复杂、编辑审稿有困难的部分内容。请外审可以不带任何框框或提示，也可以由编辑提出若干问题或提示若干范围，有针对性地请专家评审。社外专家审稿要注意以下几点。

首先要选择好审稿人，审稿内容要与专家当前所进行的研究工作对口，否则不能获得理想的效果。送外审的稿件往往难度较大，学术理论较深奥，如果不是专家当前研究的课题，他掌握的信息，他的理解深度，也很难恰如其分地判断。往往还可能出现这样的情况，同一个专业的多位专家，由于其研究的侧重面不同，他们对书稿的评价也可能不相同，编辑还是很难作出最终评价，所以找准审稿人很为关键。

第二，专家审稿要抓住重点，他们审稿的目的主要是评价书稿的学术价值：理论的学术性、技术的先进性、数据的准确性、试验的真实性、实践的实用性等等，而不要求他们审稿面面俱到，因为他们对书稿的技术要求、逻辑性和语法规律、框架结构等往往注意不够或不予重视。

第三，对专家的审稿意见要进行综合、归纳、复核，再形成编辑的审稿意见。专家审稿主要是为弥补编辑审稿的不足，是编辑提出审稿意见的重要依据。但是，也要看到专家审稿中的某些局限性和片面性，不可盲目依赖专家意见，因为有时专家审稿也可能有疏漏，甚至判断失误。还要警惕审稿中的“相轻”或“相亲”现象。文人相轻，是旧文人的陋习。也要避免“门户”之间的偏见。“相亲”之事更要杜绝。有时专家审稿意见过分简单，甚至只写上“可用”或“不可用”几个字，这样，编辑是无所适从的。可能是由于编辑没交待清楚，更可能是外审人选择不合适。

第四，一般情况下审稿人应该向著作者保密，有时著作者也应向审稿人保密，即所谓“双盲法”审稿。特别是审稿人要求保密的情况下，编辑更不得泄密。这样做可以避免“相轻”或“相亲”现象的发生，做到审稿不审人，对减少片面性、提高审稿质量有好处。

**（三）审稿会审稿**

大型书稿，特别是工程技术类和社会科学类的百科辞典、系列丛书、综合性手册、成套教材等，由于涉及的内容广泛，触及的专业庞杂，系统性、学术性要求严格。审稿仅在出版社内部进行，或依靠少数几位专家，恐怕难于收到满意的成效，因少数人的知识和精力是有限的。在这种情况下召开审稿会审稿是一种较好的形式。

首先，要选择好审稿人，按照书稿内容及审稿要求选人，审稿人应是从事该专业科学研究的专家、有着丰富实践经验的工程技术人员和管理人员，还最好有从事该专业教学的教师，他们可以从各个不同的侧面提出问题，评价书稿的内容，集思广益。

第二，开审稿会要做好准备，不开无准备之会。会议之前要把待审的书稿分发给审稿人。分发的书稿可以是全搞，也可以是部分重点书稿加总目录（以便了解该书稿的总貌），要给审稿人以充分的审读时间，以便根据出版社的审稿要求准备好书面审稿意见及修改意见。

第三，参加审稿会的人员主要是审稿人、编辑，著作者也可参加，以便充分交流意见，允许答辩。只有畅所欲言，各抒己见，难题才能讨论深透，问题才会辨明，质量才会提高。

# 编辑加工 *

编辑加工是审稿的延续与表达，也是对作者创作活动的继续与补充，是在审稿的基础上对书稿进行修改、整理，使其达到出版要求的一项极其重要的工序。就其整个编辑过程来说，是花费时间最多、碰到问题最繁杂的一项工作。“加工”一词最初用于工业生产， 一般是指工业生产中改变原材料、毛坯或半成品的形状、尺寸、性质或表面状态，使之符合规定要求的各种工作的统称。同样，精神产品的生产过程，也需要加工。作者将自己的构思、研究成果或搜集的素材，经过自己的反复加工，整理成文字材料，交给出版社审稿后确认具有出版价值、出版水平，便开始对书稿内容进行加工修改和技术处理，使其符合出版的要求，才能交到印刷厂排印。有人把编辑比作美容师，编辑加工就是一种图书的美容术。犹如理发师那样，能使书稿也“蓬头垢面来”，“白面书生去”。

## 一、加工是图书编辑过程中的重要环节

### 1. 任何书稿都需要加工

一部书稿的形成，作者不知要经历多少日日夜夜，有的甚至要花上半辈子工夫，这是一项极其复杂的创造性劳动。作者要总结自己的科研成果和实践经验，要掌握国内外信息和先进技术，要继承前人的理论基础和科学规律。一部好的书稿的完成，往往不仅是个人成果和经验的总结，而应该看成是集体劳动的结晶，具有一定的社会性。个人的精力和知识是有限的，要受到自身所处环境、从事的工作、掌握知识的深度和广度的限制。作者对自己从事的专业一般都很熟悉，但写一部书稿有时要涉及旁的学科，“隔行如隔山”，难免弄错，特别是对于先进技术和名词术语，也可能出现

* 本文刊载于：中国出版工作者协会科技出版工作委员会.科技出版：编辑出版业务讲座.第五讲.编辑加工——提高图书质量的重要保证.1992，1 ~ 1992，2，主要内容修改后收入本人执笔的由李建臣主编.新闻出版研究生系列教材；图书编辑学（第二章）.北京：北京师范大学出版社，1993.

一些常识性错误和外行话，如有人把迎春花写成开红花；把工程上的“土”习惯地写成“土壤”等等。无论怎样，一个人写出的书稿不可能尽善尽美，水平再高的作者，就算是“智者千虑”，也“必有一失”。一部几十万字的书稿，总不可避免地要遇到一些政治性问题、政策性问题，从科技内容、文字表达到标点符号、计量单位、书稿格式等等，任何人都不可能使其十全十美。就是名家的稿件，也不要迷信，要知道名家也有失误的时候。鲁迅先生曾讲过:“专门家的话多悖”，“他们的悖，未必悖在讲述他们的专门，是悖在倚专家之名，来论他所专门以外的事”。这就是说，专家在阐述“他所专门以外的事”的时候,可能会说些外行话。我从事编辑工作已三十五年，还没有碰到过不需要加工的书稿。名家的书稿也不例外，只不过有加工多少、深浅之分。

我国唐宋时期不是有过“一字师”的故事吗，那是鼓励大家都来改诗，谁改得好就为师。还有大家非常熟悉的鲁迅先生的《为了忘却的纪念》这篇文章中有一首诗，其中二句是:“忍看朋辈成新鬼，怒向刀丛觅小诗”，这是鲁迅先生经过仔细推敲，将原来的“眼看”改为“忍看”，“刀边”改为“刀丛”。这一修改，虽是一字之差，却更深刻地表达了鲁迅先生当时的愤怒心情和对敌人的刻骨仇恨。这是作者自己改稿的典范。大师之作，还要不断修改，而科技图书的作者几乎都是非专业作家，大部分是科技人员，他们是本专业的行家，但往往对写作的要求及规范就不见得太熟悉，对他们的书稿进行加工修改，是自然的事。

**2. 提高质量的重要保证**

编辑加工的职责之一是“把关”，就像卫士一样，绝不给低劣的书稿放行；改错为对，也是“把关”，一定要严守关口。编辑加工的职责之二是为提高质量而修改书稿，要像把璞玉雕琢成光彩夺目的玉器一样，把书稿加工成高质量的读者喜爱的精品。

一个成熟的编辑，往往养成了一些为作者所不易具有的职业特长。经过较长时间的工作实践与职业磨炼，常常具有较高的政治和政策敏感性，又往往兼有“杂家”的专长，掌握了较广博的业务知识，还善于挑剔书稿中文字表达和标点符号等的毛病，比较熟悉本专业的资料和工具书，并习惯于对比和考证，易于发现书稿的缺点和不足。在书稿加工中，编辑应该特别注意培养和利用自己的特长和优势，熟悉书稿内容，了解书稿质量，挑出书稿中的毛病。

编辑加工就要针对这些问题，根据图书的不同类别和不同的读者对象，思考书稿的具体结构、语言的表达方式，考虑应具有的深度和广度，甚至修辞、润色以及插图、表格的安排等等。总之，从内容到形式，从观点到具体规格，都要周密思考，反复琢磨，然后予以精雕细刻。不精心加工必然有疏漏，会出错。插图和照片也要细心对照检查，有时作者较忙，编辑又不精心，张冠李戴之事常有发生。

加工过程中，书稿一般要读三遍。审读一遍，掌握书稿的全面情况，绝不能在胸中无数或胸无全局的情况下就动笔改起来。要通盘考虑，在此基础上提出加工方案，明确重点。加工一遍，要逐字逐句思考，反复推敲，同已有出版物左右比较，全稿内容还要前后对照，找出疑点和不妥之处，修饰加工。修改时稿面要勾画涂改清晰，井井有条，一丝不苟。然后再整理检查一遍，全部问题和疑点都要在加工时彻底解决，作到“齐、清、定”，不能把问题留到看清样时再处理。每一遍都要细心、专心、深入到书稿中去。有人说加工书稿要“十目一行”，就是说一定要肯下功夫，精雕细刻，这样质量才会有保证。加工工作来不得半点疏忽，如果一目十行，敷衍了事，非出错不可，许多错误都是由此产生的，影响之广可想而知。

**3. 加工是编辑的基本功，是编辑工作的基础**

编辑加工由于编辑的修养和知识水平的不同，往往会有较大的差异。加工工作虽有一些规律可循，但没有一个固定的模式，因此说编辑加工有较大的弹性，要应付过去不是太难的事，但要作好，也非易事。编辑加工是一项综合性的工作，不仅要求编辑具有较高的政治和政策水平、渊博的科技知识，还要有较好的文字修养和逻辑思维能力、综合分析能力。

高素质编辑的培养决不是三年五载就能达到，而是要通过长期的编辑加工实践，不断体验、磨炼、总结，逐步形成的。一般都是从加工工作开始。加工是最基础的编辑工作。要利用这个边加工边学习的极好机会，熟悉各种不同内容的科技知识，学习各种不同风格的手法，掌握各种不同规格的形式与写作技巧。这就要求编辑要善于深入书稿之中，全面了解书稿的内容和写作背景及其特点、技巧。否则就改不到“点子”上。能“入”还要能“出”，如果仅仅囿于书稿之中，不能从书稿中“跳出来”，从更高、更广、更新的角度来综合评价书稿的内容，就掌握不住编辑要领，改不到“要害”处。只有通过加工实践，有意识地在加工中反复比较、总结，思考，才能提高编辑的分析、综合、组织、表达能力。熟能生巧，编辑业务知识和能力就是从这些基础工作作起而逐步提高的。

一个编辑还要善于向作者学习，向书本学习。在加工过程中很可能要接触作者，同作者商讨书稿中的问题；同时要查阅许多参考文献。要作一个有心人，不仅要熟悉作者的观点和文字修养，还要注意了解他们观察、分析、综合问题的方法和写作风格，为作好编辑工作积累经验。

只有这样，点点滴滴，日积月累，逐步掌握基本功，强化和磨炼编辑意识，为选题组稿、审稿等全面编辑工作打下基础，成为一个成熟的编辑。

## 二、编辑加工的原则

### 1."文责自负"与编辑把关

"文责自负"，顾名思义，就是著作者要对自己的书稿从政治观点、内容、文字表述到出版后的社会效果全面负责。书稿一经出版，就会在社会上流传，就会有读者，特别是图书作为一种精神产品，它的内容对社会的影响和作用，远比物质产品更广更深。高质量的图书不仅对科学研究、物质生产有着巨大的促进作用，而且对精神文明建设和人才培养将产生积极的影响，会受到读者的赞许、社会的好评。而低劣有害的图书，则对社会产生消极的甚至破坏性的冲击，危害极大，会受到读者的批评、社会的谴责。由此可见，"文责自负"对作者来说不仅是保持自己声誉的个人问题，更重要的是对人民负责的社会问题。这就要求作者不仅是具有真才实学、经验丰富的专家，有着较高的学术水平和渊博的知识，还要求作者一定要有严谨的治学作风、严肃认真的写作态度和对读者负责的高度责任感。

"文责自负"是社会对作者一项基本要求，而编辑把关实际上是出版社对书稿进行审定的一种责任编辑制度。这个制度是同我国国家出版事业的社会主义性质及其在意识形态和精神产品生产中的地位决定的，编辑是组织图书出版的岗位责任者，他应根据《中华人民共和国著作权法》依法"保护文学、艺术和科学作品的著作权，鼓励有益于社会主义精神文明、物质文明建设的作品的创作和传播，促进社会主义文化和科学事业的发展与繁荣"；他也应依法禁止出版、传播那些"违反宪法和法律"、"损害公共利益"的作品。这是编辑重要的把关职责。对把好质量关、提高图书质量有着不可推卸的责任，出版社要为其社会效果负责。编辑要从组稿开始就要对作者反复强调"文责自负"的原则，使作者尽职尽责，写出高质量的书稿。而编辑要以认真负责的态度把好质量关，要念念不忘质量第一的方针，把那些质量低劣的书稿坚决拒之门外。把关首先要把好政治关，要特别注意政策性和政治性问题，如改革开放方针、四项基本原则、国家机密、涉外关系和边界、民族和宗教、封建迷信等敏感性问题，以及技术政策，技术法规等。编辑把关的另一含义是改错，书稿不得有错。作者著书立说是一项非常复杂的创造性劳动，书稿的完成不可能完美无缺、“天衣无缝”，总会存在这样那样的问题，编辑有责任把这些问题解决在出版之前。那种认为加工是“雕虫小技”，是文字匠，不耐烦给作者改稿，不愿为他人做“嫁衣”，都是不负责任的态度，是与编辑职责格格不入的。

“文责自负”与编辑把关是矛盾的统一体，不能混同，更不能对立，著作者和编辑只是分工不同。在具体实践中，编辑把关和“文责自负”的矛盾主要表现在如何评价书稿和对待改错上。一般来说著作者对自己的作品带有一定的主观性。编辑总的来说是局外人，对书稿的认识常有一定的客观性。而另一方面著作者在写一部书稿时一般要作大量的调查研究，对书稿的认识又具有某种客观性，而编辑在自己分工负责的学科内，又容易形成一种思维定势，又不可避免某种主观性。在这种主、客观交叉存在的情况下，对某些问题的认识就可能有差异，要求大同，存小异。更应要求编辑超越自我，决不能有框框，不能拿自己的框框去套别人的内容。要以更广阔的视野、科学的态度去认识书稿，这才是一个合格的编辑。对编辑来说要履行自己的职责，又要尊重著作者，对著作者来说，这是自己应有的权利，也是自己应承担的义务。目的是一致的，共同对社会负责，为读者服务。

**2. 尊重作者的劳动，保持作者的观点和风格**

一部书稿的完成，著作者要付出艰辛的劳动，有的甚至付出了毕生的精力和全部心血。作为编辑应尊重他人的劳动，要慎重对待原稿的修改。重大的修改与重要的增删，要同著作者商量，虚心听取著作者的意见，最好请著作者自己修改，不“越俎代庖”。千万不要以粗暴的态度对书稿乱砍乱删。编辑不能从个人爱好甚至偏见出发，以自己的认识、感情和语言风格来代替作者的认识、感情和风格，把书稿改得面目全非。

编辑加工时要特别注意作者的学术观点，只要观点没有违背现行政策和法规，言之有理，就要加以保护。当然要坚持原则，对有争议的观点和材料，编辑有责任提出意见，供作者参考，耐心地同作者商量；对某些非原则性问题，不能强人就己，不要任意修改。只有这样，“百家争鸣”的风气才能盛行。还要注意在书稿内容正确的前提下，一定要保持作者原稿的风格，特别是一些有成就的作者，他们在书稿的结构形式、文字表达诸方面，都已经形成了自己独特的风格，这是一种客观存在。所谓“文如其人”就是这个道理。编辑要分析作者的风格，学习作者的风格，加工时要依着作者的路子改，要尽可能利用作者原来的结构形式、原来的那些词汇，以保持作者的风格。不要按照自己的习惯大笔一挥。这样可能省事，但往往适得其反，好像给一部书稿补上了几块“疤瘌”，很不协调；更可怕的是很可能一个出版社出的书就是那么几副面孔，就只剩下千篇一律的几种样板风格。要允许利用各种不同风格的表现形式阐述各种学术问题和普及科技知识。当然编辑还要把关，要注意找错，把语法上的错误、修辞上的错误、逻辑上的错误找出来，改正过来。只有这样，才能创造出多种不同风格的生动活泼的形式来，这才是繁荣科技创作、贯彻“百花齐放”方针的重要保证。

**3. 要“锦上添花”，不要“画蛇添足”**

编辑加工的任务是把关、改错、修饰、润色，把书稿的内容、结构、形式、表达等等修改得更加准确、合理、简明、易懂，使书稿的规格规范化。这些都是围绕着提高书稿质量这个中心。但决不是说一部书稿加工修改得越多越好，认为这样才是尽责。编辑加工是在作者得原稿基础上进行的，一要贯彻“文责自负”的原则，二要注意保持作者的写作风格，重视加工修改的质量。下笔之前要反复比较、推敲；修改要有根据，要有说服力，对那些可改可不改之处，就不一定要改，改要改得恰到好处，作到“锦上添花”，给书稿增色。譬如章节标题，很有讲究，应该是突出重点，高度概括，简练醒目，不落俗套。现在有的书稿的章节题目，或过于冗长、繁琐，或过于虚幻，把握不住内容，往往要靠编辑“画龙点睛”的手法加以修饰和提炼。所以编辑加工一定要深入研究，深思熟虑，弄懂弄通。凡是不熟悉的，或有疑问的地方，加工时不要怕麻烦，不要存侥幸心理，应该查证一下，决不凭自己不十分可靠的记忆随意修改。否则有可能要闹出“画蛇添足”的笑话。有些编辑拿到稿件后总以为不改似乎自己没有做什么工作，似乎不足以显示自己的水平，好像改得越多说明自己的水平越高。这种想法显然不妥。滥改的结果，极易出现“误伤”和“医疗事故”。作为一名成熟的编辑，他的“看家”本领，既要知道哪里应该改、怎么改，改得“锦上添花”，还要知道哪里不应该改，没必要改，决不“画蛇添足”。

## 三、加工前的准备

**1. 检查书稿及选题、审稿审批文件是否齐全**

书稿经过三审（或二审）批准采用后，便交编辑或助理编辑加工整理。

编辑接到书稿后，首先要分别清点文稿和图稿，检查书稿是否齐全，以便及时发现问题。如有短缺，或抄稿质量、插图质量不符合出版要求时，要尽快同作者联系，请作者补齐短缺的文稿或图稿，或请作者按出版规定誊清或校对文稿、描好图稿或补拍照片。这些工作绝不可大意或拖拉，否则，容易造成加工中途停顿，或加工完后再请作者补齐、誊清、重描文图稿件，一则延误发稿时间，二则很容易出错。有些差错就是由于加工后抄稿抄错又未认真校核产生的。

加工前还要检查并详细阅读选题的组稿、审稿记录和批示。这些文件要随着书稿一起运转，以便下道工序了解上道工序的意见，如选题设想、读者对象、组稿经过、出版要求、各级审稿人对书稿的评价及提出的加工注意事项等，以便全面掌握书稿的情况，遵照上道工序的要求加工书稿。

**2. 熟悉同书稿内容有关的规范标准、工具书和参考资料**

科学技术不能是几个人冥思苦想出来的，一定要继承前人的成果，特别是应用技术和要推广的先进技术，是有一定的社会基础的。有的已制定了相应的标准规范，有的内容已编入了相关的工具书或参考资料内，有的原理和概念可见于教科书中。编辑的专业知识往往有限，稿件中有的内容，可能不熟悉。为了使加工顺利进行，加工前搜集有关资料，有的还需深入学习研究。要掌握标准规范的规定，了解类似图书或文章的内容。一方面利用这些资料来复核书稿的内容，发现问题，解决疑点，还可以了解作者在哪些方面有所创新和发展。加工中要注意突出其特色，在发新书预告时，要宣传其特点。另一方面还可用来对照书稿的内容同其他资料是否雷同，甚至有否侵权行为。这一点应引起编辑的高度重视。编辑要熟悉著作权法，并要提醒作者，一定要遵守国家著作权法规定，决不可侵权他人著作权。按照我国著作权法第二十二条的规定："……（二）为介绍、评论某一作品或者说明某一问题，在作品中适当引用他人已经发表的作品；……"，"可以不经著作权人许可，不向其支付报酬，但应指明作者姓名、作品名称，并且不得侵犯著作权人依照本法享有的其他权利"。我们在加工前和加工中审阅书稿或查证其他参考文献时，一定要注意掌握好"适当引用"的界限；（1）引用的目的的仅限于介绍、评论某一作品或者说明某一问题；（2）所引用部分不能构成引用人作品的主要部分或者实质部分；（3）不得损害被引用他人的作品著作权人的利益。除此之外，书稿中引用他人的作品，包括文字、符号、数码等表示出来的各种形式的作品，如口述作品，绘画、书法、雕塑、建筑等美术作品，摄影作品，电影、电视、录像作品，工程设计、产品设计图纸及其说明，地图、示意图等图形作品，计算机软件等等，均应取得原著作权人的许可，甚至要签订协议。所以一定要查阅同类图书与资料，才能发现问题。一旦发现，定要向本书稿的作者提出，正确处理，要坚决杜绝侵犯著作权的行为。通过审读、比较，如发现有较大的问题和疑点，允许提出与审稿意见相反的意见，要求重新进行三审。如果作者已经发表过别的文章或出版过图书，最好也把它找来，粗读其内容，以了解作者的水平和风格。这对于加工本书稿会有帮助。如此日积月累，一名编辑高手，不仅自己掌握了丰富的翔实的知识，更重要的是对发现的问题能很快找到参考书来核实。

在加工时要深入思考，敢于怀疑，勤于考证，虚心求教，这不仅是提高书稿质量的重要保证，而且对提高编辑人员的业务水平和素质都是十分重要的。

**3. 通读一遍书稿，摸清底细，作到心中有数**

对书稿的评价，是否需要加工，如何加工，加工中的注意事项，这些问题在审稿意见书中都会有记载。编辑应根据审稿意见加工书稿。加工前，一定还要通读全稿。这实际也可看成是一次审稿，以便掌握书稿全貌，了解其整体内容。重点要注意:（1）政治观点。是否符合辩证唯物主义和历史唯物主义的观点，有否涉及国际关系、国家主权、国家机密、技术政策、经济政策、民族政策等问题。特别是一些敏感性问题，如马克思主义理论问题、计划经济与市场经济问题、港澳台名称、地图的国界线、自然资源、专利等等。（2）科学性。资料要翔实，论据要充分，结论要必然；概念、定义、原理的阐述要规范；公式、数据、图表要准确。还要注意是否采用法定计量单位，内容是否符合现行标准规范。（3）框架结构。章节要合理，整体与局部、局部与局部要有内在联系，内容系统，重点突出，层次分明，前后呼应。（4）文字表达。文字叙述要符合语言规范，合乎逻辑，标点符号使用准确。（5）图稿。图稿要与文稿密切配合，相互补充，要符合各专业制图标准的要求。这样把书稿的底细摸透。掌握它的主要问题、普遍性问题，明确加工重点，以便制定加工方案。还应该了解作者的经历、水平、习惯、风格等等。因为加工书稿不仅要同书稿文字打交道，还要同作者本人交往。了解作者，才能处理好同作者的关系。这些工作作得好，就会“胸有成竹”，得心应手。绝不能拿到书稿后，红笔一挥，采取改着瞧的态度。这种作风往往是不成功的，即使加工下来了，肯定会遇到一些预想不到的困难和问题，或者对一些共性问题反反复复改来改去，甚至半途而废，这样的例子并不少见。

## 四、加工的主要内容与要求

### 1. 确保无政治性差错

一般来说，科技图书不会议论政治性问题，特别是我们吸取了 20 世纪六七十年代“穿靴戴帽”的形式主义作法的教训后，往往都是开门见山。但是也不尽然，当作者论述某个问题、引用某些资料时，也可能涉及一些政治性问题。加工的稿件已经过三审，从宏观上看，大的问题一般不会存在了。但是在叙述具体技术问题时，可能涉及一些政策性问题。而字里行间谈到这些问题时，在审稿过程中又容易被忽视，这就要求我们加工时把好关。

科技图书中涉及的政治性和政策性问题一般有以下内容：（1）介绍的内容和观点是否符合宪法及其他法律的规定，是否符合党和国家的方针、政策，包括技术政策、经济政策、管理政策等。在叙述具体问题时，有的作者总喜欢加上几句评论性语言，问题往往就出在这里。我们要了解国家的大政方针，评论语言要符合政策，要实事求是。（2）引用党和国家的文献、史料以及领袖和名人的著述，意思是否完整，针对性是否强，决不能勉强，更不得曲解。引文一般均应查对核实。（3）封建迷信和伪科学。有的人打着科学的幌子宣扬伪科学，这已不是科学性问题了。如看相术、风水中的某些观点等，甚至在科普书中散布。对此我们应高度重视。（4）涉外关系，包括国家的名称、地区与国家的区别都要准确表达。这里要特别提醒注意地图中的国境线，中国与俄罗斯、印度等国家有几段未定界，还有海域国界线，其画法、线条的走向一定要同地图出版社出版的最新地图吻合。按规定，涉及这些问题的地图，在审稿时就要送国家测绘总局审批。（5）领土完整。众所周知，台湾、香港、澳门是我国领土的一部分。决不能同其他国家相提并论。在有些翻译书中，也要注意对西藏的提法。（6）民族政策与宗教政策问题。这是一个重要的政策问题，决不可轻视，处理不好，会影响国际关系和国家的安定团结。此类事件累有发生，要引以为戒。（7）保密。保守国家机密是每个编辑的职责。国家的矿产资源、尖端技术、未公开的统计数字等均属于机密，书稿中决不能随意公布。（8）不得传播黄色、淫秽及不健康的内容，特别是文学艺术及大众化娱乐类图书，要杜绝滥、低、浅等毛病，才能从“闹区”、“灾区”进入文明区。

2. 确保内容的科学性

科学性是科技图书的灵魂。科技图书的任务是，总结先进科技理论和成果，传播科技知识，为促进科技发展、生产力提高、人才培养服务。因此，必须确保其内容的科学性、先进性。一本科技图书，如果存在科学性错误，一经流传，不仅会贻误读者，而且会直接有害于经济建设，甚至危机人民的生命财产。

对科学性问题的检查和加工，要特别注意以下几点：

（1）内容和观点要正确，理论要有根据，要经得起实践的检验，并要有说服力，言之有理。应用技术图书，特别是手册类工具书，要强调实用性，内容要符合现行标准与规范的要求。这些问题是审稿阶段注意的重点，加工时也不能忽视。特别是一些科学常识问题，更应在加工时把住关。

（2）概念、定义、原理要准确无误。概念、定义是揭示事物的本质属性；原理是指具有普遍意义的基本规律。我们首先要从这个基本点来检验概念、定义、原理使用和阐释是否正确，还可用逻辑推理方法、比较的方法加以验证。特别是一些原理、概念应用于具体的工程技术，要注意材料是否准确、条件是否吻合、阐述是否全面。

（3）公式、数据要准确。公式包括计算式、关系式和方程式，是科技图书的重要内容，它同各种数据，构成一本书的精髓。要特别注意检查和加工，一旦出错，将会“失之毫厘，差之千里。”公式中的每一个字符，包括它的上下角码、大小写法、正斜体都有不同的含义；公式中的算式符号，包括各种括号、分号亦是涉及公式正误的关键。各种数据，包括小数点、计量单位、数码“0”，都来不得半点疏忽。某省科技出版社曾出版过一本《家庭饲养技术》，在叙述治疗鸡病时写道：“饲喂苏打片，日喂两次，每次 0.25 克，……”。江苏省泰县一养鸡专业户照此饲喂，结果第二天 500 只小鸡死亡。经鉴定是因药剂量过大，中毒而死。追查到该书，才发现 0.25 系 0.025 之误。一个“0”，铸成大错。类似的事故也非就此一例。这说明编辑加工绝非圈圈点点的文字匠。我们不要小看一个符号，甚至一个小数点。要用我们掌握的知识来复核，检查数字和符号的变化规律，对照前后演算过程，核算量纲等等，这些都是在加工过程中可以随时作得到的。还可以利用计算器或微机抽查某些计算式及演算过程。经过检查和抽查，基本可以作到心中有数。也可不必全部复核。如抽查发现问题较多,则可请作者再次计算一遍。

（4）专门名词、术语、计量单位要规范化。科技图书要牵涉到许多专门名词、术语和计量单位，国家有关部门曾对此有过明确的规定，科技编辑应该模范地遵守这些规定，这样就不至于在学术交流时产生障碍。首先要熟悉这些规定，检查稿件中使用的专门名词与术语是否符合中国科学院专门名词统一委员会审定的名词，是否符合各专门部审定的国家标准、行业标准或部颁标准中采用的名词。不要采用地方俗称，更要避免随意编造。还应注意，有些名词有多种叫法，在本书内一定要统一叫法，以免造成混乱。

计量单位一定要采用我国法定计量单位，并要注意在科技图书中表达量值时，在公式、图表和文字叙述中，一律采用单位的国际符号，只在通俗出版物中使用单位的中文符号。

（5）历史事实、人物和时间要核实。在科技史和某些综合性图书中，或科技图书的前言、绪论和概述中往往要涉及一些发明、著名工程、技术革新、重大会议等历史事件,这里就要谈到人物、时间等。这些都是客观的历史事实，一定要准确，不能人云亦云，或凭不十分准确的记忆随意发挥。加工时一定要检查核实，可以查阅权威性高的史书、年鉴、辞书或向学者、专家请教。

### 3. 结构要合理

结构是指书稿篇、章、节的层次安排。层次的多少，应根据内容的繁简合理安排。一般图书分为章、节，小节。大型图书除可分卷（分册）外，还可增加篇。关于卷、篇、章的安排，大的结构布局，在组稿和审稿时就应予以审定。图书的结构还要有很好的表达形式，目前主要采用以下两种。

加工时应该把重点放在节、小节、段落的层次安排上。章节要紧凑，层次要分明。节应该在章题内容的统帅下，前后互相呼应、连贯、循序渐进，防止重复。一节只有一个中心，围绕这个中心又可分为几个小节或若干段落。段落是作者思路的一个步骤，具有相对独立的完整的意思，是图书的最小的结构单位。一段只能阐述一个意思，这样阅读起来才能抓住要领。

| 第×篇 | 第×篇 |
|---|---|
| 第×章<br>第×节<br>一、<br>(一)<br>1.<br>1)<br>(1) | 1.<br>1.1<br>1.1.1<br>1.1.1.1<br>1)<br>(1)<br>① |

篇、章、节、小节都应有标题。标题要准确地表达中心内容，题文相符。科

技图书的标题一般应用朴实的语言，开宗明义，简短醒目。如果小节的内容仍很复杂或文字太长，还应该增加小标题。这样更便于读者阅读或宣讲。

**4. 文字表达要规范化**

科技图书的语言特点是，一要用词准确，二要清晰易懂，并要注意文字的规范化。科技知识一般都有严格的规范要求、严密的定量关系，因此用文字表达时就一定要准确、简明，不致产生误解和混乱。在这方面经常要遇到下列一些问题

（1）语法。语法即语言的规范，这是我们说话、写文章必须遵守的基本法则。加工时要养成语法分析的习惯，特别是对那些很别扭甚至看不明白的长句子,利用语法来分析,就很容易找到它的毛病。有的句子虽语感好，但经不起语法推敲。利用语法分析找出问题，对症下药就好下笔加工。

常见的语法毛病主要是结构不完整和结构混乱。检查的方法首先确定句子的类型，是单句还是复合句，然后分析句子的组成成分，分别找出主语、谓语、宾语、定语、状语、补语，再把句子的各个成分联系起来考察。譬如有这样一个句子："如果绕制不合理，绝缘处理不当，均易使变压器发生击穿现象。"用语法分析一下，前两小句是状语，状语是不能当主语的。此外找不到主语，语法结构不完整，残缺不全。

在科技图书中还常常出现这样的毛病：一是状语位置不当，二是定语太长，例如"这台机器为了保证正常运转要定期检修"、"这个计算过程由计算机计算的话只需几分钟时间"。有时还在主语之后或状语之后加一个逗号，这种句型把主谓语分离，在其中加上一个状语（甚至是很长的插入语），这样，就增加了理解的难度。把状语提前，使谓语紧贴主语，意思就很清楚了。这就是状语位置不当的病句。科技图书中定语很长的句子是经常出现的。这些毛病编辑加工时就应稍加修改，应该多用短句，既简明又易懂。

（2）修辞。一本书不仅要求语法正确，还要用最佳的表达方法，达到最完美的表达效果，即所谓"辞约而旨丰"、"文简而理周"。这就要求加工时在修辞上下工夫。在科技书稿中常常遇到词不达意、搭配不当、用词混乱等现象。如"面对这种情景能不无动于衷！""他无时无刻不在想念亲人"。用词与它的本意完全相反。又如"减少 ×× 倍"。这是经常出现用词错误的例子。其实用心分析一下就能看出它的毛病。1 增加 1 倍是 2，2 增加两倍是 6，那 1 减少 1 倍应该是零，1 减少 2 倍是负值。这种表达方法实在费解。而有人往往把 1 减少到 0.5 称为"减少 1 倍",难道 0.5 是 1 的 1 倍吗。这就很混乱了，而应该是减少 50% 才对。又例如经常出现这样的句型："主

要着重于……”、“存在有”、“必须要”、“就有可能”，这里“主要”与“着重”、“存在”与“有”、“必须”与“要”、“就”与“有”分别是一对意思相同的词。还有“对……进行说明”、“与……发生混淆”、“以……为最”、“加以解决”，这都显得很啰嗦。而有时一些成对的连词必须成对使用，如“不但……，而且……”；“由于……，因此……”；“即使……，也……”；“既然……，那就……”；“无论……，都……”等等，却往往有了前面的丢了后面的，句子不完整。

（3）用字。为了纯洁语言，确保语言的规范化，用字也非常重要。每个字都有它自身的含义，不能混用。

象“截至”、“截止”不分，“即使”、“既是”混用，“振”与“震”、“叠”与“迭”、“覆”与“复”等乱用。加工时要严加区别。

还有，错别字、非正规简化字等经常出现。最常见的有把“零件”错写成“另件”、“圆形”→“园形”、“预先”→“予先”、“作为”→“做为”、“坐落”→“座落”、“安装”→“按装”。还有“他”与“它”、“副”与“付”、“舞”与“午”、“蓝”与“兰”、“遇”与“迂”、“龄”与“令”、“度”与“渡”、“赏”与“尝”、“至”与“致”不分，随意书写，加工时要弄懂什么意思，把错别字改正过来。有人把一本内容质量很高的书比作一桌色香味美的酒席，而把差错比作饭里的沙子、菜里的腐根烂叶，一吃就牙碜，一咬就恶心。

（4）标点符号。标点符号是书面语言的重要组成部分，它是准确表达语义、语气和分析语法必不可少的符号。关于标点符号的用法，国家语言文字工作委员会和新闻出版署1990年作了新的规定。但标点符号的使用往往被忽视，不假思索随意乱用。譬如1991年全国30家省报编校质量评比中发现，有的报纸标点差错率竟比错字率高几十倍。以一家省报发表的一篇3000字的文章为例，错别漏字8个，占0.26%；标点符号共381个，错用43个，占11.28%。

科技书稿中标点符号的差错率恐怕也不会低。常见的有：顿号、逗号、分号、句号乱用。特别是顿号、逗号不加区别。句号是表示一句话之后的停顿，而一些科技书稿中一段数百字的文字，逗号一直点到底，其实这一段文字已经是讲了好几层意思了，该断句的地方没有使用句号。还有不少人不了解分号是低于句号的层次，往往在一段文字中用了句号，而在末尾用分号，这就不对了。

还有经常出现乱用顿号的例子，有的在表示一个概略数的两个数字间加上了顿号，如“七八米”写成了“七、八米”、“五六十年代”写成了“五、六十年代”。这个顿号便是“蛇足”。还经常出现乱用引号的情况，如喜欢给一些新名词或专业名词随意加上引号，这也可以理解为著作者并不同意这个名词，只是一种所谓之意（带有贬义）。如果这个引号加在政治性术语上就会造成歧义。

破折号与连接号要严格区分。破折号为二字线，一般用于注释、同义词以及意思的转折和引申等。连接号为一字线，用于起止域范围。如为数值范围，多用符号“～”。若构成复合名词时，其中应为半字线符号“-”。

**5. 数字与量符号要准确**

数字除要核实它的准确性外，还有一个表达方式问题，国家语言文字工作委员会和国家出版局等单位在 1987 年对有些表达方法已有规定，这是一定要遵守的；有些是为统一而沿用的习惯用法。由于许多作者对此不太熟悉，在加工时要按规定严格把关。

数字的用法总的原则是：凡是可以使用阿拉伯数字而且又很得体的地方，均应使用阿拉伯字，特别是表示公历世纪、年代、年、月、日、时刻等应使用阿拉伯数字（但星期几及夏历与我国清代以前的历史纪年应使用汉字）。年份一般不能简称，如 1992 年不能简称 92 年。另外，计数与计量时也应用阿拉伯数字表示。

而下列情况使用数字时要用汉字表示：一是数字作为词素构成定型的词、词组、惯用语、缩略语或具有修辞色彩的语句，如“二氧化碳”、“‘八五’计划”、“五· 四运动”、“七上八下”、“二万五千里长征”等等。二是表示概数时，如“三五天”、“十之八九”、“一千七八百元”等。

随着科学技术的发展和进步，量符号已是越来越复杂，为了科技交流，量符号的准确使用与统一更显得非常重要。在这方面国际标准化组织已有不少规定，1984 年国务院发布了统一实行法定计量单位的命令。1986 年我国国家标准局又重新修订了量和单位的 15 项国家标准，不仅对各基础学科的量有明确的规定，而且对量的名称、符号、量纲、量的单位符号以及下标等的大小写、正斜体、黑白体都有明确的规定，许多行业标准及部颁规范等又都作了一些补充规定，这是我们应该严格遵照执行的。

符号多用拉丁字母、希腊字母表示，而这些字母的大小写与正斜体都有特定的用途，是有规律的，我们要熟悉它。如计量单位符号，数学符号，化学元素，粒子和射线的符号，量子态符号，材料硬度符号，公差配合及螺纹符号，生物学中科以上的拉丁文学名，标准代号，仪器、元件、样品、产品等型号，方位及经纬度，数学信息代码及计算机程序和指令等等，都是使用外文字母的正体。物理量、几何量、数学中的一般标量，无量纲参数，化学中的旋光性和构型，生物学中拉丁学名属名称种名，均用外文字母的斜体表示。科技图书中的各种量还可能有不同的限定条件，所以对基本量就要增加各种辅助性的符号。如下角标，往往还可构成三踏步（如 $A\mathrm{x}_2$），甚至四踏步。下角标应优先采用国际性规定的字符。下角标来自量的符号或变动性数字符号时，一律用外文字母的斜体书写，其他情况的下角标均为字母的正体。下角标字符应尽可能简单，避免多踏步。

**6. 图表要简明而清晰**

图表是图书的重要组成部分。插图的直观性和形象性特点，使其起到大段的文字叙述所起不到的作用，因而不可缺少。插图有形象表意的实物图（包括照片图）和抽象表意的原理图、坐标图、示意图、方框图等。有人做过实验，发现图形所表现的内容，为读者所接受的程度要比文字高得多。因而当今的图书（尤其是科技图书）中插图的比例有增多的趋势。但图一定要紧密配合正文的内容，图面要简明，突出主题，否则不但不能起到帮助理解正文的作用，反而增加了复杂性，又增大了版面。图中的说明是直接写出名称还是采用代号，要根据专业的不同来确定，不能图省事强求一律，如工程设计图、施工图、人体解剖图等就应直接标其名称，机械图一般习惯把零件按顺时针方向顺序编成数字号，即呼应注的形式。整个图面要安排得紧凑，大样图或图例，要画在插图的空隙处，尽量缩小图面。图中的说明文字要写在被说明部分的附近空白处，或用引线引至图幅的空白处。引线应尽量避免通过图中线条密集的地方，引线还不要互相交叉。图幅不要太大，均能缩小到版芯内，如实在不能缩小，可考虑放在单双页码内作跨页处理，或将大图分解成几个小图，尽量减少插页，以免给装订带来困难。

加工时要注意插图必须同正文的有关内容密切配合，图、文中的符号、数据、名称应完全一致，相互呼应。

图序一般按章编号为好，即使有所增删，也只影响本章的序号。图名（或称图题）要像标题一样简明，分图应按（a）、（b）……顺序编号。

图书中的表大多为文字和数字，特别是手册类工具书，采用了大量的数字表。要特别注意数字的准确性，加工时不可能一一复核，但应抽查，结合数字的增减规律进行估算复核。表要同正文相互配合，表中的项目、符号、名称要同正文完全一致，表序号也最好按章编写。表名（表题）亦应简明。

**7. 辅文要简明而实用**

辅文是一本书中正文以外的辅助性材料。正文前的辅文一般有内容提要、序、前言、出版说明、目录、符号表、人物表等，正文后的辅文通常有各类索引、注释、参考文献、各类附录、后记或跋等。辅文，一类是为了方便查阅正文内容的，一类是为了理解正文内容而提供的参考研究资料。

（1）封面、扉页、版权页上的书名，副标题，著作者名，编、著还是编著，版次，出版者等一定要书写准确，保证无误，并要注意一致（有时封面上不署作者名或只署主编或署集体名称，而在扉页上署全体作者名）。这里要特别注意，署名方式和排列顺序一定要尊重著作者意见，决不可强加于人。

（2）内容提要（也称内容简介）。通常是由编辑撰写，以两三百字为宜，印在版权页上方或封四上。内容提要是客观地介绍该书的特点、内容和读者对象，它既不是广告，也不是评论。主要供图书购销人员订购图书和读者选购图书时参考，所以撰写时不能是目录的罗列，应该写的深入浅出，实事求是，客观地如实地介绍，宜实不宜虚，切忌浮夸、空话连篇。读者对象也要写得具体点。

（3）序言有时简称“序”，分为自序和他序。自序是作者自己撰写的，主要内容包括编写意图、原则、过程和该书的特点、主要解决的问题、内容重点、写作分工、致谢等。一般不宜过长，要简明扼要。空话、套话可删去。他序，一般称代序，往往是作者请名家撰写，内容主要是介绍作者、分析作品、阐述本学科的现状和发展。加工时注意分析评价要实事求是，不要滥用溢美之词。他序要排在自序之前。要注意修订版的序言。如果第一版已有序言，修订版或以后的第三版、第四版等也有序言，旧版序言一般还要保留，排印在新版序言后。

有时只是作一些简单的交待和介绍，也可分别用前言、编者的话、出版说明等。出版说明是由编辑撰写，从出版者的角度向读者介绍该书出版背景、特点、评价、使用时注意的问题，也可介绍作者等有关内容。

巴金曾对写序、跋有过一段话：“说老实话，我过去写前言、后记有两种想法：一是向读者宣传甚至灌输我的思想，怕读者看不出我的用意，不惜一再提醒，反复说明；二是把读者当作朋友和熟人，在书上加一篇序或跋，就像打开门招呼客人，让他们看见我家里究竟准备了些什么，他们可以要不要进来坐坐。”这段话非常形象地说明了序、跋的作用。

（4）目录。目录是为读者查找内容而编排的，所以还是详细一点好，一般收入章节两级标题。如篇幅较大或手册类工具书，常常收入三级标题，应该以方便查找内容为原则。

（5）索引。索引是附于正文后面的检索工具，是学术著作不可缺少的辅文之一。有助于读者对相关信息的检索、查询、引证、利用、交流、传播，通过内容索引、名词索引、人名索引、地名索引、重大事件索引、中外文对照索引、年代索引、图题与表题索引、主题索引、文献索引等可以快速查找分散在全书各处的细目。

（6）参考文献。这是作者编写本书时参考的有关文献与资料。应按主次或引用的先后列出，有分章排列的，也有全书集中排列的。有的在引用资料处表明参考文献的号码，有的没有具体标出序号。编辑加工时要特别注意参考文献书写的标准化。1987 年国家标准局颁布了国家标准 GB7714—87“文后参考文献著录规则”，本规则是以国际标准化组织颁布的著录规则为依据。[ 注：2005 年中华人民共和国国家质量监督检验检疫总局和中国国家标准化管理委员会发布了《中华人民共和国国家标准 GB/T 7714—2005：文后参考文献著录规则》代替“GB/T 7714/1987”。此后应按此规则执行。]

## 五、编辑加工的方式与方法

### 1. 多人合作加工

一般情况下，一部书稿只需要一个人加工，他对书稿全面负责。但是往往有些特殊情况，如一部巨著，内容又庞杂，一人加工有困难，便组织多人加工；又如一些大型书稿，发稿时间很紧，一个人忙不过来时，也可组织多人加工。这样做对保证书稿质量、保证发稿时间大有好处。但是也带来了一些弊端，由于每个人对问题的认识程度不同、掌握知识的广度和深度的差异、对整个书稿缺乏全面了解等等，加工的细度就不尽相同，可能会留下一些人为的痕迹，所以加工时要注意两点。

一是，加工前应由审稿编辑向加工编辑介绍书稿的全貌、特点、主要问题、普遍性问题、加工要求及其注意事项等。加工编辑都要了解选题组稿意见、意图及背景，熟悉同书稿内容有关的资料。在掌握了这些情况后，再由主要的责任编辑（可能是审稿编辑，也可能是一般编辑）主持讨论研究出加工方案，除各自按照前述“加工的主要内容与要求”一节探讨的原则把好关外，要特别注意书稿的统一，譬如框架结构及章节题名风格的统一，图表序号表示方法的统一，注释标注的统一，名词术语、符号、计量单位的统一等。这些问题如果事前不统一，就有很大的随意性，不会形成一部书的风格。

二是，主要责任编辑最好要整理检查一遍，特别要对各人加工的部分复核一下，修改是否按照加工方案，是否统一。这里有的问题虽小，但有碍整体。统一要求一定要重视。

**2. 外加工**

或因书稿内容的复杂性，或因发稿任务量大，有些书稿可请社外专家帮助编辑加工。社外专家的某项专业知识与实践经验一般要优于编辑，但编辑专业知识及加工技巧，又不如编辑。请外加工时一定要注意这个特点。要向外加工人交待好编辑加工的各项要求与原则（见前述内容）。特别是头一次加工，一定要交待具体。不按加工原则与要求加工或把书稿改得很乱，将会事倍功半。同样，外加工人要选择好，选择的标准尽可能按成熟的编辑的标准。

外加工后，责任编辑一定要整理、检查，并要提出评价意见。责任编辑不能放弃把关的职责，仍要对书稿负责，并按规定办理发稿手续。

**3. 书稿技术性加工要求**

书稿技术性加工是指区别于对书稿实质性内容加工的形式上的加工与整理，它同实质性内容加工同时进行。虽然不是实质性内容的加工，但也关系到图书的整体质量，有时也同实质性内容加工混同一起，很难区分，所以书稿技术性加工也同样是重要的工作。书稿技术性加工主要要注意几个问题。

（1）统一。这对于大型书稿、合著或多人加工的书稿要特别注意。一部书是一个系统，无论是名词术语、译名、人的称谓、单位的表示、用字等等，还是体例、格式、注释方式、图表的表示，都要统一。前后不一致的现象经常出现，譬如：计算机、电子计算机、电脑，内聚力、凝聚力，莱茵河、来因河，太沙基、特扎基（人名），举不胜举，改不胜改，但一部书一定要统一。又如注释是采用夹注还是页下注，顺序号的表示与编排，也要一致。

（2）标注。主要是指对外文符号的标注，外文符号因代表的含义不同，而有大小写、正斜体之分；又因拉丁字母、希腊字母、俄文字母有些字母形体很相似。这些区别，要求录入员和校对人员都要掌握，恐怕不可能，所以编辑加工时，要标注。还有一些数学符号、上下角等等也要标注。特别是数理化图书更要注意。为了区分正文与标注，标注要用铅笔书写，不能用红、黑墨水或圆珠笔标注，否则下道工序无法辨别。

（3）不要使用校对符号改稿。校对符号是为了便于印刷厂改版而编制的一套改正符号，因为要突出改错，符号很鲜明、醒目，编辑要掌握这套符号。而有一些编辑，偏偏把校对符号用在加工上，结果把稿面改得乱七八糟，这是很不好的习惯。加工时要注意，增加的字一定写在增加部位方格的上方空行内，如果要增加几句话或一段文字，应将稿纸剪开，贴在应增加的部位。此时要注意还要保持纸稿的规格一致，不能接长或缩短，更不能写在条上再贴到纸稿边缘。也不能用校对符号，拉出一条长线，引到稿纸的天头地脚去写。删去的字或句子，则要用红墨水规规矩矩涂抹覆盖，不能用长线拉到框外再转几个圈。还要严格掌握一点，编辑改稿，只能使用红色墨水。

## 六、发稿

书稿经过编辑加工完成之后，便要发稿了，在发稿之前，对所加工的书稿进行一次全面的检查和整理是极其必要的。一般的书稿编辑加工时间约一两个月，有的在半年以上。由于加工的内容实在复杂，千头万绪；加工的时间拖得很久、不连贯，因此难免在个别地方出现衔接不顺、顾此失彼等问题。千辛万苦既已付出，最终的收尾当然要完满才好，因而最后的整理工作十分必要。

### 1. 发稿要齐、清、定

书稿齐、清、定是加工发稿的基本要求。

“齐”：发稿时书稿一定要齐全，包括文稿和图稿，不得遗漏、短缺，也不得重复。文稿要从扉页、内容提要、版权页、序、前言、目录、正文一直到参考文献、后记等逐页编好页码。要检查序号码和书稿页码是否吻合，不得重复或遗漏。还要检查图号、表号、公式号的顺序，与正文是否对应。还应要求书稿稿纸大小一致，一是不要部分书稿用 16 开稿纸，部分书稿用 8 开的纸；二是不要将稿纸接长、剪短或两边贴条。因为超出纸面的部分必然要折贴，几经周折，折贴部分易断，容易丢失；三是有的书稿是铅印稿或手写稿，其规格也要一致，还要注意此种书稿也同样只能是正面有效，背面一定要用红墨水打叉或用白纸覆盖。

“清”：加工后的书稿一定要清清楚楚，原稿字迹清晰、工整，加工得很醒目、“规矩”，易于辨认。不是说书稿不能改动，而是要求涂改勾画清楚，一目了然，整整齐齐，不要让下工序左猜右想，否则很容易出错。这就要求我们加工时要养成一丝不苟的作风。我们不仅要求著作者抄写书稿要工工整整，编辑加工写字更应作出榜样，规规矩矩，还要注意，编辑加工的专用颜色是红色，不要随便拿到什么笔就改起来，五颜六色，无法辨认。不要用校对符号改稿，弄得修改符号纵横交叉，眼花缭乱。

“定”：就是发稿定稿，所发的书稿内容都要确定，不能存有未定问题。不能把问题留到看校样时再改定，以免排版后造成推行倒版，一则影响出书周期，二则也容易出错。

“齐、清、定”是我们编辑加工的基本要求，也是我们应该遵守的原则，最后整理应该按这个要求来验收。

整理好后，最好再检查一遍，重点是检查章、节、小节、公式、图、表、页码的顺序号及各种量的符号是否统一。

**2. 发稿单据的填写**

书稿加工整理后，便要填写各种单据，履行发稿手续。尽管各出版社填写的单据不尽相同，但不外乎有加工报告、发稿单、新书预告单、稿费支付单、封面设计通知单等。

加工报告是加工编辑介绍该书稿加工过程，总结发现的主要问题以及处理结果，并对书稿作出评价的工作报告，如果书稿涉及重大问题或有疑难问题，要提出请复审、室主任及终审、总编辑审定。加工报告后附有加工记录，以供复审及终审复核。

发稿单是书稿项目的记录。对某些特殊要求，如装帧设计和用纸的要求、对校样的要求、对出书时间的要求等等，应一一在发稿单上写明，以便各级签字认可后执行。

新书预告单是发给发行部门征订图书印数的依据，开书、用纸、装帧方式、字数都要准确填写，以便估计定价及出书时间。新书预告的内容一般可以与内容提要相同，但要注意，对某些生僻的书名要略加简要解释，以帮助图书征订人员准确了解该书的内容。

封面设计通知单是封面设计人员设计封面的依据。开本、字数一定要准确填写。字数估计不准，书脊就不合适，影响装帧，影响美观。此外，作者或编辑对封面有何要求也应在单据上提出或提供样本、插图、照片等资料。

各种单据填写好后，连同文稿、图稿交给复审编复核。此外还要注意清理该书稿的档案，将选题审批书、书稿审批书，同作者的来往信件等等整理归档。至此，整个加工过程即告完毕。

# 议“文责自负”

“文责自负”是出版界几十年来流行的一句名言，是出版界用于明确作品责任的一句术语。顾名思义，“文责”是指“作者对文章内容的正确性以及在读者中发生的作用所应负的责任”(《现代汉语词典》)。“文责自负”就是说上述责任应由行文者自己担当。它比“作者主责论”说的更明确,表达的更清晰。这个观点本身并没错，职责分明。但仔细思考：图书报刊以及网络等文化载体中的“文责”能仅仅由作者自己担当吗？！请看西方国家的两个例子。2003年5月29日美国广播公司（BBC）记者吉利根在《今日》节目中报道：根据政府部门一位官员提供的内幕消息，布莱尔政府是因为蓄意夸大对伊拉克大规模杀伤性武器的情报档案，才赢得了议会对伊拉克战争的支持一案。后来英国高级法官赫顿公布：BBC的报道没有事实根据，同时宣判BBC就此事道歉。这导致该公司总裁戴维斯、总经理戴克和该记者相继辞职。又如2004年10月3日，有一网民在美联社福克斯新闻频道公共网站上贴出虚假新闻：民主党总统候选人克里是“都市新男”。后法院判决福克斯新闻频道向克里道歉。这能说明以“文责自负”为由,只能由作者、记者和网民负责,媒体本身无责吗!在一贯标榜言论自由的西方国家不也是不可能实现“文责自负”吗？！

出版物，它是一种具有精神产品属性的特殊商品，它具有影响人、改变人的世界观、价值观的作用。我国三十年前出现在某些报刊上的“资产阶级自由化”、“法轮功”的文章,它危及国家的安全与稳定,为此严重的“文责”，是能由作者“自负”的了的吗!

我国的新闻出版事业，一直是实行政府审批制度，即市场准入制度，出版者代表的是政府、社会和公众的责任与利益；它的活动还要受到法规、政策等等的制约，它代表政府承担着审查的责任，因此出版者对出版物是不能逃避其责任的。

记得在1989年前后，上海某家出版社引进出版了《性风俗》一书，出版后发现书中的内容严重伤害了穆斯林的感情，严重的政治错误，影响极坏，在全国一个相当大的地区内造成了极为不良的后果，这能用“文责自负”解释得过去吗？该事件其后果是责任编辑、总编辑、社长受到严厉的处罚。这样的例子还有，自1995年至2001年由于问题严重被撤销的出版社有5家，停业整顿的有12家。

"文责自负"行不通的另一个重要事实是，《著作权法》第二十九条规定："图书出版者出版图书应当和著作权人订立出版合同，并支付报酬"；第三十三条还规定："图书出版者经作者许可，可以对作品修改、删节"。在许多出版社的"出版合同"中都明确写出了"甲方（著作权人）授权乙方（出版者）在编辑加工作品时，可对上述作品中的史实、事实等明显错误进行订正，对上述作品可做文字修改、删节和编辑方向的技术性处理。"

稿件经过出版社的审查（用制度规定下来为三审制）、批准，认为符合出版要求，没有包括《著作权法》、《出版管理条例》等规定的不得含有的内容，便可与著作权人签订有上述授权内容的出版合同。一旦签订合同，出版社得到了著作人的授权，便可对作品进行编辑加工，所以出版合同是联结着著作权人与出版者双方关系的重要法规形式，明确了出版者出版作品并非完成按照著作权人的要求来完成的，因为出版者通过编辑还要对该作品进行合同上明确的编辑加工。也可以说作品在出版过程中出版者和著作权人之间的关系类似民法上的合伙关系，根据法理上的权利和义务相对等原理，如果该出版物产生了不良的社会效果或侵权行为，出版者和著作权人对外应负连带责任。许多案例说明，一旦出现问题，损失最大的，无论是精神上还是经济上的损失，都是出版者。就说经济上的损失吧，著作权人无非是损失稿费，这是很有限的，而出版者呢，要追究这本书的利润，还要停售甚至销毁这本书所有的库存，其经济损失就可能是稿费的几十倍！

以上所述，无非是提醒作者、编辑的高度责任感。毛泽东同志在新中国成立初期就为出版工作题词："认真作好出版工作"。"认真"是多么重要！新闻出版署署长柳斌杰同志感慨地说："出版工作无小事"。还是要认真，各个环节都要当大事来做。

上面说了那些，也决不是全盘否定"文责自负"，只是指出不能绝对化，不能片面强调它的作用，而是要全面地分析。作品是作者的研究成果，是作者的思想表达，是作者的经验表述，理应对稿件的观点、科学性、真实性负直接责任；而编辑只是作品的选择者与加工者，对作品内容只能是提出问题，对作品的表达只能是作文字性修改。责任的大小、轻重，显而易见。编辑作为选择者，他就有着把关的责任，把符合出版要求的作品送到读者手中，不符合出版要求的作品，一定要拒之门外。分清责任，是非分明，但两者又有连带责任的。只有双方合意、共同合作，才能创作出好的作品来。

# 编后工作 *

## 一、编后工作的基本内容及其意义

编后工作是指编辑在发稿后还要继续进行的工作，包括提出对装帧设计的意见、审读校样、审查发行样书、读者工作，以及组织重印和修订再版等。前三项是编辑在出版物排印过程中必须完成的任务，它直接影响出版物的质量和出版周期，后三项是编辑在出书后还须继续进行的工作，它直接关系出版物的生命周期、编辑出版工作的社会效益和经济效益。它们都是整个编辑工作的必要组成部分，因此，编辑要像对待选题、组稿、审稿、加工等工序一样，也要把编后工作认真作好。但由于就整个编辑工作来说编后工作量不算大，且较零散，所以它往往容易被人忽视。有的编辑甚至以为，编辑工作一到发稿就算完了，而把编后工作看作是自己的额外负担，这是很不对的。编后工作的各项内容都直接与书稿的业务内容紧密相关，必须由编辑来做才能搞好。只有把编后工作也看作是编辑的岗位责任，并善于把所有编辑工作的各个环节，有计划地妥善安排，一件一件地切实作好，才能使整个编辑工作达到应有的目的和效果。

## 二、编辑在排印过程中的任务

排印过程是指从编辑部发稿后到出书的全过程。这些工作主要由出版部门和排印装订厂来承担，但必须有编辑部门的支持、指导和协作。编辑在排印过程中的任务主要是：提出对装帧设计的意见、审读校样和审查发行样书。

### （一）提出对装帧设计的意见

出版物的装帧设计包括封面设计、插图设计和版式设计，或按性质分

* 本文刊载于：罗见龙，王耀先主编．科技编辑工作概论 （第六章） ．北京：科学出版社，1984. 本文原为中国出版工作者协会 1983 年出版研究年会论文．刊载于科技出版通讯 .1984,2.

为美术设计和技术设计。它是由专门的设计人员来做，但需要编辑从出版物内容的角度加以指导和关心，方能使出版物达到内容与形式的统一，增强读者的阅读兴趣，取得良好的社会效益。

图书不仅要求内容质量好，而且还应做到形式美，就要求装帧设计好。责任编辑最了解本书稿的内容和价值，对该书的装帧设计应有一个整体的设想，使其与内容形成一个完美的艺术整体。首先，编辑要根据出版物的性质，提出对艺术和设计工作的要求，并及时与各有关方面交换意见，以便在形式和时间等方面很好地协调配合。其次，要热情的对待各设计工作环节，作一些具体的帮助和指导。对开本、封面和装帧，除了如前所述要在封面设计通知单中提出具体要求外，有时还需帮助审阅封面设计的效果样。对插图，要负责检查插图是否正确表达了内容，对大型表格的排法也要提出建议。在组版过程中下工序遇到与内容有关的困难问题时，还需要编辑帮助解决。对版面设计，除在发稿时尽量提出某些特殊要求外，还应当帮助设计人员解决他们工作过程中的某些与内容有关的疑难问题。只有通过与各有关方面的密切协作、共同努力，才能使出版物从内容到形式形成一个完美的整体，既给读者传授科技知识，又能从形象上引起读者选购和学习的兴趣。

**（二）审读校样**

校正录入与排版中的错误是校对人员的责任，校对一般只是对原稿负责，但在校对过程中也常常会碰到一些与内容有关的疑难问题，有的可能就是原稿不清或编辑加工时有所疏忽，这就需要编辑帮助解决。此外，由于排校过程较长，原稿中也可能有某些带时间性的问题需要编辑在成型前再作一次检查，以免成型付印之后发生问题，造成更大的损失。编辑审读校样就是为最后解决这些问题而安排的。一般审读校样在二校或三校以后结合解决校对提出的问题来进行，但也有安排在初校之后审读或初二连校与三校之后审读的，这主要是为了便于编辑在可能改动较多时一起改版而不必增加校次。审读的方法可以根据原稿的加工情况和稿件中带时间性问题的情况而有所不同，一般应着重解决校对中提出的问题和抽查某些可能带时间性问题的地方，如对加工质量不甚放心，最好能全文通读校样。对某些较重要的书稿，也可以先送作者校阅一次，以充分保证出书的质量。对于封面、扉页、版权页中的书名、作译者姓名等较重要的地方，以及篇、章、节题和公式、图表的编码等容易出现错误的地方，要着重加以注意。对外文字、公式、方程式等的转行和图表的位置、方向等排校中易出现问题处，也要注意检查。

审读校样也是保证出版物质量的重要环节，稍有粗心，仍可铸成大错，我们要尽可能把差错消灭在成书之前。

一般来说，审读校样只应该限于改正错误和十分不妥的地方，不能把它当作编辑加工的继续而对原稿大加修改。即使是必须修改的地方，也要力求照顾版面，避免推行倒版。作者、编辑对校样的改动，要使用国家规定的标准校对符号，并用与校对人员不同的色笔书写，以便互相理解和区分责任。

校对人员在校对过程中对原稿提出一些问题，是他们对出版物质量负责的表现，编辑要认真负责地加以考虑和一一帮助解决。由于他们并不熟悉稿件的专业内容，所提出的问题有的可能不是问题，原稿本来是正确的，但这也说明一个不熟悉专业内容的人在阅读时容易出现疑问，编辑对此也应抱欢迎的态度，耐心解释，而不应指责、埋怨，以利于搞好协作，使出版物的质量更有保证。

印刷厂对排印工作的安排是有计划的，校样送审后一般要求限期退厂。因此，对校样一定要及时审读，按期退厂，不要积压，以免造成排印时间和经济上的损失。

### （三）审查发行样书

审查发行样书是出版社在出版物发送给读者之前所进行的最后一次把关，相当于工厂的成品检查，必须严肃对待。由于它主要检查印装质量，所以有些单位主要是负责出版印制的部门承担，发现问题时再与编辑方面商量处理。但因印装质量是否可以发行往往与内容有联系，而且出版物的内容在审读校样以后是否又因形势变化出现新的问题，也需编辑在发行前做最后的斟酌，所以多数单位仍采取出版印制部门检查以后再送编辑部门审查的制度。编辑在审查发行样书时，除注意印装质量外，还应注意书名、作者姓名、出版前言及内容上有无新的政治性、科学性问题，如发现重要错误，可以考虑加印勘误表，必要时要考虑重排换页，甚至停止发行。

## 三、读者工作

读者是出版工作的服务对象。出版物的社会效益如何，主要由读者反映和决定。读者意见是衡量编辑工作好坏的重要标志，也是选题的深度与广度开发、编辑策划工作的重要信息来源。所以，编辑在图书出版后要加强与读者的联系，深入了解读者的意见，不断总结经验教训，使以后的工作做得更好。

读者工作的内容很多，包括协同出版发行部门向发行人员和读者宣传介绍图书，组织撰写书评，征求读者意见，处理读者来信，等等。下面分别加以说明。

### （一）宣传工作

对出版物进行宣传介绍，是发行营销部门的重要任务，但一切宣传材料都必然要联系到出版物的内容和特点，需要编辑的直接帮助。在出版事业不断发展、出版物的品种与日俱增的情况下，宣传推广工作是出版者联系读者、作者的重要手段，必须切实搞好。许多出版发行单位编印了诸如“科技新书目”、“书讯”、“书林”、“新书报道”之类的印刷品，刊登各类图书简介、出版信息与动态，有的出版社还定期编印图书目录、保留书目等，都受到读者和作者的欢迎。有的作者把它们誉为“书海里的灯塔”，“读者和出版社、书店之间的桥梁”。编辑要很好地利用这些宣传品，给读者引路，沟通出版部门与作者、读者的联系，使出版工作更好地为社会主义事业和人民群众服务。有的编辑还利用本单位出版的杂志或图书的封三、封四等刊登一些宣传材料，这也是一种花费少而影响大的好办法。

向发行人员介绍出版物，是间接向读者做宣传的一种方式。它既可以帮助发行人员进一步明确发行意图，更有针对性地作好发行工作，提高发行质量和工作效率，又可以通过他们及时地向读者作口头或书面宣传，以帮助读者选购，使出版物取得更好的社会效益。

应该注意，我们的出版工作是为社会主义事业、人民群众服务的，撰写宣传材料一定要严肃认真，实事求是，对读者负责，绝不可言过其实、故意渲染。此外，宣传材料要写得简明扼要，突出说明出版物的特点，避免千篇一律或长篇大论。只有这样，才能使宣传工作收到良好的效果。

### （二）组织撰写书评

开展图书评论，是辅导读者选购和阅读图书、促进编辑和作者提高出书质量的重要方法，也是贯彻“百家争鸣”方针的具体措施。图书评论对检查出版物的社会效益、繁荣出版事业、交流科学技术、活跃学术氛围都有重要意义。

图书评论可以请有关专家撰写，也可以组织广大读者来评，编辑自己也要积极参加。报纸、杂志是开展书评的重要阵地。编辑要帮助报刊经常组织撰写书评的文章，此外还可以自己组织专题座谈会、讨论会，对某些重要的出版物开展评论，并将座谈、讨论的材料综合成文，争取在报刊上发表。

科技出版物的评论，主要是评它的科学内容是否正确严谨，文字叙述是否通顺清晰，论据是否充分、全面，对当前教学、科研、生产、建设的指导性和适用性如何，跟同类书比较有什么创新和特点，也可以重点评论它的思想观点、社会价值，以及它的针对性、趣味性等等。评论要坚持实事求是、与人为善的原则，提倡用“一分为二”的观点，历史地、辩证地分析问题。要言之有据，说理中肯，恰如其分，既不要模棱两可，敷衍了事，也不要简单地肯定一切或否定一切。书评的语言，要努力作到准确、清楚并亲切感人，最好能采用该出版物特定读者对象所熟悉的语言、词汇，使读者、作者易于理解和接受。

编辑组织书评时要注意抓住重点，对质量较好或拥有大量读者对象的书，以及某些有严重缺点错误的书，要尽快组织书评，使读者、作者能尽早地了解情况，发挥书评的作用。

**（三）征求读者意见和处理读者来信**

征求读者意见的方法多种多样。可以做书面调查，也可以召开读者座谈会，还可以加强同图书馆、资料室和书店的联系。有的单位组织编辑人员到书市、图书展销会等去站柜台，在一些重点图书中附上“读者意见表”，在一些刊物上开辟与读者共同讨论问题的专栏等，这些都是切实可行并行之有效的方法。

读者的意见和要求，还常常通过与出版社直接来信的方式表述。编辑对涉及出版物内容的读者来信，一定要认真研究，及时答复。答复读者来信要满腔热情。如果来信提出的问题比较深奥，可以转请作者研究或请教有关专家后处理。如果读者提出的问题并不正确，或所提要求一时不能做到，也要耐心加以解释。有些读者来信可能只反映了事物的一个侧面或某些表面现象，也要认真加以分析，从中汲取积极的内容，得到新的启发。切不可一遇不合自己口味的来信，便束之高阁，不作处理。有些读者来信，实质上是一篇好的书评，应争取在适当的报刊上发表，这也是调动读者积极参与评书的好办法。要认识到，读者的要求是推动出版社改进工作的动力，只有善于作好读者工作，才能使我们的编辑出版工作越做越好，不断前进。

## 四、图书的重印

### （一）重印的意义

“重印”是指出版社根据社会的需求，利用原来的版型或只改正其中的少许错误、不改定价、不改书号而进行的再次印刷。图书版权页上印出的"第二次印刷"、"第三次印刷"，就是它重印次数的标志。

我们每出版一部书，总希望它有强大的生命力。生命力的强弱，不在于它初版印数的多少，而在于问世后是否受到读者的欢迎。是否能促进生产的发展，是否为传播知识和积累文化作出贡献。认识来源于实践。一部书的好坏有赖于广大读者的鉴别，就是一部内容好的书，也有一个在社会上扩大影响的过程。读者认定了是一部好书，便争相购买，供不应求，因而就要求不断地组织重印或再版，以满足社会的需要，这样才显示出一部书的强大的生命力。

《出版社工作条例》第七条明文指出："初版新书一般印数不要过多，应该在发行过程中经过读者的选择，根据实际需要情况重印或修订再版"。就是说好书不能"一版定终身"，而应不断地重印、再版。中外历代许多名篇佳作，所以能够为后人流传至今，为后世所承，为今人所用，都是和不断的重印、再版分不开的。

图书重印与再版不仅能及时满足读者的需要，繁荣科技文化生活，而且还能够较快地收到经济效益。特别是重印，出版周期短，成本低，利国利民。但是这项工作并未引起所有编辑的足够重视，往往是坐等新华书店提出重印，而很少主动提出重印和再版计划。这也是编辑工作中的一个薄弱环节，应该引起重视。

在某种意义上说，图书重印率能反映编辑选题、组稿工作的好坏。一部书能够不断地重印与再版，说明读者是欢迎的，社会是需要的，是有生命力的，是该书生命周期延续的一种表现。这样的书越多，重印率越高，不也说明一个编辑的成熟率、成就感越高吗！

国外许多出版社重印率都是较高的，日本、德国、法国的重印率均在50%以上，美国一些大出版社几乎接近90%。我们欣喜地发现，我国许多科技出版社的重印率也在逐年上升。以中国建筑工业出版社为例，以下数据足以说明该社逐步走向成熟。

**中国建筑工业出版社重印率统计表**

| 年份 | 重印率 | 年份 | 重印率 |
|---|---|---|---|
| 1980 | 23% | 2006 | 72% |
| 1981 | 27% | 2007 | 65% |
| 1982 | 30% | 2008 | 67% |

注：2006年～2008年的数字是作者在2011年修改此文时增加的。

对于没有买到初版书的读者来说，买一本重印书也等于买到了一本新书，而且在某种意义上还是一本经过初版读者检验，更有价值的书。所以，重印是出版社更好满足读者需要的重要手段。科技理论著译，内容相对稳定，绝大多数具有重印价值，尤其应该注意及时重印，更好地发挥作用。

为了适应科学技术迅速发展的需要，有的出版社允许作者在重印时对书的内容作少量的改写或增补。他们把增补的内容用附加页码的形式插排在书中或在书末加排补遗，以免全部挖改页码。这种作法是修订再版以前的权宜措施。重印书应加上“重印说明”，并对改写、增补的量严加控制，以免引起读者误会和经济上不应有的损失。

**（二）重印书的选择**

一本书可不可以重印，什么时候重印，需要印多少，这是重印前必须考虑的问题。如前所述，编辑首先要考虑书的内容对社会是否确有价值，这时要着重注意该书与社会上新出版的同类书相比是否仍有特点和优点。有的出版社把一定时期内有价值重印的书编成“可印书目”，拿去征求出版发行方面的意见，这是一种主动考虑重印工作并使之更好适应社会需要的好办法。对重印时机和印数的确定，主要看社会需要，编辑出版部门要注意它们的规律。例如教材，由于每一学年都有学生要用，所以一种能适应教学要求的书，必须在学生上课之前就做好重印和供应工作，印数也需根据学生人数进行估计并略有储备，以保证上课时学生人手一册的需要。一般图书的社会需要是可能变化的，特别是党的方针政策对它可能有重大影响。例如，在大力开展职工培训、鼓励社会青年自学成材、创办各种电视广博函授教学的时候，在农村大力推行科学种田、社会上大力发展小水电的时候，就可能对与之有关的某些图书出现较大量和迫切的需要。编辑出版人员必须随时注意调查研究，及时掌握这类需要的动态，主动配合当前的方针政策，适时选择重印品种，才能更好地为社会主义现代化事业和人民群众服务。

**（三）重印前后与作者的联系及重印样书的审读**

为了保证重印时改正必须修改的错误，编辑应该在该书出版后立即寄给作者一本校正样本，并要求他在规定的时间内作出勘正，退回保存，以便随时供重印时勘正之用。如果有的书已出版多年才安排重印，编辑就应该在印前再与作者联系，看他是否还有新的修改。

编辑审查重印样书时，除了参考作者退回的初版校正样本以外，还要注意初版发行后收集到的各种反馈意见，以及编辑自己平时积累的订正材料，最好能全面检查一次，看它是否还存在什么政策性和科学技术方面的问题。凡发现错误，均须改正。但是如前所述，重印不是修订再版，对书中的一般缺点和不足，可不作修改。

## 五、图书的修订和再版

### （一）修订再版的意义与再版书的选择标准

科学技术和社会主义建设事业的迅速发展，常常使科技书出版后不久又有新的成果和经验需要补充，有新的观点和材料需要更换。如果从总体上看，一本书的选题和总体结构仍然很好，或者它在读者中已有较大影响，这就宜于组织修订。修订本由于是在原有版本基础上修改成的，有一定的编辑、出版和发行基础，所以无论从保证质量还是从更好地满足社会需要来看，都将比另出一本新书更好得多。这种经过较大修改之后再出版的过程，称为再版。图书封面、扉页和版权页上印出的第二版、第三版……就是表明这书再版的次数。有的出版单位把修改再版笼统称为修订版或根据再版的时间称为“19××年修订版”，这种叫法不便看出再版的次数和连续性，所以很少那么做。重印和再版的区别主要看修改的量和质的情况，各出版单位掌握的尺度并不完全一致。有的规定修改版面在15%～20%以上就算再版，有的规则定30%以上才算再版，否则算重印。其实，修改量固然重要，而质的提高才是决定性因素。有时一本书的文字修改不多，但重要的观点有了改变，这使修改后的书质量有了很大的提高，值得读者重新购买和阅读，这时就宜于以再版的形式出版。

科技书的修订再版是科学文化事业既继承又发展的一种具体体现。它既能保持和发扬旧版本的优点，又能根据新的情况增补新的内容和纠正旧版的缺点和不足。现在国外不少的科技书，三、五年就要修订一次，有的书可连续出到十几版、二三十版，这对继承和发展出版成果是很有意义的，值得我们借鉴和提倡。再版书相当戏剧中“保留节目”的重新排演，一个好的出版社应有较多的“保留书目”,并使它们不断地提高质量并供应市场，这是扩大出版社的影响、发挥重点书作用的一个重要方面。

随着科学技术的飞速发展、创新，新技术、新材料、新工艺不断涌现，科学技术资料经过若干年后要出现老化，从下表可以看出，特别是应用技术，资料老化周期更新。要注意知识的更新。

**各学科资料老化半周期表**

| 学科名称 | 数学 | 生物 | 化学 | 生理 | 物理 | 冶金 |
|---|---|---|---|---|---|---|
| 资料老化半周期（年） | 10.5 | 10 | 8.1 | 7.2 | 4.6 | 3.9 |

注：1.本表引自苏联资料（20世纪80年代初）。

2.资料老化半周期是指一些大图书馆各学科图书借阅率下降50%的时间。

这一点，科技书与文艺书是有较大差别的。中外古典名著，如《红楼梦》以及鲁迅、茅盾的佳作，至今广为流传，读者爱不释手；而一部优秀科技书，如不根据科学技术的发展进行修订，它是很难流传甚久的。所以，一部深受读者欢迎的书，经过一段时间后，就要注意补充新资料，介绍新技术，做到常出常新。也只有这样，才不至于在科学技术迅速发展的形式下被淘汰，才能在读者中扎住根，在社会上站住脚。

**（二）修订工作的组织**

为了搞好再版前的修订工作，编辑应该在书初版之后就注意了解读者的意见，研究该学科领域中学术或实际工作进展的情况，并及时关注作者的修订条件，以便适时安排修订工作。有的作者也主动向出版单位提出修订要求，编辑应该认真加以研究。及时作好修订计划。有的时候，编辑认为该书需要修订，但作者因年老、已故或有其他原因，不可能完成修订工作，这时出版社可以与原作者版权继承人或作者原工作单位协商，研究如何组织修订力量。但在增补作者或重新组织修订力量时，编辑要特别注意与新老作者充分交换意见，明确旧版书在学术体系、组织结构、文字体例等方面的优点和特长，务使新版图书能予以继承和发扬，一定要防止修订后反而不如旧版的情况。一个成熟的编辑，一定要有周密的安排，对自己策划的好书，特别是生命周期长的系列丛书、套书要随时掌握市场、作者、科研与生产的发展动态，及时组织修订；对年老的作者及时向他们提出增加助手，培养作者接班人的要求，以便好书永远延续下去，不断修订再版。此外，在作译者署名等方面，也应该根据著作权法的规定及修改工作的实际情况与有关方面协商，适当处理。

拟定修订提纲是保证修订质量的一项重要措施。提纲应该具体规定如何保持和发扬旧版的优点，如何纠正其不足，要增删哪些内容。对增加部分的字数和修订后全书的总字数应有规定。要防止修订时单纯追求字数的倾向，力求使读者花最少的时间和金钱能获得最好和最必要的知识。

作者和读者对再版书的要求有时是不一致的。作者一般希望自己的著作能不断重印，而读者则希望新版书较旧版书确有更多更好的内容，值得花钱去再买一本。编辑应该既对作者负责，更对读者负责，注意对这类问题作出妥善的处理。

**（三）修订稿的审读和加工**

修订稿的情况十分复杂，有的可能全部章节重写，有的可能部分章节重写，也有的可能部分删节或增加。所以编辑在审读加工时有较大的灵活性，可以抓住重点和修改部分审读和加工。

再版书的开本、封面和字体字号，一般宜保持旧版的原貌。如果旧版在这些方面确有不足之处，也可以作适当改变。加工修订稿时应特别注意对重写的章节和新增加的部分，要保持全书的一致，并使全书章节、图表、公式等的序号连贯和写法统一。对于未作修改的章节，加工时仍应通读检查一遍，以解决旧版中可能遗留及与新改部分统一的种种问题。

再版书一般应由修订者写出再版序或再版前言，说明修订的意图、内容上的改进，以及其他有关事项，以利读者选购和阅读。编辑对这类文字也应认真加工。这类文字一般是读者要首先阅读的，要注意文字简练、用词恰当、交代清楚。再版序一般放在旧版序的前面，以前各版次的序、前言也都可保留其后，使读者一看就知道这本书的沿革。但如版次较多，而最后一版的序又对书的沿革等作了充分的说明，也可不必把前版所有的序全放上，以避免不必要的重复。

[注：参加本章讨论及审稿的有：王耀先（高教出版社）、沙必时（高教出版社）、胡丕显（原子能出版社）、王仁杰（化工出版社）、鲍建成（科学出版社）、朱雅轩（水电出版社）、张志强（科学出版社）、应化炎（机工出版社）]。

# 编辑的基本素质 *

编辑人员从事编辑工作应具备的品质、知识与技能，也是做好编辑工作的基本条件。

中央宣传部、新闻出版总署《关于进一步加强和改进出版工作的若干意见》中指出："出版工作的根本任务是促进社会主义先进生产和先进文化的发展，满足人民群众日益增长的精神文化需求。要深入宣传马克思列宁主义、毛泽东思想、邓小平理论和'三个代表'重要思想，大力弘扬爱国主义、集体主义、社会主义和民族精神，努力传播科学文化知识，以科学的理论武装人，以正确的舆论引导人，以高尚的精神塑造人，以优秀的作品鼓舞人，不断丰富人们的精神世界，不断增强人们的精神力量，更好地为经济发展和社会进步提供强大的精神动力和智力支持"。编辑人员就应该围绕这个根本任务来培养和提高自身的基本素质，以适应工作的需要，提高工作质量，充分发挥编辑工作的社会功能。

编辑工作需要的是复合型人才，他像导演，他像项目经理，说法很多，无一不是说明编辑工作是一项综合性的管理工作；他是专家，他是杂家，无一不是说明编辑工作是一项涉及面广的学术工作。从创意策划、选择（选题、组稿、审稿）到加工、传播（宣传、发行），都需要编辑去实践、去协调。因此编辑应具备的素质是多方面的，其基本素质可概括以下几方面：

## 1. 政治思想素质与工作作风

（1）要熟悉马列主义、毛泽东思想、邓小平理论、"三个代表"重要思想和科学发展观的基本原理；要坚持正确的政治方向，保持旺盛的政治热情；要不断地学习政治，有一定的政治理论水平，要有正确的政治观点，在实践中讲政治，灵活运用，指导编辑工作，严把政治关，善于及时发现

* 本文刊载于：蔡鸿程（主编），朱象清，陈瑞藻，韩玉彬（副主编）. 编辑作者实用手册（3.4.3）. 北京：中国标准出版社，2009.

和消除出版物稿件中的政治错误。

（2）社会主义出版工作代表先进文化前进的方向，编辑应该具有文化的追求、科学的信仰、高尚的情操、创新的精神。编辑的思想与行动必须同党中央保持一致，自觉地宣传、贯彻党的方针政策，模范地执行党的纪律与国家的法规。

（3）以社会效益为最高准则，始终坚持“质量第一”的原则，以高度的社会责任感正确处理社会效益与经济效益的关系。

（4）要有高度的事业心与敬业精神，热爱编辑工作要有执著精神，做好编辑工作要有创新精神，不断培养策划能力与管理水平，追求高标准高效率，要有强烈的使命感与责任感。

（5）要有严肃认真、一丝不苟、实事求是、扎扎实实的工作作风，编辑工作是流芳千古、影响深远的事业，来不得半点粗心与疏忽。

（6）严格遵守编辑职业道德，全心全意为读者与作者服务，廉洁奉公，公开、公平、公正地处理同作者的关系，自觉地“为他人做嫁衣裳”，甘当无名英雄。

### 2. 编辑出版业务水平

（1）掌握编辑学的基本原理与规律，熟悉编辑工作的全过程。编辑工作包括选题、组稿、审稿、加工、发稿、审样、宣传、营销等过程，其中都有一个评价与选择，编辑就要根据确定的指导思想，以相应的信息、大量的知识储备为基础，进行优选、创意和优化组合等综合性的精神生产。这是编辑工作的自身业务，一定要精益求精。

（2）熟悉著作权法、出版管理条例、图书质量管理办法、合同法等与出版工作有关的法规与条例。这些都是做好编辑工作的依据与准则。

（3）熟悉出版印刷知识，无论是书籍装帧设计（包括纸张知识、开本、字体字号等）、校对业务还是印刷知识（包括对原稿及照片图与墨线图要求、印刷与装订工艺的了解等）都应有所了解，这些也是图书项目整体策划的内容之一。

（4）培养编辑职业追求与职业敏感的职业感。编辑职业追求是对先进文化、先进科学的追求，是对创新的一种探索，是对优秀的一种选择；编辑的职业敏感，是对信息、价值、市场、质量的捕捉、判断、策划与支持，努力培育成长为一名品牌编辑。

（5）掌握出版经济学的基本知识，对读者的了解、对市场的调查研究是应经常做的一项重要工作，提出宣传、营销的计划与策略。

（6）具备良好的社会沟通能力，编辑工作要熟悉作者、了解读者，要善于同作者、读者打交道，要建立一种互通、互动、相知、相融的朋友、师生关系；对内要善于与其他编辑、出版和发行人员沟通，学会管理，团结协作，形成一个高素质的集体。

### 3. 自然科学与社会科学知识

编辑工作的专业范围较广，编辑不可能只专门从事某一特定专业的业务，涉及的面肯定会很广，因此要求编辑不仅要力争成为某一专业的专家，更应该是位杂家。

（1）要求主体专业知识要专，强调基础知识的深化、专业知识的综合与更新，要熟悉该专业的发展动态与信息。

（2）要求相关专业知识要广、博。这样就要求编辑还应该是“杂家”，要有很强的适应性，编辑工作中会经常碰到各式各样的问题，有政治、经济、历史、地理、建筑学、电学、机械学等各类问题，这就要靠平时的博览、博记、多思的知识积累来解决问题，至少应熟悉地找到解决疑难问题的参考资料。

（3）要求知识更新，特别是当今信息时代，新理论、新著作、新技术发展很快，编辑具备的专业知识一定要与时俱进。

### 4. 文字水平与逻辑思维能力

编辑工作主要是从事文字工作，语言文字修养是编辑人员的基本功，文字表达必须准确、规范化、合乎逻辑，这是最基本的要求。

（1）掌握语言文法规则和丰富的词汇，用语行文要规范化、标准化，准确、完整地表述原意。

（2）熟悉标点符号的用法、出版物上数字用法的规定、汉字使用管理规定等。

（3）掌握一门或多门外语。外语是国际交流的工具，这对于了解国际动态、掌握国外信息、引进和推出国内外优秀著作有着便捷条件。

（4）有较强的逻辑思维能力。编辑工作的全过程是运用知识和思维活动的过程，思维是在表象、概念的基础上进行分析、综合、判断、推理等认知活动的过程。选题的确定、稿件的选择，都是要经过这一过程，特别是编辑要通过逻辑思维对编辑客体作出判断、作出优化选择。

### 5. 策划与创新能力

编辑的策划与创新是现代出版业发展的趋势，也是竞争的焦点，立于不败之地的有力保障。出版竞争是图书的质量与品牌的竞争，是策划与创新的竞争。没有保证质量的切实可行的措施，没有创新的精品品牌谋略，就很难保证出版优势，很难保持特色，更难在读者中树立信誉。

（1）“策划”扩大了编辑的工作范围，加大了编辑工作的深度，也向编辑提出了更新更高的要求。要求策划编辑具有扎实的丰富的科学文化知识，既专又博，博学多能，要注意知识的更新，了解新信息、新论点、新成果、新人物，要用新的思维、新的观点来开拓新局面，并要具有较强的沟通能力、宏观的驾驭能力来组织书稿、来协调各部门的关系，因此要求策划编辑必须具备成熟的政治思想素质、开放型的熟练业务素质。

（2）创新是更高的要求。党的十六大、十七大报告都非常强调：“创新是一个民族进步的灵魂，是一个国家兴旺发达的不竭动力，也是一个政党永葆生机的源泉。”“把增强自主创新能力贯彻到现代化建设多个方面。”“实践永无止境,创新永无止境。”只有高质量的产品创新才能带来经济的发展，出版社只有高质量的图书品牌创新，才会有繁荣昌盛的局面。品牌的创新来源于思维的创新、知识的创新。这便要求策划编辑要站在一定的思想与学术领域的高度，在掌握的信息及科学文化的积累中挖掘出新的点子或进行新的整合，所以策划编辑应当善于学习、肯于思考、勤于活动，不断地发挥与提高创新的能力。

# 图书质量管理 *

图书作为一种特殊商品，其价值的实现，体现在它的内容质量与外在质量。由于图书影响力的深远与巨大，内容质量显得尤为突出，它决定了图书的生命，所以把出版业视为内容产业不无道理。一部好的作品可以是传世之作，一版再版，永远传承；而一部内容不好的作品，只能是一版定终身，还会受到人们的非议与指责。内容质量指的是它的思想性、科学性、艺术性、创新性、实用性、可读性及编校质量，这是图书的灵魂与核心；外在质量包括装帧设计（版式、字号字体）、印刷（用纸、色彩）、耐用程度等。

为了确保图书质量，新闻出版总署于 1997 年就制定颁发了《图书质量管理规定》（2004 年 12 月修订，重新发布）和《图书质量保障体系》两个指导性文件，要求各出版社设立图书质量管理机构，制定图书质量管理制度，新闻出版行政部门实施图书质量检查，作出了表扬、奖励与处罚的规定。

《图书质量保障体系》从理论上、制度上、措施上对图书质量作了严格的、明确的阐述与规范。首先，明确了责任机制，规定了出版社的专业分工、选题策划与集体认证制度、三级审稿责任与责任编辑制度、样书检查与重印前审计等制度。第二，规定了出版管理宏观调控机制，包括选题计划审批与备案、中长期出版规划、年检登记、书号使用总量调控、图书编校与印装质量检查、奖励与处罚、分级管理、业务人员持证上岗等制度。第三，提出了社会监督机制，包括出版行业协会监督、社会团体监督、读者监督和社会舆论监督等。

这些规定都是主要对内容质量的监控，各出版社应该按照这个规定制订出自己的实施细则，再加上编校质量、外在质量的要求，建构科学的图书评价体系。并要使评价体系量化，真正做到严格管理。

---

* 本文刊载于：蔡鸿程（主编），朱象清，陈瑞藻，韩玉彬（副主编）. 编辑作者实用手册（3.1.3）. 北京：中国标准出版社，2009.

图书质量管理是一个系统工程，是编辑、出版、发行整个系统的全过程管理，也是对全员的管理。

质量管理在各行业都引起了高度重视，建筑业早就提出“百年大计、质量第一”的方针。国际标准化组织（ISO）发布了ISO9000族质量管理体系标准（我国已等同采用为GB/T19000族国家标准），该族标准得到了国际社会和国际组织的认可和采用，已成为世界各国共同遵守的工作规范。

出版业作为一种文化产业，图书作为一种特殊商品，也应该像其他产品生产部门那样，引进先进的管理体系。当前出版业已开始引入中国认证机构国家认可委员会（CNAB）ISO9001标准质量管理体系认证（中国财政经济出版社、中国电子工业出版社等已取得了认证证书），其目的是要求出版社以《图书质量管理规定》为依据，以质量为中心，以全员参与为基础，目标在于满足市场需求，让读者（顾客）满意及社会受益。

我国国家标准GB/T19000—2008对“质量”的定义是：一组固有特性满足要求的程度；对“顾客满意”的定义是：顾客对其要求已被满足程度的感觉；对“质量管理”的定义是：在质量方面指挥和控制组织的协调的活动。质量管理的首要任务是确定质量方针、目标和职责，核心是建立有效的质量管理体系，通过质量策划、质量控制、质量保证和质量改进，确保质量方针、目标的实施。应该说这些概念与做法也完全适应于出版业。

ISO9000族标准的八项质量管理原则，同样也适应于出版社的质量管理：

（1）以顾客为关注焦点；

（2）领导作用；

（3）全员参与；

（4）过程方法（出版过程的概念反映了从输入到输出具有完整的质量概念；过程管理还强调活动与资源结合，受成本、周期控制，具有投入产出的概念）；

（5）管理的系统方法（系统分析、系统工程、系统管理三大环节）；

（6）持续改进；

（7）基于事实的决策方法；

（8）与供方的互利关系（与作者的关系）。

我国国家标准对质量控制还提出了“预防为主”的概念，从以往管结果转变为现今管过程，归纳为管人、机、料、法、环五方面因素，即：

（1）人的因素（人是直接参与项目的决策者、组织者、操作者，这是影响质量的首要因素）；

（2）机械设备的因素（印制设备及工艺的配套、选用等）；

（3）材料的因素（作者及作者提供的稿件等）；

（4）方法的因素（达到既定目标而采用的方法、手段、流程、措施等）；

（5）环境的因素（工作环境、人员组合、工序配合、制度制约等）。

企业实行全面质量管理，其核心是“三全”管理：全过程、全员、全企业的质量管理；其基本观点是：全面质量管理的观点、为用户服务的观点、预防为主的观点、用数据说话的观点；其基本工作方法是 PDCA 循环法，即把全过程划分为计划→实施→检查→处理四个阶段周而复始地进行质量管理。

要尽快地把这些先进的管理理念与方法引进到出版业的管理中来，提高认识，建立体系，组织落实，加强培训，编写文件，贯彻实施，认证审核，按步骤扎扎实实进行。

# 前进中的建筑图书出版事业 *

## 一、起步 曲折 走向繁荣

我国是一个历史悠久的文明古国，在有四千多年的文字记载的历史长河中，各种文献典籍浩如烟海。建筑科技出版事业也源远流长。古代名著《考工记· 匠人篇》、明《鲁班经》等书一直流传至今；北宋的《营造法式》、《清工部 < 工程做法 > 》以及明末研究造园学的名著《园冶》等经典著作，至今受人推崇。但是新中国成立前的一百年来，由于闭关自守和列强侵略，我国的科学文化和出版事业受到严重摧残，专营建筑书刊的出版单位曾未有过。

1949 年新中国诞生后，中央人民政府设立了出版总署，并于 1950 年召开了第一次全国出版会议，研究调整、改组全国出版事业问题，开始筹建专业科技出版机构。经中央宣传部和国家计划委员会批准，在国家出版总署的协助下，建筑工程部领导的建筑工程出版社于 1954 年 6 月 1 日正式宣告成立，负责编辑出版建筑设计、结构设计、工程勘察、建筑施工与安装、建筑机械、建筑设备、建筑企业经营与管理、建筑材料、城市建设以及建筑理论与历史等专业图书、教材、规程、定额、工具书及辞书等以及出版建筑工程部机关刊物《建筑》、中国建筑学会的《建筑学报》、中国土木工程学会的《土木工程学报》和其他建筑专业期刊（编辑部分设在各杂志社内）。

1954 ~ 1957 年，出版社刚刚建立，建筑书刊的出版是一项崭新的事业。我们国家大规模经济建设也刚刚开始，技术力量薄弱，经验不足，急需学习国外的先进技术。为了适应这种形势，当时出版社组织翻译出版了一批苏联的先进技术和管理方面的建筑科技图书，包括结构计算理论、施工技术、建筑理论、建筑设备和规程规范，为配合当时的 156 项国家重点工程建设发挥了积极作用；为广大工程技术人员向科学进军，提供了丰富的学习资料。与此同时，在注意总结国内建设经验的基础上，出版了成套的《建

* 本文刊载于：中国建筑工业出版社四十年 1954 ~ 1994. 北京：中国建筑工业出版社，1994.

筑安装工程统一施工定额》及设计规范和施工规程，为建筑业管理工作走上正轨打下了基础。此外，还十分注意一些古建筑研究著作的出版，如《中国住宅概说》、《中国建筑类型及结构》等均在此时问世，这对继承中国古建筑优良传统和积累祖国建筑文化作出了一定的贡献。刘敦桢著《中国住宅概说》后来还由法国巴黎贝尔格出版社翻译出版了法文版，在国际上产生了一定的影响。在这期间出版社四年共出版新书680多种。

在此期间，随着国民经济的发展和国务院各部委的调整与新建，1956年又相继成立了基本建设出版社、城市建设出版社和建筑材料工业出版社（从重工业出版社中分出），分别负责出版基本建设管理、规程、定额；城市规划与建设、市政工程、园林绿化；建筑材料工业、非金属矿工业等专业书刊。1956 ~ 1957年，两年内这三家出版社共出版新书348种。

1958年，随着国务院部委机构的调整与合并，上述四个出版社又合并成为建筑工程出版社，担负原来四家出版社所承担的任务。1958 ~ 1960年，三年内共编辑出版新书1128种，还出版了《建筑》、《建筑材料工业》、《建筑学报》、《土木工程学报》、《建筑译丛》等10余种期刊和《建筑工人报》。

这一时期出版社有选择性地翻译出版了一些介绍国外新技术、新理论的著作，其中包括一些苏联名著和土建院校教材，受到广大技术人员和大专院校师生的普遍欢迎。当时我国的结构设计正推广按极限状态设计方法，出版社组织翻译了大量的介绍这一设计方法的著作，并组织国内的科技人员编写了这方面的图书，为广大结构设计人员及时提供了学习资料，对这一新理论的推广与应用起了一定的推动作用。

这个时期出版工作的另一特点，是开始扭转大量出版翻译著作的局面。编辑走出办公室，深入基层，注意总结国内成熟的经验，重点转移到出版国内著作，为独立自主、自力更生、走中国自己的道路迈出了可喜的一步。

建筑书刊出版工作在取得一定成绩的同时，也经历了不小的曲折，主要是在“左”的思潮影响下，“百花齐放、百家争鸣”的方针没有很好贯彻；作者著书立说被当作名利思想批判；在“大跃进”中刮起的浮夸风，在某些出版物中也有明显的反映。1958年出版社出版新书品种达到579种，在数量上这是建筑图书出书品种较多的一年，但小册子、活页文选居多，一部分图书质量不高，书中介绍的内容也并不都是成熟的经验，以致在1960年不得不按照中央的要求停止发稿，全面检查图书质量，当年出版新书降到110种。

1961年我国经济出现了暂时困难，国民经济进行调整。根据中央一级出版社整顿小组的意见，建筑工程出版社同其他六家工业出版社合并，成立了以建筑工程出版社为基础的中国工业出版社（只负责出版、印刷，各编辑部留在各部、委内）。建筑图书编辑人员也大大削减，但是留下的人员仍然积极努力工作，五年内出版新书383种。当时在中央的统一部署下，建工图书编辑部集中主要力量，配合教育主管部门组织出版了建筑学、工业与民用建筑及硅酸盐等专业的大学、中专、技工学校的专业教材，三年多时间共出版教材150余种，保证了教学的需要。

这一时期，还出版了一些实用性很强的应用技术书籍、工具书和科普读物。大型工具书——北京工业建筑设计院编的《建筑设计资料集》(第1集)，和读者见面后始终畅销；全国著名劳动模范李瑞环编著的《木工简易计算法》受到全国城乡广大木工欢迎，先后印行100多万册；“城市规划知识小丛书”不仅受到国内广大读者的称赞，还被译成日文，由日本早稻田大学出版部出版。此外，成套的“建筑结构设计手册”、“建筑结构知识丛书”等都受到普遍欢迎。

1966年“文革”开始，出版界被列为首要冲击对象之一，建筑图书出版事业遭到了空前浩劫，1967 ~ 1968年，每年仅出书2种。1970年编辑人员几乎全部下放。

1971年，周恩来总理亲自过问出版工作，指示要多出好书，并亲自主持全国出版工作会议，出版工作开始恢复。1971年11月国家基本建设革命委员会决定重建出版社，取名为中国建筑工业出版社，负责出版建筑工程、城市建设、建筑材料工业等方面的专业图书、大专院校专业教材、建筑业的国家标准和部颁标准等。许多老编辑和出版人员陆续归队，又从各单位调来一些工程技术人员、编辑，出版力量逐步得到加强，形成了一支专业比较齐全、业务水平较高、政治思想素质较好的图书编辑、出版队伍，到1984年底职工人数已近200人,其中编辑人员60余人(副编审和高级工程师30人)。

重建后的中国建筑工业出版社深知读者的求知渴望，积极开展工作。1972年出版社组织编辑人员分赴西南、西北、华东、东北及京津地区，深入工地、厂矿、设计和科研单位，进行调查研究，了解读者需要，组织著译力量。在此基础上制定了五年选题规划。这次活动受到了建筑业广大技术人员和工人的热烈欢迎。纷纷反映：他们在生产第一线，遇到了疑难，没有技术书刊可以参考，怎能工作好？有的施工队，见不到一本技术书刊。有的设计单位好不容易找到一本设计计算手册，如获至宝，相互传抄。技术人员的重托，工人们的殷切期望，使编辑人员深受教育，决心要克服困难，多出书，出好书，快出书，把知识送到生产第一线。出书品种从

1972 年的 26 种（新书 24 种）逐步增加到 1975 年的 123 种（新书 80 种）。图书的内容比较丰富了，质量日益提高，但“十年动乱”造成的“书荒”现象仍然没有根本缓解。

1976 年粉碎了“四人帮”，出版工作又一次得到了振兴。特别是党的十一届三中全会后，经过思想上的拨乱反正，进一步解放思想，大大激发了出版工作者的积极性。国家的改革开放，带来了经济建设的蓬勃发展，图书出版事业逐步走上繁荣之路。数字虽不足以反映出版工作的全貌，但毕竟是衡量出版成果的重要标志。从 1977 年开始，出书品种、码洋基本上逐年递增（见下表）。1981 年起，年出书量超过了 300 种，实现日出一种（按工作日计）；1992 年起年出书量又达到 600 多种，在人员基本未增加的条件下，产量翻了一番，做到了日出两种。

**1972～1993年图书出版情况**

| 年度 | 品种 | | | 码洋（万元） | 年度 | 品种 | | | 码洋（万元） |
|---|---|---|---|---|---|---|---|---|---|
| | 合计 | 新版 | 重印 | | | 合计 | 新版 | 重印 | |
| 1972 | 26 | 24 | 2 | 67.5 | 1983 | 306 | 200 | 106 | 1161.2 |
| 1973 | 84 | 64 | 20 | 307.6 | 1984 | 310 | 132 | 178 | 1341.1 |
| 1974 | 92 | 74 | 18 | 313.9 | 1985 | 318 | 189 | 129 | 1439.6 |
| 1975 | 123 | 80 | 43 | 286.4 | 1986 | 327 | 208 | 119 | 2395.3 |
| 1976 | 91 | 42 | 49 | 266.1 | 1987 | 401 | 238 | 163 | 3042.8 |
| 1977 | 126 | 100 | 26 | 246.3 | 1988 | 485 | 289 | 196 | 3770.3 |
| 1978 | 134 | 118 | 16 | 534.6 | 1989 | 425 | 240 | 185 | 3632.7 |
| 1979 | 215 | 169 | 46 | 865.6 | 1990 | 394 | 226 | 168 | 2707.9 |
| 1980 | 275 | 211 | 64 | 851.7 | 1991 | 463 | 251 | 212 | 4164.4 |
| 1981 | 305 | 224 | 81 | 946.5 | 1992 | 630 | 333 | 297 | 7088.9 |
| 1982 | 321 | 226 | 95 | 1045.8 | 1993 | 739 | 342 | 397 | 10118.5 |

## 二、繁荣 发展 创出特色

### （一）坚持正确的出版方针

“为人民服务、为社会主义服务”是出版工作的基本方针。40年来我社一直遵循这个方针组织出书。在改革开放的大潮中，出版社由单一的管理型事业单位，转向生产经营型的企业化管理单位，进入20世纪90年代，又被推向了社会主义市场经济的大海中，社会效益与经济效益的矛盾越来越突出。忽视社会效益单纯追求经济效益的路不能走，这是我社上上下下认定了的，从未动摇过。我们一直在寻求社会效益与经济效益的结合点。40年的出版实践，特别是近10年来的探索，我们认为，要实现社会效益与经济效益的统一，找到这个结合点，一是要靠质量，质量出效益。质量好，有权威，就有声誉，我们全社都懂得“声誉就是效益”这个道理。二是要抓双效书。双效书是我社的重点书，这些书首先是量大面广，能满足大多数建筑科技人员的需求，影响面广，印数也大。由于有了这些双效益好的“骨干工程”，有了经济效益作后盾，就可以实现“以书养书”。这十多年来，我社就一直走着这条良性循环的道路。

#### 1. 注重质量，把社会效益放到首位

图书的质量是图书的生命，质量第一是出版业的永恒主题。水平高、价值大、生命力强的图书靠质量；信誉好、影响广、牌子硬的出版社靠质量，特别是在当前竞争激烈的环境中，最终是靠质量取胜。因此，我们始终坚持质量第一。我社的出版物是经得起检验的。我们理解到，图书的生命力在于质量，这一概念不仅是指图书本身的生命力，譬如它的科学性、实用性、可读性，更重要的是指导图书应具有促进生产力的发展和教育读者的生命力，也就是指导社会实践和影响人们精神世界的积极效果，即产生好的社会效益。社会主义出版事业必须把这个放到首位。因而，我们编辑人员经常深入实际，调查研究，了解和学习国家的建设方针政策，把科研、生产、教学急需的量大面广的选题放到首位；把为发展生产力、培养人才有显著效益、产生重大影响的图书作为重点，同时，也非常重视学术理论著作的出版。多数学术理论的著作因受到读者面的限制，印数很少，出版这类书是要亏本的。我们并没有从单一经济效益出发，限制这类图书的出版。首先是看社会效益，因而这类图书每年都能保持出书品种的10%以上。

图书是读者的良师益友，特别是科技图书还有一个指导生产，为科研、

生产、教学提供有益资料、促进经济发展的作用。质量第一，就要求图书内容先进，实用性强，要经得起实践的检验，决不能为眼前的利益（确切地说为了单本图书的盈利）而降低质量要求，甚至于糊弄读者。因此，我们始终坚持工具书、应用技术图书要按新规范编写，要遵守国家的技术政策。出版社宁可受经济损失，也不能让低劣产品出笼。

正因为重视图书质量，建工版的图书在读者中有良好的信誉，生命力强，适用面广，受到建设领域和出版界的好评，读者的欢迎。我们的重印书，从1984年起，年年超过40%，就足以说明这一点。重印书的出版，说明读者的需求，社会的需要，正是图书的生命力所在，是图书生命周期延续的重要表现。自1978年开展评奖活动以来，在图书评奖中取得了可喜的成绩，有168种（次）图书获得国家级、部省级优秀图书奖。

| 全国和部、省级奖 | 图书品种 | 全国和部、省级奖 | 图书品种 |
|---|---|---|---|
| 国家图书奖 | 1 | 全国性优秀图书奖 | 20 |
| 全国优秀科技图书奖 | 14 | 部级优秀图书奖 | 58 |
| 全国优秀科普作品奖等 | 5 | 部级优秀教材奖 | 45 |
| 全国优秀教材奖 | 9 | 省级优秀图书奖 | 3 |
| 全国优秀科技史图书奖等 | 4 | 部省级科技成果、进步奖 | 7 |
| 中国优秀美术图书奖 | 2 | | |

我社出版的《建筑施工手册》被《中国新闻出版报》推荐为“推动我国科技进步的十部著作”之一。

1990年新闻出版署主持制定的“全国重点图书八五选题规划”中工科部分列入了30余家科技出版社的88种（套）选题，其中我社有8种（套），计118册（卷）：

（1）中国古代建筑艺术全集（25卷）

（2）中国现代建筑艺术全集（6卷）

（3）中国历史文化名城丛书（24卷）

（4）土木建筑大辞典（15卷）

（5）中国古代建筑史（5卷）

（6）建筑设计资料集（第二版）（6卷）

（7）建筑结构设计手册系列（25册）

（8）建筑施工工程师技术丛书（第二版）（12册）

这些图书不仅介绍了优秀古建筑艺术和文化、宣扬了祖国建设成就、传播了建筑技术新成果和新经验，更重要的是这些图书将是以高质量、高水平而跻身于国家重点图书工程行列。

**2. 多出好书，为建设业服务**

建筑工业出版社作为建设部直属的专业出版社，就一定要为建设业服务好，为建设业的发展和科技进步，为建设业培养人才，为建筑文化的积累多了好书。这是落实“为人民服务、为社会主义服务”方针的具体体现。我们始终坚持这个宗旨，已经出版的7000余种图书，没有一本超出这个范围，大量的实用技术图书、手册类工具书、理论著作等都是围绕建设业的发展、建设部的工作服务的。

建设部组织与审批的大中专及技工学校土建各专业的专业教材是我社出版物的重要部分。1978 ~ 1993年，16年间共出版各类新版教材718种，重印1132种（次），共计1850种（次），年均115种（次）。教材是培养国家建设人才、传播知识的重要工具，政策性强，又要保证时间，我社一直作为重点工作来安排，年年做到课前到手，人手一册，曾多次受到教育部门和出版主管部门的表扬。1994年1月，被国家教委表彰为“教材管理工作先进集体”。1991年建设部教育工作会议后，为了配合建设部的培训和继续教育工作，我社同教育司一起共同组织了土建工人、安装工人、市政工人以及村镇建设等各类培训教材，得到各地的支持与好评。

土建标准、规程、规范、定额是国家技术立法的重要内容，也是我社出书的重点之一。1978 ~ 1993年共出版新版标准、规程、规范724种，重印386种（次），共计1110种（次），年均出版约70种（次），基本上满足了各专业部门及广大技术人员的需要。为了使读者及管理部门使用方便，我们先后组织出版了“规范汇编”，现已出版了55卷。又从系列化、专业化出发，从更方便读者角度出发，及时组织出版了《现行建筑设计规范大全》、《现行建筑结构规范大全》、《现行建筑施工规范大全》等五套系列。前三套“大全”还被评为“1991年全国优秀畅销书”。为了配合标准、规范的实施，我们还及时组织了建筑结构类、建筑施工类、城建类等规程实施手册、讲座的出版，均受到了读者的普遍欢迎。

我们不仅完成了建设部指定的教材、标准、规范等出版任务，为了配合建设部的科研、设计、施工、城建、房地产、村镇建设等工作，更多的是还及时组织出版了各个部门需要的适合各个层次读者阅读的各类图书，如《中国建筑技术政策》、《中国建筑年鉴》、《中国实验住宅小区》、《建设部科技成果推广项目简介汇编》、《建设系统普法教材》、《全国房地产业领导干部岗位培训试用教材》、《全国村镇住宅设计竞赛优秀方案图集》、《村镇建设挂图》，以及各地“建设志”等等，满足了各业务部门的需要。我们一直是把建设部的重点工作作为我们出版的重点，更好地为建设行业服务。

**3. 突出重点，狠抓双效图书**

在当前出版社林立、图书品种繁多、竞争激烈的情况下，我们一定要不断开发双效益好的图书，即在保证社会效益放在首位的前提下，首先要注意组织社会效益和经济效益双好的图书的出版。优质是社会效益的基础和前提，要使优质转化为实际社会效益，必须从广度、深度上努力。“广度”是图书的社会覆盖面和读者的满足率，“深度”是其发挥作用的现实和持久的影响。我们抓住了图书的“广度”和“深度”，就抓住了双效益。

基于这一点，我们一直把那些能促进生产力发展的、为生产和科研所急需、量大面广的图书作为重点。《建筑施工手册》、《建筑工程质量通病防治手册》、《建筑设计资料集》、《简明施工手册》、“建筑工人技术学习丛书”等不仅获得了国家级或部级优秀图书奖，而且多次重印，印数都在几十万册以上。此外还有100多种图书，多次修订，重印，印数都在10万册以上。这些书的覆盖面很大，有的工具书几乎技术人员人手一册，成为他们工作中的“必备书”。正是由于有了这些双效益好的“骨干工程”，不仅使中国建筑工业出版社在社会上享有较好的声誉，在读者群中建立了较高的信誉，而且获得了较好的经济效益，“七五”（1986年起）以来的8年中，上交国家利税2300万元。有了较好的经济效益作后盾，就能把整个出版工作搞活，“把社会效益放到首位”也才真正有了保障。因为只有这样才可能拿出资金来补贴那些社会效益好，但由于专业面窄而经济效益不好的图书，如一些学术著作和学术会议论文集，有的印数仅几百册、千余册。我社每年用于这方面的补贴需要四五十万元。只要价值大、质量高、对社会有贡献，亏本书我们也要尽最大努力出好。另外还有一些大型图书，如“中国古构建筑学术研究丛书”、《土木建筑大辞典》、《建筑设计资料集》、《中国古代建筑艺术全集》等，编写过程中需要投资百万元。如果没有双效书作为基础，要组织这些高质量的、有深远影响的大型图书，也只能是纸上谈兵。所以要有发展，要搞活，就要坚持质量第一，注重双效。

**（二）发挥优势，创出特色和信誉**

建筑工业出版社作为中央级专业科技出版社，有比较固定的服务对象，有自己的专业阵地，我们要照顾到各个专业的方方面面，这就要求我们一定要发挥专业优势、行业优势，创出特色，出版一批比别家高一筹、在书架上立得住、被读者誉为“常备书”、“必备书”的图书，也就是要形成“保留节目”，要创“名牌”，出优质产品。要使读者一想到买建筑专业的书，就要买建工出版社的书。这些年我们是朝这个方向努力的。

手册类工具书是科研和生产实践的指南、科学经验的总结、实用资料的汇集，是提高工程质量和效率的有效工具。这类图书社会需要量大。1978 年以来我们组织出版 了约 200 种（套）手册，大部分系国内首次出版，有不少根据科技与生产的发展、国家规范的修订已增订出版了第二版、第三版。不仅按照各个大小专业分册或成套出版，如《建筑结构构造资料集》、《室内设计资料集》、《城市规划资料集》、《钢筋混凝土结构计算手册》系列、《给水排水设计手册》系列、《采暖通风设计手册》、《建筑工程招标投标手册》、《房屋维修加固手册》、《农村建筑手册》、《建筑材料手册》等等，还出版了许多简明手册。有的专业还按照读者的不同层次，分别出版了例如《建筑施工手册》、《施工经营管理手册》、《建筑施工工长手册》、《预算员手册》、《质量检查员手册》、《钢筋工手册》、《抹灰工手册》……以满足各个层次读者的需要。

手册系工程技术指南，质量要高，内容要全，绝非少数人能完成，一定要下大力气组织全国的技术力量，集中各处精华，汇集各地经验。如《建筑施工手册》就组织了全国东西南北各地的 12 个省、市建工局及两所大学参加编写，全国性审稿会开过三次，每次都有百人左右参加，集思广益，精益求精。《建筑设计资料集》（第二版）组织了全国近百个设计、科研、教学单位参加。《给水排水设计手册》的编撰者有 200 余人。《建筑工程质量通病防治手册》汇集了生产第一线 70 多位技术骨干的智慧精华。《地基处理手册》、《施工经营管理手册》由全国专业学会、协会组织全国知名专家集体创作而成。还有一批手册是由国家规范编制组编著。因而建工版的手册不仅品种全、质量高，而且印数大，具有权威性，被广大读者誉为信得过“产品”。建筑类手册工具书已形成为中国建筑工业出版社的一大优势，已形成了自己的特色。

中国古建筑及园林艺术是世界建筑文化宝库中的精华，为世人所瞩目；

全国各地历史文化名城反映了中华民族的灿烂文化和解放以来的巨大成就，应该很好地整理、继承、传播、发扬。为此，我社于1982年召开了全国古代建筑图书选题规划和组稿会，制定了五套古建筑选题规划。会后城乡建设环境保护部与文化部联合发出了《关于请协助配合编辑出版古建筑学术研究丛书的通知》。至目前已出版有:《苏州古典园林》、《承德古建筑》、《塔尔寺建筑》、《曲阜孔庙建筑》、《浙江民居》、《吉林民居》、《福建民居》、《云南民居》、《大昭寺》、《罗布林卡》、《古格王国遗址》、《西藏古迹》、《中国古建筑》、《中国园林艺术》、《新疆丝路古迹》、《中国古代建筑史》、《营造法式注释（卷上）》、《梁思成文集》、《刘敦桢文集》等等。1984年还召开了全国24个历史文化名城丛书编辑出版会议，决定出版“历史文化名城丛书”,已先后出版:《绍兴》、《苏州》、《西安》、《大同》、《广州》、《南京》、《景德镇》、《长沙》、《洛阳》、《泉州》、《扬州》、《杭州》、《江陵》、《桂林》、《开封》等大型画册。1984年还承担了国家“重点工程”《中国美术全集》中“建筑艺术编”（6卷）的编辑、出版工作，5年内全部出齐，出色地完成了任务，并于1994年初荣获“国家图书奖荣誉奖”。这些图书的出版，不仅为发掘、整理、积累祖国古代建筑文化作出了努力，也为传播、宣扬中华文化及新中国建设伟绩作出了贡献，受到了海内外读者的关注和普遍欢迎。这类图书已成为中国建筑工业出版社的又一个特色。

此外，图书出版系列化也是出版社一贯的追求。我们面临着各个专业、不同层次的众多读者，他们需要学习、掌握系统知识和技能，他们需要普及、学习现代技术和理论，出版系列丛书就极为必要。我社在20世纪70年代出版了“建筑工人技术学习丛书”、“安装工人技术学习丛书”、“建筑结构基本知识丛书”、“建筑设计基本知识丛书”等，这几套书不断重印，多次修订；并继续拓展选题范围，在普及的基础上注意提高。20世纪80年代以来，我社又先后出版了“建筑施工问答丛书”、“建筑管理干部技术学习丛书”、“建筑管理现代化丛书”、“建筑师丛书”、“建筑设计理论丛书”、“建筑施工工程师技术丛书”、“土木工程继续教育丛书”、“土木建筑系列英语”等等。这些书针对性强，深受读者欢迎。

我们正在努力创造自身的特色，出版了一批名牌书。实践证明，我社的图书在土木建筑界的读者群中影响较好，同许多同类（甚至同名）图书相比，我社图书的印数均较多，就足以说明图书的质量和特色何等重要。

**（三）努力开拓，开展对外合作出版社**

改革开放促进了经济与文化的对外交流。出版事业对外合作起步虽晚，但进展较大。不仅国际间对日、对美、对欧洲诸国的版权贸易、外销图书交往甚多，特别是最近几年大陆对我国台湾、我国香港的合作出版交往频繁，效果很好。

20 世纪 80 年代前我们的图书基本上是面向国内大陆读者，很少有主动进入国际市场的打算，其实当时也有一些图书受到了外界的重视和欢迎。据不完全统计，有 20 多种图书被国外和我国香港、我国台湾地区随意翻印。改革开放给我们指明了方向，带来了活力。我们通过法兰克福、莫斯科、新加坡、匈牙利、中国香港、北京几次大型国际书展，以及同国际书商组织的接触，参加对外合作出版洽谈会等活动，了解了国际出版动态，外界读者也渴望了解中国的历史和现状，我们的图书引起了外界的极大兴趣，不仅可外销（特别是我国港澳台地区及东南亚地区），而且可以进行版权交易或合作出版。我们及时调整了力量，并提出"完善主体，加强两翼"（其中一翼就是对外合作出版）的方针，把对外合作出版贸易作为我们工作的重点之一。20 世纪 80 年代初，我们同日本小学馆、每日交流社、彰国社及我国香港三联书店合作出版了《苏州古典园林》、《承德古建筑》、《西藏古迹》、《中国古建筑》、《中国园林艺术》等大型建筑艺术画册。1985 年以来又有了较大的进展，先后扩大到同美国、德国、法国、意大利、比利时、瑞士、南斯拉夫、新加坡、苏联以及同我国台湾地区等 20 多家出版公司签订或草签了合作出版协议。至 1990 年底，先后出版了《中国美术全集·建筑艺术编》、《建筑艺术与室内设计》、《圆明园》、《香港建筑》、《全国建筑画选》、《神州古迹全览》、《中国传统建筑》等共计 22 种版本，包括英、日、法、德、意、中文繁体字和简体字等各个语种和版本。进入 20 世纪 90 年代，合作出版迈开了更大步伐，1991 ~ 1993 年，三年间已经出版的图书有 28 种之多，大型古建筑艺术画册豪华本《中国古建筑大系》（即《中国古建筑之美》）（10 卷）已分别在中国台湾和大陆出版，《中国古亭》、《北京名园趣谈》、《国外历史环境的保护与规划》、《公园规划与建筑图集》、《大众行为与公园设计》等书已分别由我国台湾五家出版社出版。另有约 50 种图书正在进行合作中，如《日英汉建筑工程辞典》、《俄英汉建筑工程辞典》、《中国传统居民》、《中国古代建筑史》、《中国古建筑艺术》、《中国建筑类型及结构》、《万里长城》等等。预计 20 世纪 90 年代中期，将会有更多的介绍中国建筑文化和建筑成就的图书通过各条渠道进入世界许多国家和海外地区。

通过对外合作出版及参加国际书展、外销图书，把我们的出版物推向世界，宣传中国的优秀建筑文化和建设成就，让世界人民了解中国，热爱中国；让我国台湾同胞、海外同胞加深对祖国文化的亲近感，促进统一大业。这种宣传往往比我们自己外销到国际上去发行或作为宣传品印发，效果更显著，也更经济。譬如《中国园林艺术》一书，内地中文版只印2000册，我国香港的英文版也只印5000册，但同德国合作印制德文版，印数高达40000余册之多，可以想象，这本书在欧洲德语国家影响将是非常广泛的。对外合作还可以给国家创汇创收。更重要的一条，通过对外合作，了解了国际出版发展动向，开阔了眼界，拓展了引进国外先进技术和管理经验的渠道，可以起到“以外补内，以外促内”的作用，从而对提高图书质量、加速出版周期，都有促进作用，同时还能保护国内著作权益不受侵犯。

40年来，出版工作经历过曲折，这是前进中的曲折，我们一直在前进，事业一直在发展。在社庆40周年前夕，我们取得了丰收：1993年10月我社被中宣部及新闻出版署表彰为“全国15家优秀图书出版单位”之一；1993年的出书码洋超过亿元。这是党的改革开放政策的结果，是我社全体职工辛勤劳动的结晶。让我们以这些丰硕成果为基础，出版更多的好书，让建筑图书出版事业迈上更高的台阶。

（注：本文主要观点及部分内容亦分别刊载于：1.1984 ~ 1985中国建筑年鉴．建筑出版事业．北京：中国建筑工业出版社，1985. 2.杨慎选编．新中国建筑业四十年．新中国建筑图书出版事业．北京：中国建筑工业出版社，1990.）

# 总结过去·把握今天·拥有未来*

1957年我从学校分配到建筑工程出版社当编辑，喜出望外，一干就是47年。对编辑工作的爱恋，对出版社的情感，自然是很深很浓的了！是出版社培养、教育了我，是社内的领导与同仁的关心、指导、感染、熏陶了我。一幕幕，一曲曲，总在脑海中回旋，感慨万千，回味无穷。一代代，一年年，出版社从小到大，从一般到知名，发展到了今天4亿码洋的大社名社，这是风风雨雨50年的积累，这是前前后后500人的奉献，作为建工社人，多么骄傲，多么自豪啊！

整整干了27年的编辑工作，1984年起从事编辑管理工作，又很快走上了领导岗位，赶上了好时代。是改革开放党的好政策给我们开辟了用武之地，是出版社的几代职工努力拼搏共同耕耘了这片沃土。50年风雨兼程，历历在目，说不完，道不尽，只得择其二三，作为对"知天命"的"母亲"的回忆。

## 一、改革深化是出版社发展的动力

党的十一届三中全会吹响了对外开放、对内改革的号角，正是我们执行了党中央制订的这一正确的英明决策，出版社才走上了今天的大社名社之路。改革开放对大家都很陌生，前无古人，今无样板，特别是出版业，就更难更险了。我们认识到这是唯一的发展之路。邓小平同志在1983年就指出："工业有工业的特点，农业有农业的特点，具体经验不能搬用，但基本原则是搞责任制，这点是肯定的。"出版业不能搞"保产到户"、"层层承包"，也就在1992年开始，我们提出试行"目标管理责任制"管理办法，在编辑系统中推行，并制订了一套包括从选题开发到审稿与加工的质量、品种，经济效益及获奖图书及理论著作的品种，发表的书评及其他作

* 本文刊载于：岁月如歌——中国建筑工业出版社50周年1954 ~ 2004.北京：中国建筑工业出版社， 2004.

品的数量以及精神文明的表现等的具体量化指标的考核办法（具体考核办法见我社规章制度汇编）。我们制定的编辑职称考核办法由于它的公正性、可操作性受到了建设部人事司的肯定，并因此增加了5个百分点的评优率。这些制度和办法也不是尽善尽美，而是逐年不断修订完善的，只求得公正、公开、量化、合理。应该说几年来执行效果是好的。

随着改革的深入，编辑系统的改革更要不断深化，特别是新闻出版署提出出版业要从以规模数量增长为主要特征的粗放型经营向以优质高效为主要特征的集约型经营转变，目标很明确：优质、高效、集约型经营。要达到这个目标，只能是寻找改革、创新的新办法。我们及时总结了组织“双效书”、“名牌书”、“系列书”的过程，“策划编辑制”便应运而生。早在1997年，我在中国出版协会科技出版委员会社长总编辑年会大会上就做了“策划编辑制的实施是‘阶段性转移’的重要保证”的发言，引起了与会者的重视。

“策划编辑制”是市场的需要、竞争的产物。图书市场竞争异常激烈，市场竞争是客观存在的，它推动着生产的发展。要适应市场的需要，要在竞争中保持优势，就必须转变观念、调整机制，如果固守老的运作方式：单兵作战、等米下锅（有人称之为“知识内向型”的工作方式），我们在这场竞争中将必败无疑。一定要变被动为主动，变个体为整体，选题要强调整体效益与规模效益；内容要强调高质量与创新；营销要强调适时与市场效应。这种认识也不是自发产生的，而是实践经验的总结。我社一直很重视编辑的策划工作，早在20世纪七八十年代，就策划了许多双效益好的系列图书，譬如《建筑设计资料集》、《建筑施工手册》、《给水排水设计手册》、《建筑工人技术学习丛书》等等（以上图书均分别荣获国家级、全国性、建设部级优秀图书奖）。进入20世纪90年代以后，竞争更加激烈，热门选题你争我夺，竞争促进了改革的深化，促进编辑工作机制的转化。我社下决心一定要发挥整体优势，集中优势兵力开发双效益好的系列图书；提高图书质量，形成建工社的品牌，特别是我们有选题资源上的优势，有专业编辑人才的优势，一定能发挥整体优势。1994年开始在全社试行策划编辑管理办法，围绕双效益提出了综合指标考核办法，在这之后各专业出版了许多好书，譬如“建筑结构系列手册”、“各类建筑施工技术手册”、“国外建筑师系列丛书”，特别是各类各层次的系列教材、注册建筑师与注册结构工程师考试教程等相继出版，三年中有70种（套）图书分别荣获部（省）级以上图书奖和科技进步奖，1995年码洋接近1.5亿元，1999年已逾2亿。这些图书已在建设领域牢牢树立起了我社的整体优势与权威形象。

## 二、培养青年人是出版社发展的关键

"人定胜天"、"人才难得"是领袖们的豪言壮语，是领袖们对人才渴望心情的感叹。事业的发展要一代一代的人才传棒接力。竞争激烈的今天更显得人才的重要，得人才则兴。当今世界，科学技术蓬勃发展，人才在经济社会发展中的地位和作用显得日益突出，人才已经成为每个单位乃至国家第一位战略资源。

人才，特别是青年骨干人才更难得，必须形成优秀青年人才脱颖而出的机制，青年时代是人生的黄金时代，大批的优秀青年人才成长起来并后来居上是我们事业兴旺发达的标志。

要得人才，首先必须培养、教育。20 世纪 80 年代中期，我社编辑队伍严重偏老，青黄不接，那时我都快 50 了，还算编辑队伍中年龄偏小的，出现了人才断层，从 1984 年开始每年从这大学分配来一批又一批毕业生。培养教育是首要的问题，使他（她）们能尽快接班，当时按照国家的要求，组织他们实习，半年去建筑工地，半年去书店、印刷厂及编辑培训班学习，每个新来的年轻编辑都有老编辑辅导，传帮带。《土木建筑工人技术学习丛书》（一套 34 种），就是我们几个老编辑一起策划，带领几位青年编辑集体完成的，并获得建设部优秀科技图书奖。还有许多好图书及培训教材，都是老编辑带着青年编辑共同完成的，出了成果，出了人才。回忆起同年轻人在一起工作的日子，相互学习，相互帮助，共同提高，至今仍津津乐道。老编辑就应该无保留地帮助年轻人尽快成长，在业务上指导，在工作中严要求，在生活上关心，年轻人朝气蓬勃，把学习到的新知识、新技术应用到工作中，取长补短、融为一体，建立一种和谐的师徒、朋友关系，这都应该是新老编辑责无旁贷的义务。

当然更重要的是要在实践中磨炼。我社实行策划编辑制，给青年编辑提供了一个极好的演练场。策划是人的主体意识和创造意识的集中体现，特别是改变了过去那种单体运作、小规模的选题组稿方式，发展成为从整体效益出发的出版全过程的策划。不仅拓宽了编辑的角色意识，提供了施展才华的大舞台，更增加了编辑的主人翁感，使其创造性的发挥有用武之地。因此策划编辑制的实施，特别受青年编辑的欢迎，有利于打破论资排辈的用人观念，各尽其才，各施其能。我社实施策划编辑制的前三年（1994 ~ 1996 年），20 位策划编辑中，青年编辑有 15 名，占 75%，已逐步成为我社的骨干编辑，激励了编辑策划人才脱颖而出。

培养青年人还要给他们压重担，20 世纪 80 年代后期，为了有意识地锻炼青年编辑，在各编辑室内设立了主任助理岗位（当时明确不是行政职务），助理协助主任作了许多管理工作，对他们的成长不无裨益。

出版社对年轻人的培养一贯是非常重视的，年轻人成长也很快，他们忘我工作的精神，他们做出的成果，他们的奉献都是突出的。1994 年全国开展评选“优秀中青年编辑”起，我社从第一届评选至 2001 年四届中，届届榜上有名，这在全国出版社中也是少有的。现在已是年轻人挑大梁的时代，现今他们这一代也已步入中年，许多人走上了领导岗位，他们也同样面临着培养年轻人的时代责任。

## 三、发展是硬道理，是走大社强社的必由之路

事业的发展，形势的要求，以及出版社的现实，都迫使我们要走内涵式发展的道路，只有这样才能走进大社强社的行列，只有充分发挥好自身的优势，利用好环境的资源，加强科学化管理，做精品，树品牌，才能走向持续发展之路。

1. 要充分利用资源，特别是资源的整合。我社由于体制上的原因，行业的优势，在作者资源、选题资源上有着得天独厚的环境，50 年来建工出版社与建设系统的科研、设计、施工及教学单位有着“天然”的联系，作者资源丰富，技术资源雄厚，我们应该珍惜这种资源、利用这种优势，大力加强策划，优化选择。在市场竞争异常激烈的时代，出版社的生存质量和发展前景如何，很大程度上取决于它的选题资源的开发能力和占有程度，但资源也决不是任何一个出版社能独占所有的，这就更要求我们的主动精神和策划能力。对选题资源一定要精心耕耘，梯级开发，充分发挥其效应，决不能粗放式经营，更不能做平庸之作，否则会失去资源，会失去信誉。我们要以出版物的高质量、对作者的优质服务、对读者需求的高满足率来赢得作者，占领市场。

2. 从推行“项目管理”入手，强化出版产业化的科学管理。随着社会主义经济体制改革的深化，出版业产业化已提到议事日程。既然作为一个经济体中的产业经济部门，它的运行和发展就要遵循社会主义经济规律。不仅要从宏观层次上把握，也要注意微观上的科学操作。建设行业、计算机行业以及其他工业生产行业都成功地推行了“项目管理制”，这是从西

方发达国家引进的一项先进的管理制度，在国内也取得了明显的效果。项目是一个整体的管理对象，在按需要配置生产要素时，必须以整体效益的提高为标准，做到数量和质量结构的整体优化，实行质量控制、成本控制、周期控制的管理，这些控制都是服从于和服务于出版社的整体规划的。项目管理在我社已经开始试行，尽管这种办法还不完善，有许多缺陷，但它总算起步了，而且效果是好的，我们应该不断完善，并且我还有一个优越的条件，项目管理在建设行业中应用比较成熟了，我们已经出版了许多该类图书。方法是可以学到的，经验是可以借鉴的，我们应该以此为突破口，取得经验，扩大成果，真正实行全面的科学管理。

3. 要注重品牌战略，走可持续发展之路。品牌是企业发展过程中最为高级的形式之一，优秀企业都有自己的品牌，优秀出版社也都有自己的品牌书、精品书。品牌是企业形象的缩影。我们应该很好总结一下，我社的优势在哪？品牌书有哪些？质量好、市场占有率高、文化积累价值高是品牌书的特征。我社的《建筑设计资料集》、《建筑施工手册》、各类建筑结构设计手册以及各类精品教材等都已形成了我社的品牌，这是已被公认的，许多工程技术人员和教师都说："我是读着建工的教材长大的。"这些就是无形资产，是参与市场竞争强有力的手段，我们必须培育、爱护、更新、传承、发展品牌书。品牌决不能只是几个老品种，老品种也决不能是老样子。品种要逐年发展，不断更新，只有更新才能保证品牌的效应，才能保证市场认可，在竞争中永立潮头。品牌战略是出版社可持续发展战略。品牌的产生，是一代代人培育的结晶。我们应该继承和发展品牌。拥有品牌，就能把握今天，更能拥有未来。

# 为提高软实力而努力创新*

我社 1993 年被表彰为第一批全国优秀图书出版单位，2008 年评为首届中国出版政府奖出版单位，2009 年又被评为全国一级（百家）图书出版单位。这是新中国成立 60 年来出版界三次重大的评估评选活动，我社均榜上有名，这是 55 年建工出版人创业立功的硕果，这是建工出版人创新经营的业绩，这是建工出版社综合实力的展示。

历史经验证明，一个国家、一个单位的综合实力，要靠硬实力和软实力两项指标来说话，在国家或行业间的竞争，仅凭硬实力已经很难取得优势，而软实力的地位和作用日益凸显。提高国家软实力是出版人责无旁贷的重任。我国号称世界经济大国，但软实力相比反差太大，而综合国力竞争越来越倚重于文化软实力。科技出版应该是文化与科技的重要载体，更能体现文化软实力的分量。建工出版人 55 年来始终追求：把出版社做强做大，在不断提高硬实力的同时提高软实力。

我社改革开放 30 年的经历说明了这个光辉历程。从 1993 年开始码洋超亿元，且利润率均为 10% ~ 15%（见图），可贵的是能保持稳定发展。

而软实力呢？对于出版界来说不外乎以下几个指标：品牌的传承性；产品的创新水平；产品的覆盖能力；优秀人才与产品的影响力；主要资源的开发程度；同作者的亲和力；读者的满意度和信誉度；现代企业管理的高效力；职工的敬业精神和凝聚力；领导人的职业化水平与能力等等。55 年来我社这些方面取得的成绩在出版界、建筑界有目共睹，一直备受好评。品牌书不断传承，一版、二版……五版、六版修订；内容创新的著作和国外译作深受学术界的称赞；有影响的图书覆盖面一直保持在 40%左右；优秀产品及优秀人才均进入业界先进行列；编辑同优秀作者关系密切，建筑、土木界的许多院士、知名专家是我社的座上客，我社许多老编辑都是他们的挚友；职工的责任感强，具有执著的敬业精神等。在历次全国性评奖中，

* 本文刊载于：梓墨建筑——中国建筑工业出版社建社 55 周年 1954 ~ 2009 . 北京：中国建筑工业出版社，2009.

我社先后被评为“全国百佳出版单位”（1993 年）、“全国优秀出版社”（1998 年）、“首届中国政府奖出版单位”（2008 年）、“全国一级图书出版单位”（2009 年）、“全国教材管理工作先进集体”（1994 年）、“全国先进科普工作集体”（1994 年）、“建设部先进领导集体”（1995 年）、“中央国家机关文明单位”（1995/1997/1998/1999 年）、“讲信誉、重服务”出版单位（1999/2000/2001 年）、“全国图书出版贸易先进单位”（2001 年），主要图书及个人获奖更是硕果累累。

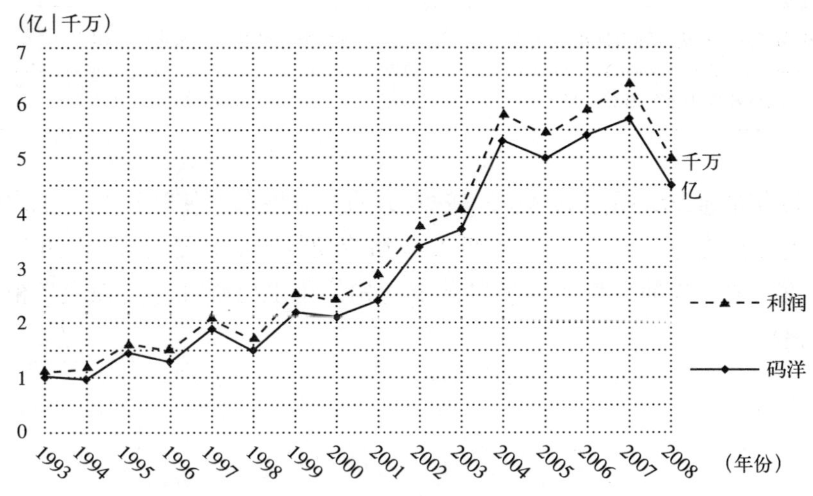


1993 ～ 2008 年码洋与利润增长图

**主要图书及个人获奖情况表**

| 国家级、省部级、全国性评奖 | 获奖图书284种 |
|---|---|
| 国家级、省部级、全国性评奖 | 获奖教材83种 |
| 全国书籍装帧艺术奖 | 获奖33种 |
| 韬奋出版奖 | 周谊 |
| 全国百佳出版工作者 | 王伯扬、刘慈慰、朱象清、沈元勤 |
| 全国优秀中青年图书编辑 | 欧剑、胡永旭、朱首明、张惠珍 |
| 全国百佳发行工作者 | 攀申秋 |

续表

| | |
|---|---|
| 全国新闻出版行业领军人才 | 沈元勤、张惠珍 |
| 享受国务院政府特殊津贴 | 夏行时、谭璟、俞辉群、黎钟、周谊、林婉华、刘慈慰、程里尧、朱象清、杨永生、李根华、王伯扬、石振华、刘茂榆、沈元勤、张惠珍、王珮云 |
| 建设部优秀领导干部 | 周谊、朱象清、王少斌 |
| 建设部有突出贡献的中青年专家 | 杨谷生、欧剑 |
| 中央国家机关、建设部巾帼建功标兵 | 俞辉群、林婉华、张惠珍、田宏 |
| 改革开放30年突出贡献奖 | 张惠珍 |

55 年的业绩是我社硬实力与软实力的充分展示，使我这个建工出版老人感到无比自豪，这是几代出版人辛勤劳动的丰收，更是祖国 30 年改革开放的硕果。当前正值改企转制前夕，相信建工出版社会更强大！祖国会更富强！

# 勇对竞争　稳步前进*

国家建设事业的发展，带来了建筑图书的繁荣。当前正是建筑图书大发展的重要契机，随后这个领域的竞争将会更加激烈。面临 1994 年的新起点，新挑战，我们将勇对竞争，深化改革，提高质量，发挥优势，稳步前进。

深化改革是出版事业发展的先导。改革是要解放生产力、发展生产力。我们一定要从生产力观点出发，结合编辑工作自身的规律，继续完善综合任务承包目标管理的模式。把质量、社会效益量化，同数量、经济指标结合成为一个综合目标，全面考核。逐步建立策划编辑制，人尽其用，发挥特长。奖励，继续向第一线倾斜，向复杂劳动倾斜，充分调动全员的积极性。还要继续贯彻“完善主体（编印发），加强两翼（多种经营、对外合作出版）”的发展战略，形成以出版为主体，全方位发展的文化实体。

要全力抓住质量这个主题。提高质量是出版事业成败的基础。我们出版社之所以受到社会的好评、读者的肯定、党和政府的表扬，主要是一贯坚持“质量第一”的方针。在新形势下，我们更应该把主要精力放在提高质量这个主题上。首先要提高选题质量，在处理社会效益与经济效益的关系上，始终要把社会效益放在首位。要优化选题结构，优先把直接为国家建设服务的图书出好，还要有计划按比例地组织学术理论著作、科普读物和文化积累图书的出版。要把好审稿关、加工关，坚持三审制；把好校对关、印制关。在编印发各个环节推行全面质量管理。

还要充分发挥自身的优势。1994 年是我社成立 40 周年。40 年来我们团结了一批优秀著作者，培养了一支热心事业的专业编辑出版队伍。了解建筑业，熟悉建筑业，有建筑业广大科技人员和管理人员的支持，这是我们的专业优势。我们还有整个建设系统支持和可以依靠的行业优势。利用这些优势，出版了 7000 余种备受读者欢迎的图书。其中，直接为建筑者

* 本文刊载于：中国出版（专题笔谈・94 走势与举措）. 1993，12.

服务的多品种、多层次、多类型的手册类工具书，整理传播古建筑文化和宣扬建设成就的建筑艺术画册，已形成了我社的特长和出书的特色。我们将进一步发扬利用这些优势，加强和创造自己的特色。坚持编辑人员每年参加各种学术活动、调查研究一个月的制度，耕耘好这块沃土，把更多更好的专业图书奉献给祖国的建设者。

# 策划编辑制的实施
# 是“阶段性转移”的重要保证*

随着改革的深化、市场竞争的深入，策划编辑制作为一种新的管理机制，已成为出版界的热门话题，在出版界引起了不小的震动，有的正在起步试行，而先行者已开始摸索一条使策划编辑制走上规范化的道路。

出版界“阶段性转移”的成果是靠图书来检验；出版社的形象是靠图书来塑造；出版社的两个效益是靠图书来实现。图书是从选题开始的，是选题的最终体现，因此选题是出版社的基础，是出版社的根本，这已是出版社的共识。各出版社无不把选题当做出版工作中的重中之重，因为选题策划已是实现“调整结构，优化选题，控制品种，提高质量”方针的重要保证。总编辑更是如此，无不把选题策划，特别是系列选题、规模型选题策划当作自己的中心工作。

## 一、策划编辑制是市场的需要、竞争的产物

当前，图书市场竞争异常激烈，市场竞争是客观存在，它推动着生产的发展。只有了解市场，掌握市场，才能如鱼得水，自由自在。要适应市场的需要，要在竞争中保持优势，就必须转变观念、调整现行的机制，如果仍固守传统的运作方式：单兵作战和等米下锅（有人称之为“知识内向型”的工作方式），在这场竞争中必败无疑。一定要变被动为主动，变个体为整体。出版界在市场上的竞争，实质上是选题的竞争，是选题质量的较量。所以，首先在选题上下工夫，要强调整体效益、规模效益。实现这种转变，实行策划编辑制则是在竞争中转变观念、转变机制的一条行之有效的新路。

---

* 本文是 1997 年 9 月在中国出版工作者协会科技出版委员会社长总编辑年会上的大会发言（江苏扬州），并节编于：新闻出版署信息中心 . 全国新书目， 1997 年 9 月号 .

出版社经过多年的工作，基本上完成了由生产型向生产经营型的转变，按照企业的模式进行管理。在社会主义市场经济条件下，生产适销对路的产品，已是企业生死存亡的关键。一般来说，工业企业找到市场需要的产品，只有不断提高质量，它在市场上畅销几年是可能的。而出版社的产品——图书，不是单一内容的产品，像我们这样规模的出版社，每个工作日出版两三种新书。那么，这些产品是否适应市场的需要，就是出版社胜败兴衰的根本。选题策划就像工业企业开发新产品一样，已是至关重要的第一步。应该说开发选题比开发工业产品更艰难，因为，一是图书品种多；二是读者对象广而杂，专业不同、文化程度各异，因而图书品种内容的差异化大；三是受政策和技术进步的影响大，变化快。因而更应该强调策划。

我社一贯重视选题的策划，早在20世纪70 ~ 80年代许多双效益系列图书就是按照选题策划的模式组织起来的，如《建筑设计资料集》、《建筑施工手册》、《给水排水设计手册》、《建筑工人技术学习丛书》、《土木建筑工人技术等级培训教材》(以上图书均分别荣获“国家级图书奖”、“全国优秀科技图书奖”、“建设部全国优秀建筑科技图书奖”)等，都是在社长、总编、室主任共同策划并组织专业编辑共同完成的大型系列图书。进入20世纪90年代以来，竞争更加激烈，热门选题你争我夺。竞争促进了我社改革的深化，促进了编辑工作机制的转化。我们深深感到，在竞争中一定要发挥整体优势，集中优势兵力开发双效益好的系列图书；提高图书质量;集中资金保证重点选题的落实，加快出版速度，形成整体效益。我社是建筑业的专业出版社，一定要利用这个整体优势，突出策划市场最急需的重点系列图书（包括工具图书、教材等）。1994年开始在全社试行策划编辑制，围绕双效益提出了综合指标，在这以后各专业出版了许多好书，获得了很好社会效益与经济效益。三年中有70种（套）图书分别荣获部（省）级以上图书奖或科技进步奖，年出书码洋均超过亿元，利润持续保持为码洋的10%。形成了稳步上升的局面，加强了我社的综合实力。特别是近三年同教育主管部门集中策划出版了各类教材，如高等学校建筑工程专业、建筑学专业、室内设计与建筑装饰专业、国际工程管理专业、房地产专业系列教材；大学专科房屋建筑工程专业系列教材；中等专业学校各专业教材，全国建筑施工企业项目管理培训教材；注册建筑师、注册结构工程师考试教程等的出版，已在这些领域牢牢地树立起我社的整体优势与权威形象。

## 二、策划编辑制是出精品、出人才、创双效的重要保证

当前出版业正在实现“阶段性转移”，其目标就是以规模数量增长为主要特征的粗放型经营向以优质高效为主要特征的集约型经营转变。要达到优质、高效，就是要求编辑、印制、发行全过程进行整体策划，有组织、有目的、有计划地去落实。首选是选题，策划本身就是一种优选，要分析和研究大量信息，去粗取精，真正实现结构的调整，选题的优化。其次，要在众多的作者群中选择最优秀的作者，特别要注意作者群的组织。系列丛书一般不是一、两位作者所能完成的，策划编辑要作大量的组织工作，只有把作者群的优势集中起来才能编写出优秀的系列图书。第三，优质高效的图书出版，在各个环节都要进行策划，无论是装帧设计、用料还是定价、印数、发行、宣传都要精心策划才能达到预期的目标。近几年来，我社的许多重点书都是在社长、总编统一策划、指挥下完成的。譬如《清华大学建筑学术丛书》、《全国建筑施工企业项目经理培训教材》、《绘画技法经典译丛》、《世界小住宅》、《工程建设标准规范分类汇编》等，都是按照优质、高效的要求统一组织编辑出版的。这些图书的出版，不仅分别荣获国家级奖、建设部级奖和建筑界的好评，满足了市场的需要，而且获得了可观的经济效益。

策划编辑制的实施还激励了人才的脱颖而出。策划是人的主体意识和创新意识的集中体现，通过编辑的创造性思维，策划出市场急需的、体现出版特色的名牌图书；特别是改变了过去那种单体运作、小规模选题的组稿方式，发展成为从整体效应出发的出版全过程的策划。不仅拓宽了编辑的角色意识，提供了施展才华的大舞台，更增加了编辑的主人翁感，使其创造性的发挥大有用武之地。因此，策划编辑制的实施，受到了青年编辑的大力欢迎，有利于优化出版队伍结构，有利于打破论资排辈的用人观念，各尽其才，各施其能。我社实行策划编辑三年来，大批青年编辑已成为我社编辑骨干。目前20位策划编辑中，青年编辑就有15名，占75%，其中两位编辑荣获“全国优秀中青年编辑”称号，三位编辑获得“全国青年编辑选题报告、审稿报告优秀奖”。策划编辑的出现，形成了人才资源的合理流动与配置。不仅在出书方面走上了一条优质高效的道路，在育人方面也正在探索一种集约化的机制。

## 三、策划编辑制要实行层次化、规范化管理

选题策划涉及出版社的出书方向、出书结构，也直接影响到出版社

的整体效益和形象。因此，不能不把选题策划提高到出版社的战略高度来考虑。所谓战略策划，首先是制定出版社的发展规划、确定出书方向；其次要合理定位，确定出书规模、速度乃至人才培养；继而要明确选题结构，找准出书重点，在市场竞争中发挥自身的优势，这是第一个层次的策划。

还有第二个层次的策划，就是所谓战术策划，是在第一层次策划指导下把规划中的许多构想，变成实实在在的选题，主要落实在重点精品、拳头产品、系列丛书、大型图书上。

选题策划是一个复杂的价值评估过程，需要发挥人的才智，特别是具有开拓精神、市场意识强的外向型知识人才的思路。但也决不是少数编辑人员的活动，更需要广泛调查研究，集思广益。同时，选题策划的可行性与市场的动态性，使选题决策具有某种风险性，这就更需要准确的信息和群策群力。要注意鼓励更多编辑的积极性，充分调动整个编辑队伍的策划意识与策划能力。由于每个人的特长不同，毕竟不是每个编辑都能胜任策划工作，但其中总会有一些编辑主动意识与创新意识更强一些。因此，就应当让策划能力与组织能力强的编辑从案头工作中超脱出来，使他们的主要精力用于开拓新选题、组织好作者。尽管他们只能是在某一个专业范围内进行策划，但通过他们的活动往往能够产生以点带面的效果，增强出版社整体策划的活力。

我社试行策划编辑活动已经三年多，尽管做法还不够成熟，制度不很健全，未走上规范化的道路，但可以肯定地说给我社带来的活力与整体效益是显著的。我们正在总结经验，按照以上思路，组成三个层面的策划系统。第一个层面是社长和正副总编组成的战略性策划小组，通过制定“九五”规划明确出版社的出书方向、规模、出书结构和人才培养目标；第二个层面是由编辑室主任和博士组成中心策划组，他们是在“九五”规划大目标指导下，具体策划本专业的重点选题和系列丛书、大型图书；第三个层面是少数编辑按照社提出的目标管理的要求策划、落实具体选题和书稿。

我社的策划编辑活动刚刚起步，真正离策划编辑制还有很长的距离，还有许多问题没有解决，还在摸索中。

1. 要改革用人体制，这是搞好策划编辑制的首要问题 。对编辑进行分流，分成策划编辑与加工编辑，实行全员聘任制。

2. 要改变分配体制，真正按责、权、利制定分配办法，绝对打破“大锅饭”

的分配方式，要贯彻“按劳付酬”、“多劳多得”的社会主义初级阶段的分配制度。

3. 要建立新型的管理机制。可以仿照建筑业项目管理的办法，实行策划编辑负责制，他要对质量、进度、成本等全面管理、全面负责。

相信再经过几年的努力，特别是向兄弟出版社学习成功经验后，我们的策划编辑制度会逐步完善，会走上规模化的道路。

# 为教学改革服务，提高教材出版质量 *

教材是人们启蒙的工具，教材是知识传播的手段，教材是技术推广的媒体，教材是人才培养的良师。教材的价值对文化人来说怎样估计都不会过高。教材，《辞海》的定义是："根据教学大纲和实际需要，为师生教学应用而编辑的材料，主要有教科书、讲义、讲授提纲等"。随着科学技术的飞速发展，门类繁多的科技教材培养了一代一代人才，他们在国家的建设事业中发挥着栋梁作用。教材的编写得到了许多教师的重视与支持，更受到众多出版社的关注与争夺。应该说这是好事，只有得到重视和支持，才能写出高质量的教材；只有受到关注和争夺，才能评价出质量的高低，推动事业的发展。

## 一、土木工程专业教材出版概况

新中国成立初期，土木工程专业（这里仅介绍原工民建专业、原建筑工程专业）使用的教材几乎都是翻译苏联的教材或龙门书局出版的教材，到20世纪60年代初国务院领导同志提出教材要解决有无问题，人手一册，课前到手。当时建筑工程出版社立即响应号召，积极配合建工部教育司工作，落实国务院的指示，1961年在全国高校工民建专业教学指导委员会的组织下，组织同济、清华、南工、天大、哈建工、重建工、西安冶建、华南理工、浙大、湖大等高校资深教师共同研究讨论，分工协作，联合编写整套专业教材，各专业编辑均深入各编写组，作好协调、服务工作。如《钢筋混凝土结构》（天大、同济、南工合编）、《工程地质与地基基础》（天大、华南理工、哈建工、重建工合编）、《钢结构》（同济、西安冶建、哈建工三个版本）、《建筑施工》（多个版本）、《砖石及钢筋砖石结构》、《木结构》、《建筑材料》、《房屋建筑学》等等系列教材都在短时间内出版。当时称为统编教材。这也是国内首套自编的高校工民建专业教材，深受全国高校师生及

* 本文是1999年5月在全国第四届高校土木工程系系主任大会（郑州）的发言稿。

广大工程技术人员的欢迎。

十一届三中全会以后，学校教学工作走上正轨，中国建筑工业出版社又在建设部教育司的指导下，重新修订和新编了一系列教材，这些教材几经修订一直沿用至今，如《钢筋混凝土结构》、《地基及基础》、《钢结构》、《建筑施工》、《房屋建筑学》等。20 世纪 90 年代后期，随着教学改革的深化和学校评估工作的展开，我们遵照“一纲多本”的原则，又继续组织了供更多学校选用的多版本教材和选修课教材，其中“钢筋混凝土结构”、“钢结构”、“建筑施工”等有多个版本，还新出了《工程地质学》、《水力学》、《建筑电工》、《建筑工程事故分析与处理》等。我社对教材出版一贯非常重视，总是作为重点工作安排。我社一贯坚持“为人民服务、为社会主义服务”的出版方针，具体到教材出版方面就应该为教育改革服务，为师生服务，只要是教学改革的需要，我们一定出好书，服务好。每一种教材都有责任编辑自始至终跟踪，听取反馈意见，及时修订。作为一个严肃的出版社一定要把社会效益放到首位，决不能单纯追求经济效益。建设系统所属学科专业还有很多，不少小专业的教材是没有盈利的，我们从大局出发，从整个教育事业的全局考虑，统筹安排好，决不单纯追求利润，仅出版盈利的教材。因此我社不仅被中宣部和国家新闻出版署评为全国首批 10 家优秀出版社，还被原国家教委评委“全国教材管理先进集体”。但是近些年来，教材出版也出现一些混乱局面，热门教材多家出版社抢占市场，而学生人数少的、印数不大的、无利可图的教材只能由专业对口的出版社出版，这样，有些教材大量重复出版，而有的教材严重短缺，这种重复现象早已受到社会的非议。教材的编写与出版是一项政策性较强的事业，一定要统筹规划好，精心组织好，保证高质量。

## 二、提高教材质量的措施

教材是教育学生、培养人才的重要工具，教材的出版是一项政策性、指导性很强的事业，有着它必须遵循的原则与要求。首先要选择好作者，专业教材的作者应该是具有丰富教学经验与工程实践经验，并具有高深理论基础和渊博知识的一个“群体”，这样才能集思广益。第二要掌握丰富的素材，不仅会灵活运用这门课的基本理论，还要掌握国内外大量的实践资料和发展动态。第三要根据教学大纲、培养目标、课时的要求，用简洁的文字深入浅出地表达科学的内容。这是写好高质量教材的基本要求。特别是当前竞争激烈的情况下，热门课教材有10多个版本，各校选择的余地大，就更要看质量。质量是生命，不断重印就表明他具有强大的生命力。

1. 教材要在各学科教学指导委员会组织下进行，教学指导委员会是教育行政部门领导下的专家机构，是教学改革的研究集体，是教学大纲与培养目标制定的决策者，是全国范围内专业教学的指导者，是专业教材审稿者。因此由这个集体来组织教材的编写应该是顺理成章的事。建设部几个专业教学指导委员会都是这样工作的。教学指导委员会可以通过教材更具体地指导全国范围内的专业教学，收效会更好。通过有组织的竞争，评选出的教材会更具有权威性。

2. 一部教材最好由二三个学校联合编写，这样更能发挥各校的特长与优势，集中各家所长，集思广益，真正形成精品教材，有利于交流。这样组织起来的教材获奖率高，印数大，受到多数学校的欢迎。

3. 教材的编写最好由学校或系组织，由老教授、老专家牵头，新老教师结合，也就是上面所说是“群体”来编写。采用职务作品的方式为好，这样可以保持教材的连续性，可以五年、十年、……，一版、二版、五版……出下去，只要这个学校或这个系存在，就可以永远组织出版下去（当然首先是高质量，有生命力），精品可以持久地传承下去。现在许多学校或系成立50周年、90周年等等，遗憾的是看不到他们的传统教材。作为职务作品还有一个好处，著作权在一定时间内归组织者所有，组织者可以出钱、出资料、出时间，也就是说编写者可以有资金、时间和使用资料的保障。这一点还未被许多学校所重视，而实践证明这样组织的教材往往是有生命力的。

4. 也要重视有丰富教学经验和有科研、实践经验的老教授个人撰写的教材，要充分发挥他们的特长，保持他们的特色，特别是由老教授为领军人物的团队编写的教材，更要重点扶植。这种教材，只要质量高，就能由领军人物传给他的学生，由学生再传给他的学生，一代一代传承下去，精品就能永存。

5. 重视教材的修订。随着科学技术的进步、改革的深化，一般五年左右对教材要作进一步的修订。作者采取新老结合的方式，这样更便于不断地修订下去，以保证教材的高质量。

## 三、教材的著作权问题

著作权越来越受到人们的重视，著作权法也日渐被公民熟悉。保护著作权人的权与利，是出版社应尽的义务，出版社必须站在公正的立场上，依法保护作者的权利。

中华人民共和国著作权法第十六条规定:“公民为完成法人或者其他组织任务所创作的作品是职务作品，……有下列情形之一的职务作品，作者享有署名权，著作权的其他权利由法人或者其他组织享有，法人或者其他组织可以给予作者奖励:（一）主要是利用法人或者其他组织的物质技术条件创作，并由法人或者其他组织承担责任的工程设计、产品设计图、地图、计算机软件等职务作品；……”在著作权法实施条例第十二条更明确地指出:“由法人或者其他组织组织人员进行创作，提供资金或者资料等创作条件，并承担责任的百科全书、辞书、教材、大型摄影画册等编辑作品，其整体著作权归法人或者其他组织所有。”

我国的教育事业是由国家行政部门管理，教材基本上是教育行政部门和教育出版社或国务院部委指定的专业出版社共同组织有关学校编写。教材的内容必须根据教育行政部门组织专家制定的教学大纲和教学指导性文件进行编写。教材的审定必须经教育行政部门组织的专家组织（教学指导委员会）和指定的出版社进行。因此教材的编写与出版是由教育行政部门进行统一规划、组织、审定才能完成的。这是说明教材的整体著作权归教育行政部门或其指定的出版社所有的理由之一。

其二.教材基本上都是组织学校或系，再由学校或系指定教师进行编写。学校提供资金、资料、设备、时间。编者原则上是代表学校参加教材编写工作的。编者是为了完成学校委托的任务而参加教材编写工作的。这是说明教材是职务作品的理由之二。

其三.教材的社会责任和经济责任基本上都是由教育行政部门的专门机构或指定的出版社承担，特别是专业教材，有的由于学生人数少，教材印数少，这种教材的出版是要亏本的，出版社不能拒绝出版，经济损失是由出版社承担，决不能转嫁给学校或作者。教材的出版是个系统工程，出版社要投入大量的人力与财力，这也是出版社的一种社会责任。这是说明教材的著作权归组织者的理由之三。

当然，许多精品教材也有由一位（或二三位）专家独自编写的，质量也很高，同样受到社会与学校的欢迎。应该鼓励，百花齐放才能春色满园。这样教材著作权问题更好解决。

虽然著作权的归属很复杂，但作者的署名权和获得报酬权是一定要受到保护的。

署名权，即作者在作品上署名的权利，有的在封面上署名，有的在扉页上署名，有的由于参编的人数太多或者工作量不大，也可能只有在前言中署名。表现形式不同，这都是体现了作者的署名权。

获得报酬权，作者写作付出了劳动，理所当然应该得到报酬。根据即将出台的《出版文字作品报酬规定》，付酬方式有三种形式：（1）基本稿酬加印数稿酬；（2）版税方式；（3）一次性付酬。第（1）种付酬方式是我国传统的方式；第（2）种付酬方式是国外多数出版商采用的方式；第（3）种付酬方式采用的不多，有的特殊稿件采用过，如某些文艺作品采用稿件拍卖的形式。

我社推行版税制方式已有三年的经历，深受作者的欢迎。图书质量越高，读者争相购买，印数越大，作者获得的报酬就越多。这种方式还不受物价涨落指数的影响，图书的定价也是要按照物价涨落指数的变化来制约，作者得到的报酬也自然不会受影响。

现举例说明版税制与基本稿酬加印数稿酬的对比关系。

举例：一本教材 35 万字，15 印张，定价 15 元

| 印数 | 付酬方式及标准 | 稿酬总计 |
|---|---|---|
| 5000册 | 版税6% | 4500元 |
| 5000册 | 版税7% | 5250元 |
| 5000册 | 版税8% | 6000元 |
| 10000册 | 版税6% | 9000元 |
| 10000册 | 版税7% | 10500元 |
| 10000册 | 版税8% | 12000元 |
| 20000册 | 版税6% | 18000元 |
| 20000册 | 版税7% | 21000元 |
| 20000册 | 版税8% | 24000元 |
| 5000册 | 30元/千字+印数稿酬 | 11025元 |
| | 40元/千字+印数稿酬 | 14700元 |
| 20000册 | 30元/千字+印数稿酬 | 12600元 |
| | 40元/千字+印数稿酬 | 16800元 |
| | 50元/千字+印数稿酬 | 21000元 |
| | 60元/千字+印数稿酬 | 25200元 |

注：①印数稿酬为每千册基本稿酬的1%；

②重印按原标准支付版税。重印不支付基本稿酬，只付印数稿酬。

从上表可以看出，当印数达到 20000 册时，按版税制付酬，对作者是有利的，超过 20000 册以后，所得报酬更大，比基本稿酬加印数稿酬更显优越。从我社的情况来看，土木工程专业主干课教材二年内印到 20000 册是可能的（见附录）。（注：附录为“中国建筑工业出版社建筑工程专业教材出版情况一览表”，该表为 1999 年以前的资料至今变化较大，故予删除。）

# 笑对建筑图书市场 *

1999年我们将迎来新中国国庆50周年大庆，澳门回归大喜，“五四”运动80周年纪念，真是喜庆频传。对建筑界来说，更是多喜临门，20届世界建筑师大会将在北京召开，世界园艺博览会将在昆明揭幕。喜庆的锣鼓已经敲响，全国人民特别是广大建筑职工喜盼丰庆的激情已喜在眉梢，这是我们出版工作者献上厚礼的绝好时机，是我们发行工作者大展才华的极好机遇！展望1999年建筑图书市场，不免有点得天独厚的优越感，天时地利人和，再加上12分的努力，丰收定能有望。

## 繁荣、喜庆、盛会
## 给建筑图书带来活力

世界建筑师大会、世界园艺博览会不仅是中国建筑界、园艺界的大事，也是全球建筑师、园艺师的盛会。为了迎接“盛会”在中国召开，中国建筑工业出版社经过精心策划与组织，将向读者推出10大精品系列，其中国际建筑师学会与中国建筑师学会组织出版的《20世纪世界建筑精品集锦》，就是横览五洲，纵观百年，以最精辟、最权威的史料和论述，向全世界读者介绍本世纪内建造的世界各地有代表性的1000栋著名建筑，反映了世界建筑创作的趋势与成就，其规模之宏伟、体例之严谨、取材之丰富、论述之缜密，在建筑科技图书出版史上都是空前的，具有无可替代的权威性和极高的学术价值。与此同时出版的还有《中国建筑艺术全集》（24卷巨型学术画册）、《世界建筑史丛书》（从意大利引进的12部经典之作）、《世界建筑大师优秀作品集锦》（从澳大利亚引进的10部精美巨著）、《中国土木建筑百科辞典》（全国重点科技辞书之一）、《园林园艺名作系列》等等，都是读者渴望已久的杰作。有的将在全世界范围内隆重推出，有几套同时在台湾出版发行，台湾锦绣文化企业董事长许钟荣先生高兴地把1999年称作为“建筑出版年”，可见这些图书在社会上将要产生多大的影响！

---

* 本文刊载于1999年3月10日《中华读书报》（笔名：朱青）。

> 朱镕基总理指出：住房建设将成为中国经济新的增长点，……我们今后要加强人民群众关心的住宅市场的建设。

1998年由于国家明确了扩大投资需求以刺激经济增长的政策导向，并采取了相应的政策措施，固定资产投资及房地产投资同过去相比将有较大幅度的增长，而建筑业增加值的增长与固定资产投资增长有十分密切的相关性，因此固定资产投资的增长将带动建筑业增加值的增长。温家宝副总理在全国城镇住房制度改革与住宅建设工作会议上明确指出：稳步推进住房商品化、社会化，逐步建立适合社会主义市场经济体制和我国国情的城镇住房新制度；加快住房建设，促进住宅也成为新的经济增长点，不断满足城镇居民日益增长的住房需求。

国家的政策已经明确：住宅建设将是新的经济增长点。国家的基础设施建设投资要加大，灾后重建任务很繁重，住房建设将继续增加投资，这充分符合“扩大国内需求，开拓国际市场，是我国发展经济的基本立足点和长期的战略方针”，据建设部权威人士估计，住宅建设对我国经济的拉动作用将持续40年。经济形势也很明朗，住宅建设、小城镇建设、路桥建设以及高科技建设项目在相当长时期内在我国将要稳定增长地向前发展。

市场是客观存在，要紧密配合国家的重点建设事业，更要促进建设事业的发展，建筑图书将发挥重要作用，经验的总结、新技术的推广、资料的积累与传播、理论的指导、科学技术的普及、科学技术知识的传授等等都离不开图书。中国建筑工业出版社向读者推出10大重点精品系列中还有《中国建筑设计精品集锦》(10部)、《住宅设计资料集》(5部)、《实用建筑工程系列手册》(12部)以及大学建筑学、土木工程等多个专业系列教材等。这些图书和教材将以较高的理论性、指导性、权威性、实用性、针对性奉献给读者，定会受到市场的欢迎和读者的好评。

> 朱镕基总理指出：抓好工程质量管理是当前经济工作中一项关系全局的重大任务，……绝不能因工程质量问题成为历史罪人，背上千古骂名。

新年伊始，国务院在北京召开了全国基础设施建设工程质量工作会议。朱镕基总理发表了“严格要求、严格制度、严格管理、严格责任，要以对国家、对人民、对历史极端负责的精神和一丝不苟的认真态度，扎扎实实地把工程建设质量工作提高到一个新水平”的重要讲话。接着建设部、交通部、铁道部、水利部、财政部等针对工程质量问题作出了一系列部署。在此之前，建设部于1月召开了全国建设工作会议，俞正声部长指出：今年建设工作的重点是提高工程质量。一是质量问题非常重要，是我们的主要职责之一，质量问题搞得好国泰民安，搞不好人命关天。二是当前质量问题相当严重。温家宝副总理也明确指示：提高建筑工程质量，直接关系人民的利益，是建设系统一项十分重要的任务。做好这项工作，要靠制度保证，靠科学技术，还要靠过硬的队伍。专门召开如此高规格的工程质量会议，在建设史上还是头一次，由此可看出质量的重要性与问题的严重性。政府为拉动经济增长，下决心实施积极的财政政策，增加基础设施建设（包括住房建设）的投入，工程质量问题不仅仅影响这一政策的直接效果，还关系到我国今后经济持续发展的全局性问题和社会稳定。

工程质量已是当前工程建设重中之重的大事，为了配合政府的重点工作，扎扎实实把工程质量搞上去，组织出版一系列的工程质量图书也应该是工程建设类出版社工作的重中之重。尽快组织出版工程建设法规、标准、规范以及理论性、指导性、实用性强的读物定会受到读者的欢迎。

客观形势看好，建筑图书在近几年的图书市场中也看好，这是客观存在。一个很简单的事实：全国是个大工地。住房欠账太多，建设事业将长久不衰；全国建筑设计、施工队伍有3500万人，他们的技术素质亟待提高；科学技术的不断进步，新技术、新材料有待进一步推广等等，这都是建筑图书市场看好的客观基础。但是形式也不能过于乐观，各个单位和职工用于购书的钱是不多的，增长也是有限的，而建筑图书的出版仍停留在品种竞争的初级阶段，出版建筑图书的出版社国内已超过200多家，真正的好书不多，许多书低水平重复，加上建筑图书盗版现象也累累被查出，非法出版物也冲击图书市场，这些问题都有待于规范化。我们盼望一个稳定发展、竞争有序的图书市场早日到来。

# 缅怀俞调梅先生严谨的治学精神 *

我同俞调梅先生相识还是20世纪60年代初，那是1961年，当时中央书记处对大学专业教材的出版作出了明确的批示：要有教材，好纸铅印，人手一册，课前到手。我作为中国工业出版社建筑图书编辑室（原建筑工程出版社，后组建为中国建筑工业出版社）的一员新兵，被派到上海工作组（由编辑、校对、印务人员组成）负责上海地区同济大学等高校的土建类教材编辑工作。我当时是20出头的新编辑，俞先生是赫赫有名的大学教授，他当时是同济大学土力学及地基基础教研组负责人，率领其他教师编写教科书《土质学和土力学》。早已久仰俞先生大名，见俞先生真是有点胆怯。一见面俞先生和蔼可亲，就是一位普通慈祥的长者，我的顾虑顿时被打消了。他详细介绍了这本书稿的内容及作者情况，许多我不懂的地方，他不厌其烦地耐心讲解。俞先生对待学术严谨、严格的作风实在令人佩服。在这本书中，俞先生首先介绍了编写的依据和基础，两次试用，多次讨论与修改，并指出一些重点问题应该讲的深透一些，特别要结合不同专业突出重点；难能可贵的是指出一些具体的不足之处，“如土的水理及热理情况的系统性是不够好的”；“对我国境内的土和土壤的研究与叙述是非常不成熟的”等等，而不是客套话，可见俞先生谦虚、实事求是的高贵精神。

第一次接触使我大为感动，大受教育，这样的师长一定要深交。后来我去上海必定拜访。1963年我见到当时苏联出版的名著《土力学原理》（B.A. 弗洛林著），首先想到的当然是俞先生，俞先生也鼎力推荐，一拍即合，请俞先生组织同济的老师集体翻译，由俞先生、郑大同先生（有幸也结识了另一位土力学大师）校核，这部土力学经典之作于1965年出版。介绍这本名著时，俞先生指出：“本书列举的许多计算方法对要求较高的建筑物的地基设计具有极其重要的意义；即使某些比较复杂条件下的计算方法，

* 本文刊载于：同济大学土木工程学院地下建筑工程系组织．岩土师表 春华秋实．上海：同济大学出版社，2011.

由于不够成熟而可能引起异议，但是因为还没有更好的计算方法，还应当认为是有重要参考价值的。”这种严明的学术风格、一分为二的学术态度，怎不令人敬佩！

又过了几年，我看到美国、苏联学者的名著在我国翻译出版，我自然想起应该有一本中国专家自己的经典的“土力学”，当时的重担自然要落到俞先生头上，于是多次找俞先生商量，俞先生开始感到责任重大，难于承担，但俞先生看到学生的盛情与诚意，终于答应下来了，定名为“实用土力学”，并基本组织好了写作班子，还是同济的诸多知名学者。俞先生并开出了百本书单，请参编者阅读，意思是你们读完了这百部著作，读懂了，读通了，取众人之长，融汇自己的知识，就开始写自己的。此事虽是未完的事业，但俞先生的治学、育人精神怎能不为人感动！我们应继承并发扬俞先生的这种“严”要求的精神，为社会主义教育与出版事业发挥更大的作用，作出更大的奉献！

从此开了一个好头，我同同济大学地下建筑与工程系有着更密切的联系，许多教师都是我社的座上客。同济大学与中国建筑工业出版社结成了亲密的伙伴关系，为繁荣建筑图书出版事业作出了巨大贡献，原这种伙伴关系永存！

# 缅怀为教学育人和科技出版作出巨大贡献的丁大钧教授

丁大钧先生是我社的老作者、老朋友，是土木工程界名望显赫的老教授、知识渊博的多产作家，更是我久仰的一位老人。他教书育人桃李满天下，他著书立说车载斗量。他一生著书40多种，其中有11种由我社出版。1999年还出版了《耕余诗词》，我经常拜读，受益匪浅。

早在1961年，当时我社按照中央和国务院的要求，组织出版解放后第一批国内自编高校理工科教材，丁先生同当时南京工学院的许多教师积极参与这一开创性工作。当时出版的高等学校试用教科书《钢筋混凝土结构》（上、下册）与《砖石及钢筋砖石结构》等都是他们（还有同济大学、天津大学、清华大学等校）的成果。这些教材为后来不断修订出版的、至今受广大师生欢迎的、仍继续使用的教材打下了良好的基础。改革开放后经济的发展促进了技术的进步，国家颁布了许多专业标准与规范，带动了专业课教材的修订。丁先生对修订工作付出了辛勤的劳动，1980年担任天大、南工、同济合编、清华主审的《钢筋混凝土结构》（上、下册）的三主编之一。该书1996年荣获建设部全国高校建设类优秀教材一等奖。此后该教材改名为《混凝土结构》（上、中、下三册，仍为三校合编、清华主审），至2008年已修订至第四版，是当前该类教材中发行量最大的。1980年，丁先生还担任《砖石结构》教材的主编，该教材于1993年获建设部科技进步三等奖，1996年获建设部全国高校建设类优秀教材一等奖。现该教材易名为《砌体结构》，已经出版第二版（仍由丁先生主编）。

1997年丁先生还在我社出版了教材《土木工程总论》，这是在1988年东南大学出版社出版的《土木工程概论》的基础上修订出版的，该书1994年还在台湾出版了繁体字版。在《总论》出版6年后又作了较大的修改，恢复了《土木工程概论》的书名，2006年被教育部评为“面向21世纪课程教材”。2009年丁先生抱病作了再次修改，一位86岁的老人、癌症患者作完了最后的修订。可惜的是，还没见到新的修订版（第二版于2010年面世）就离开了我们，深感惋惜！

除了编写教材外，丁先生还在我社出版了《混凝土结构发展》、《砌体结构学》、《现代混凝土结构学》等理论著作，这是他一生对建筑结构研究的结晶，给后人留下了宝贵的知识遗产。

通过这些教材的出版，我们看到了丁先生对知识的精益求精的追求，对作品要求完美的境界，对读者高度负责的精神，真可谓是知识界、科技界的楷模，更是我们编辑学习的榜样。

丁先生在著作过程中不仅对科技内容作翔实的叙述，特别重视实验数据的介绍，对计算过程的详述，对标准规范的讲解。难能可贵的是，二三十年来丁先生特别注重国内外的学术交流，他访问过 20 多个国家并多次在国外讲学，在国内 30 多所大学、学会、设计院讲课 150 多次。他养成了剪报的好习惯，通过多种渠道搜集国内外工程信息和人类的建设成就。他还强调，既不忽视我国历史上的成就，也注重介绍今天巨大成就和所达到的水平，并一一如实地反映在书中，介绍给广大读者。如他在《土木工程概论》（2003 年版）前言中介绍："上海 420m 高、居世界第三位的金茂大厦的建成和台北 508m 高的大厦的建成，后者建成后将取代现世界纪录 452m 马来西亚石油双塔楼而成为新的世界纪录。而 1490m 跨径的润扬悬索桥已于 2000 年 10 月开始建造，经 5 年建成后将成为亚洲第二、世界第三位。又 146m 的新丹河石拱桥 2000 年建成通车，成为遥遥领先的石拱桥世界纪录。"字里行间看到了丁先生对祖国建设成就的讴歌。先生不仅讲技术，而且教育学生要有作为中国人的自豪感。

特别值得我们教师牢记的是，教书育人要并重。2009 年他在毕生最后一部著作《土木工程概论》（第二版）的前言中警戒："每个公民最起码应遵纪守法。在电视上惊闻某高校土木专业研究生犯罪……深感不安，只传技术，未能育人，曾作诗自责……告诫莘莘学子，切不可违法乱纪，否则即使逃脱法律判处（难，切勿心存侥幸！），也将遭到良心谴责，终日惴惴，人格堕地，使合家蒙羞，慎之哉！慎之哉！"丁先生毕生一心教学子成才，为祖国奉献，真是一位好学者、忠心为党为国的老教授。

提到丁先生，我们中国建筑工业出版社建筑工程专业和教材编辑室的七八位老编辑，都深深铭记丁先生诲人不倦、严肃认真、追求完满的精神，缅怀丁先生多才多艺、健谈可亲、为人耿直的风貌。

我们永远怀念您！丁大钧先生！

# 缅怀为建筑图书出版事业作出杰出贡献的杨永生总编辑

杨总是一位从事出版工作56年的老出版、老编辑，他1956年从基本建设出版社担任编辑组组长开始，随着机构的调整、工作的调动，先后任建筑工程出版社的编辑组长，中国工业出版社建工图书编辑室副主任，中国建筑工业出版社革委会副主任、副总编辑，中国环境科学出版社副社长兼总编辑，中国建设报社副社长，1990年重回中国建筑工业出版社任《建筑师》、《建筑画》杂志主编（根据他本人的请求不担任出版社任何领导职务），1994年离休。离休后正如他自己所说："我也没闲着，甚至有时同在职时一样忙碌，忙什么？主要是看书、编书、写文章。"据统计，离休后杨总编著（主编、选编、合编、撰写）图书31种，分别由中国建筑工业出版社、天津科技出版社、同济大学出版社、当代世界出版社、知识产权出版社、陕西师范大学出版社、天津百花出版社、天津大学出版社等八家出版社出版。主要内容是建筑人物、建筑历史与建筑评论。这样的多产作家在科技界恐怕不多见。杨总还有一些想法来不及兑现，实在惋惜。

杨总在出版界是一位开拓型、领军型人才的典型；在编辑界是一位策划型、博学多才的典范。1971年国家建委军管会派他去参加国务院召开的出版工作会议，根据当时的43号文件，恢复出版工作（"文革"期间基本停顿了出版工作），当时军管会把筹备国家建委出版社的重任交给了杨总。确实选准选对了人。杨总首先考虑的是人才，人才为先。第一建议是把原建工出版社的老社长杨俊请回来主持工作，让贤！甘当二把手。第二建议是把下放到国家建委各工程局的"老"编辑调回来，把在中国工业出版社的原建工出版社的"老"出版要回来，基本队伍组成，于1971年11月正式建立"中国建筑工业出版社"。人手还不够，杨总又看到在"五七"干校还有一批原建工部各司局与建筑科学研究院及设计院的老总工程师和技术骨干（有的也下放到了国家建委各工程局），如是作了大量的工作，调来了二三十人，形成了出版社的中坚力量。中国建筑工业出版社第一任总编辑就是此次调回的原建工部情报局的总工、全国政协委员、国家一级工程师；杨总甘当副总编。后来第二任社长、第三任总编辑、副社长、副总编辑及许多中层干部都是组建出版社时调回来了骨干。足以看出杨总在70年代就看到并具有人才是第一生产力的务实精神，使出版社尽快成长、壮大。

有了人要尽快开展工作，“文革”耽误造成的书荒不能再荒下去。首先杨总组织了几组编辑到全国各地深入基层、深入生产第一线与教学第一线，调查研究，联络老作者，了解新作者，摸清市场。当时杨总就提出要求出版系列丛书，特别是手册类工具书、科普读物、各类教材等，经过多年的努力，通过几代后来人的传承，建工出版社的这类图书已经形成精品、品牌书，在建筑业、出版界影响很大。杨总不仅提出了方向性的要求，遇到难题，亲自指挥，为编辑撑腰。记得70年代中，我们结构专业召开有10多所大学教授参加的《建筑结构基本知识丛书》讨论会，会上某著名大学“五七公社”派来的知名教授发难，提出出版这套书与“五七公社”的主张不一致，反对出版这套书，当时就遭到其他大学教授的反对，杨总在会上据理反驳，反复说明出版这套丛书的必要性与时效性，与会代表除“五七公社”外一致赞同并表示积极参与这套书的编写（据了解反对出版这套书的教授决不是他的本意，而是奉工宣队之命表的态），使这套丛书能按计划完成，出版后深受广大读者的欢迎。至1993年修订过三次，有的共重印12次之多，单本印数达30余万册。这就是事实，这就是实践。

杨总在70年代建社初期就身体力行把建筑历史、建筑艺术类图书作为重点来抓，因为此类图书在五六十年代是谁也不敢碰的“雷区”，牵涉意识形态往往“封、资、修”的帽子在等着你，寸步难行。杨总就有那种不信邪的精神，他首先看准了刘敦桢先生的《苏州古典园林》，冒着被批斗的风险，硬是召开了《苏州古典园林》审稿会，把南京工学院、同济大学、建筑科学研究院、上海园林局、苏州园林局的园林学教授、园林专家请到一起，由杨总主持召开审稿会。这本园林经典之作，几经周折，硬是等到“四人帮”倒台，马上就出版了，在国内外引起了轰动，接着英文版、日文版相继在国外出版了。杨总编把《苏州古典园林》的出版比喻“鸣枪”，这是向“四人帮”设的“禁区”开的第一枪。

在此前后，《梁思成文集》也是杨总向国家出版局亲自写报告（因邓小平办公室关心此事）：“这件事已经着手了，准备出了。”这样《梁思成文集》（四卷本）就顺利出版了。

还有《建筑设计资料集》（第二集）“文革”前已印刷好，因怕“封、资、修”的帽子，不敢发行。又是杨总亲自请示国家建委宋养初副主任，国家建委同意出版社的意见，加一个批判性前言，改为“内部发行”，这道坎就算过来了。这本《资料集》在建筑设计界、在建筑出版界，无人不知，无人不晓，这是中国建筑工业出版社响当当的品牌书，当然早已是堂堂正正公开发行了，已登上了全国优秀图书的殿堂。

《中国美术全集·建筑艺术编》（6卷本）是杨总给中宣部出版局打电话提意见后增加的，并指定杨总担任编委，由中国建筑工业出版社负责组织出版。

中国古建筑是中国宝贵的历史遗产，必须保护、继承、宣传，杨总专门写报告给国家建工总局（建设部前身）、中宣部出版局、国家出版局、财政部、中国建筑学会等领导，提出“关于设立‘古建筑调研基金’”的建议，用以对各地重要的古建筑进行实地测绘、调查、照相、研究与出版专著。后国家建工总局各领导批示基本同意（但最终因种种原因未落实）。

《建筑师》杂志是杨总一手创办，并多年担任编委会主任和主编，其间还组织过多次建筑设计评优与学术活动，在建筑界影响很大。

杨总在出版界、建筑界、科普界是一位出色的有成就的活动家。在70年代就积极参与领导科技出版、工交科普活动。在建筑学界他异常活跃，许多老建筑学教授、专家都是他的挚友，每次来京必登门拜访，重病期间，有的远程香港和其他各地来访来电慰问，病逝后网上无数网友高度评价杨总编：“几十年来他以其认真的作风、深厚的学养、执着的精神，关注着中国建筑出版事业的发展与进步。”“他身体力行地为中国建筑的现代化及建筑评论的中国化发展做了大量开拓性贡献。”“为创办《建筑师》做出了不可磨灭的贡献。”“从1971年开始，筚路蓝缕，陆续参与组建并直接领导了中国建筑工业出版社……以务实的态度确定了出版社努力发展的大政方针”。有的还评论杨总编是个“传说中的‘重量级人物’”、“很有气场，很有号召力的人”、“是一个有历史使命的人”、“是一个暴脾气的倔老头”。足以说明杨总责任为重，事业为先。

杨总走了，功绩常在！事业在发展！

安息吧，敬爱的永生总编！我们永远怀念您！事业永远铭记您！

# 书评五则

## 书评一　图说经典　展示范例

### ——《室内设计资料图集》[*] 介绍

这是一部资料图集。它没有用深奥的词语来阐述各种流派理论的渊源与发展，也没有用诱人的彩图来表达各式效果图的华丽与高雅，只是朴素如实地汇集了古今中外室内设计各类经典设计范例，从古埃及、古希腊……拜占庭、哥特式……文艺复兴、巴洛克、洛可可、折中主义，又从商、周、隋、唐、明、清……这样的顺序展示了各式经典建筑的室内设计图示。它按照工程的惯例与规范的要求，有选择地推荐了室内设计各种优秀设计实例，图说、图解了室内空间造型设计，室内空间与尺度，室内光环境设计，室内绿化与内庭，室内家具设计，室内陈设，室内装饰材料，室内用品及设备，木家具结构，地面、墙面与隔断、顶棚、门、窗、柱子、楼梯的构造，厨房、橱柜及设备，卫生间设备与洁具，系统集成设备，建筑与室内设计图例等，内容系统且庞杂，资料翔实且丰富。

室内设计是一门综合性学科，它涉及的范围广泛，包括建筑学、建筑物理、力学、美学、哲学、心理学、色彩学、人体工程学、材料学、电工学等。同济大学来增祥教授在他的著名的《室内设计原理》中指出："室内设计是根据建筑物的使用性质、所处环境和相应标准，运用物质技术手段和建筑美学原理，创造功能合理、舒适、优美、满足人们物质和精神生活需要的室内环境。这一空间环境既具有使用价值，满足相应的功能要求，同时也反映历史文脉、建筑风格、环境气氛等精神因素。"

东南大学刘先觉教授在他翻译出版的美国人约翰·派克著的《世界室内设计史》的译后记中指出：由于室内设计的范围广泛，它包括室内空间布局、建筑结构、室内装饰、室内色彩、家具陈设等设计，这就要求设计师不仅要有良好的艺术素养，而且也要有材料、构造、设备的知识，以及

---

* 康海飞主编．室内设计资料图集．北京：中国建筑工业出版社，2009.

建筑各工种的协调能力。

因此编写这样厚重的图集，决非一日之功、一人之手、一家之言。从20世纪90年代开始，从室内设计艺术与技术的要求出发，以创造满足人们物质和精神生活需要的室内环境为目标，作者及其团队集15年设计施工实践，搜集了古今中外浩瀚的图集资料，编就了此著作。

## 书评二　中国与欧洲家具艺术的再现

### ——评《明清家具图集1》*、《欧式家具图集1》**

家具源于生活，又服务于生活。随着人类文明的进步和生产力的发展，家具的类型、功能、形式以及它的艺术表现力发生了很大的变化。可以说，家具的发展史也是一部人类文明进步的历史缩影。

家具作为室内环境中的重要组成元素，在室内环境中扮演表现空间功能和艺术氛围的重要角色；家具承载着人们对美好生活的愿望和畅想，表达了自身对现实和未来生活的激情和追求，因此，家具受到设计师与广大群众的极大关注。

中国的传统家具经历了约3500年的历史，它经历了由席地而坐的矮型家具到垂足而坐的高型家具的发展过程。直到明清时期，创造了中国传统家具灿烂辉煌的成就，成为中国艺术宝库的重要组成部分，历经能工巧匠的智慧与创造，逐渐形成了具有独特风格的造型艺术。明清家具将中国古代家具发展到了历史顶峰，几乎到了无与伦比的地步。因此，明清家具无论是在中国家具艺术史上的作用，还是对世界家具艺术的贡献，都是出类拔萃的。

明清家具内容丰富，形式多样，种类繁多；造型简练质朴，比例匀称，线脚丰富多彩，装饰花样千变万化，花纹繁缛纤细，因此绘画精细，雕刻功夫之深、制作难度之大，是常人难以想象得到的，所以有史以来，挖掘整理古建资料，展示民族优美文化，未曾出版过一本完整明清家具图集，也可能与此有关吧！

作者经历了6年的辛勤工作，积累了大量的国内外家具资料，潜心研究，精心制作《明清家具图集1》。书中选入的都是精品，堪称明清家具之精华，分别按椅、凳、案、几、床榻、柜架等类，绘出了主视图、侧视图、俯视

---

*　康海飞主编．明清家具图集1（第二版）．北京：中国建筑工业出版社，2010.

**　康海飞主编．欧式家具图集1（第二版）．北京：中国建筑工业出版社，2009.

图、透视图及部分大样图，并用中英文标出了家具名称、朝代、材料及纹样，还附有光盘一张。

《欧式家具图集 1》是《明清家具图集 1》的姊妹篇。它的内容是从欧洲各国大量的传统家具中精选出来的经典作品，包括文艺复兴时期家具、巴洛克风格家具、洛可可风格家具、新古典主义风格家具等世界级极品家具 300 件，内容丰富，造型美观，形象生动，代表着国外家具装饰设计和传统工艺的精华，得到世人公认。

欧式家具强调整体装饰效果，借鉴自然界的动植物和人体形象以及金属作为装饰纹样，精雕细刻、线条嵌镶、薄木拼花、描金彩绘，使其表面显得十分高雅，富于魅力，像诗一般的淳厚，如艺术品一样的精美。

本图集集各类家具于一体，再现了先辈几个世纪辛勤劳作积累下来之精品，与其说是一份珍贵的家具图样资料，毋宁说是一份宝贵的历史文化遗产，实属难能可贵。

## 书评三　洋为中用　推动家具设计的创新

### ——推荐《欧式家具图集 2》*

继《欧式家具图集 1》出版后，《欧式家具图集 2》也于 2011 年 1 月问世，至此，“CAD 世界极品家具图库系列”（《明清家具图集》1 ~ 2，《欧式家具图集》1 ~ 2）已经出齐。该套图集的出版也是出版形式的创新，它没有采用传统的实物照片，也不是手绘图形的表达，而是从便于读者读图、生动显现家具形象出发，借用计算机 CAD 技术按照制图原理，把精选出的家具绘制成主视图、左视图、俯视图、透视图及节点细部图，展示给读者参考、借鉴、欣赏，还附录了大量的部件说明、装饰细部图案、纹样图案等。出版后深受家具行业及广泛的读者欢迎，该系列图集有的出版了修订第二版，多达七次印刷。

《欧式家具图集 2》共收录了多种欧式家具 250 余件，均有三视图及透视图，并收录了 100 余部件图、400 余个纹样图，图样精致，内容完整，是值得收藏的不可多得的家具图集。

本图集中的家具是从欧洲各国传统家具中精选出来的经典家具，其中包括欧洲文艺复兴时期的家具、巴洛克风格家具、新古典主义风格家具，

---

* 康海飞主编 . 欧式家具图集 2. 北京： 中国建筑工业出版社，2011.

其造型艺术设计的成就和造诣，已是世界公认的最高水平，代表着世界家具设计和传统工艺的精华。欧式家具强调整体装饰效果，并借鉴自然界的动植物和人的形象，以及金属饰体作为装饰纹样，精雕细刻、线条嵌镶、薄木拼花、描金彩绘等，使其表面显得十分典雅高贵，富有艺术魅力，像诗一般的淳厚，如艺术品一样精美。这些都是前辈经几个世纪的辛勤创作积累下来的经典之作，与其说是一份珍贵的家具图样资料，毋宁说是一份宝贵的历史文化遗产，实属难能可贵。值得我们研究、学习，把一切传统的表现手法和艺术特点作为现代装饰艺术设计的借鉴。

本图集在第1集的基础上，补充了椅凳类、床榻类、桌台类、柜类、几架类等个性化经典家具，还选录了大量的各部件说明及精美的植物装饰图案、装饰细部图案、拉手、脚样、台面纹样、门纹样、椅背纹样及装饰纹样等。

本系列图集不仅对家具设计与生产、家具技术与艺术研究人员提供了宝贵的技术参考资料，还可供国内外建筑设计、室内设计、工艺美术设计人员及画家、雕塑家、大专院校师生与广大爱好者学习、参考、欣赏。

## 书评四　成功的范例　学习的榜样

### ——介绍“室内设计成套方案精选”系列*

“设计”总在不断地求新，总在向人们展示出最大的变化，怎样适应建设行业的快速发展，及时为建筑设计师提供具有创新性、前瞻性、整体性的设计资料，是许多设计师及出版工作者长期探索的目标。特别是室内设计行业，单纯的建筑施工图已不能满足技术人员的要求，单纯的效果图更不能满足市场的需求，成套方案的需求越来越突出，成套方案即室内设计效果图加配套的施工图与材料表整套方案。这种创新型的组合形式将使室内设计师和读者在参考使用上更加方便和便捷。

《室内设计成套方案精选》系列图集就是沿着这样的思路问世的，约请了有着丰富资源的、有着资深设计与出版经历的“峰和图库”（武峰、王深冬任主编）这个团队负责实施，这个集体1997年就合作主编11卷本《室内装饰设计施工图集》，2001年又曾主编9卷本《CAD室内设计施工图常

---

* 武峰，王深冬主编.室内设计成套方案精选.酒店客房.北京：中国建筑工业出版社，2010.
武峰，王深冬主编.室内设计成套方案精选.新古典主义住宅.北京：中国建筑工业出版社，2010.
武峰，王深冬主编.室内设计成套方案精选.时尚样板房.北京：中国建筑工业出版社，2010.

用图块》，深受读者欢迎，畅销了整整 10 年，有的至今仍在重印。

“峰和图库”经过不懈努力，成立了“峰和图库”网站（http：//www.DWG-COOL.com），为金牌系列用户提供配套专业性服务。

为了适应广大室内设计人员的需求，此次经过重新整合，组织出版了《室内设计成套方案精选》三集：1. 酒店客房；2. 时尚样板房；3. 新古典主义住宅。《酒店客房》包括快捷客房、标准客房、豪华套房、商务套房、行政套房、总统套房共 13 套范例。《时尚样板房》包括个性一居、欧风三居、儒雅三居、典尚复式、明韵复式等 5 套范例。《新古典主义住宅》包括顶层高档住宅、美式古典大家、单身精品公寓 3 套范例。每套范例都提供了多张精美的彩色效果图。具体的施工图包括各个具体房间的平面布置图，顶棚布置图，地面布置图，各分部的立面图、剖面图、大样图及各套房的材料表。内容翔实，可以学习参考，也可以模仿借用，确是一部不可多得的系列工具书。

本系列图集可供室内设计人员、装饰装修技术人员工作参考，亦可供环境设计、建筑设计及建筑、艺术院校师生学习参考。

## 书评五　推荐一部景观规划与景园设计经典之作 *

《景观与景园建筑工程规划设计》（上、下册）真不愧是当今景观规划设计的一部巨著，被誉为景观的专业百科，许多学校视她为一部经典专业教材。该书是同济大学老教授、景观与景园规划设计老专家吴为廉先生在“景园建筑工程规划与设计”课程 20 多年教学与设计实践基础上，考虑到景观规划与景园设计学科发展，规划、建筑、林、农院系及旅游等相关专业和室内、环境设计的要求，以及风景科学工程技术人员的需要，本着精益求精、追求完美的精神，组织了上海、杭州、北京、广州、桂林等近 20 个城市的 112 位专家与教师分章节编写，历时 5 年，反复修改，多次更新。反映了老专家精心设计、严谨治学的一贯作风。

上册内容包括传统园林建筑系列与亭治；现代景观建筑与环境小品结构构造设计及构造计算；景园水景工程与理水；景园筑山工程与理石；景观园桥与湿地栈桥；景观特种结构造型设计与构造等，并有人工喷泉等设计

---

* 同济大学吴为廉主编 . 景观与景园建筑工程规划设计 （上册）. 北京：中国建筑工业出版社，2005. 同济大学吴为廉主编 . 景观与景园建筑工程规划设计 （下册）. 北京：中国建筑工业出版社，2005.

实例及规划设计常用的参考附录及概念性设计技术参数等。

下册内容重点介绍景观的宏伟及概念性规划系列，包括广场景观工程；风景园林山地景观工程与挡墙设计；带形空间景观规划及其方法设计；景观生态理景与植物造景工程；景观生态绿地规划与硬质景观柔化设计；风景园林道路与交通；地貌景观规划与地形竖向设计；城市夜景观与照明规划设计；风景园林给排水与污水处理及中水工程；风景园林与景园供电规划；风景园林与景园管线综合工程；景观与风景园林建设工程概预算；景观与景园规划设计实例精选与案例分析；景观规划与旅游规划及相关城市规划的关联转化与协调等。

景观规划与景园建筑工程，是一门涉及生态美学、环境艺术、结构技术、景园工程等的新兴学科，又是需要知识面广泛及其综合性特别强的边缘科学。当代诸多学科的产生与发展，均是通过综合研究而得其真谛的。从这个意义上来说，本学科确实是一门创造性特强的综合性学科。作者也是从这一点出发构思框架与组织内容的，因而其显著的特点是：艺术与技术相结合。景观、景园表现的是环境艺术，它构图摹仿自然，巧于借景，林木掩映，曲桥流水，更多的是供人观赏与游览。而景观、景园的表达形式是建筑工程，它牵涉到结构、构造、施工等复杂的技术问题。本书内容两者都需兼容。这是其特点之一。

其二是传统与现代相结合。中国景园建筑是中国传统建筑的一个分支，带有强烈的个性符号及传统特征，特别是园林小品：亭、榭、楼、阁、廊、牌坊等等。本着古为今用的原则，介绍了传统园林建筑的基本构成与各个历史时期诸地域的做法特点。就其整体来讲，不论是景观生态理景、景观生态绿地规划、城市夜景观，还是景园给水与污水处理、景园管线工程等，都必须应用现代高新技术。两者要有机的融合。

第三，理论与实用结合。全书介绍了景观与景园规划、设计的原则、理念、要素、构成、特征、体系等，并详细讲解了做法、构造及计算方法。特别是北京林业大学、南京林业大学、上海市绿化局、上海现代建筑设计有限公司及许多作者单位提供了大量的实例及参考数据，极为实用。

本书也是景观与景园规划、设计、施工人员不可多得的一部手册性参考书；许多学校风景园林、大地景观、环境艺术、建筑学、城市规划、旅游规划等专业均作为专业教材采用。